私のモットー

クト）と証拠（エビデンス）にもとづき論を展開し、付和雷同
することなく、
にして自分らしさを貫くことである。

JN025742

まえがき

こんなことがありました。毎日新聞の２０１５（平成27）年8月2日付の社説「視点」は、論説委員の署名入りで「解釈改憲が広げる不安」との見出しのもとに、以下のようにつづられていました。

「集団的自衛権の行使容認は合憲と言う西修・駒沢大名誉教授や百地章・日本大教授は、徴兵制も合憲との考えを示す」

記事は、徴兵制を合憲であるとする２人が、解釈改憲により徴兵制を実施する方がよいと考えているような内容でした。

百地先生と私がこの記事に抗議したところ、８月８日付で、社説の隣に次の「おわび」が掲載されました。

「2日の社説欄『視点』で西修・駒沢大名誉教授と百地章・日本大教授が『徴兵制も合憲との考えを示す』とあるのは誤りでした。政府は徴兵制が憲法18条の禁じる『意に反する苦役』にあたるため違憲としていますが、両氏がこの政府解釈に疑問や反対の考えを示していることから、合憲論に立っていると誤解しました。しかし、両氏とも徴兵制を合憲とはしていません。

当方の思い込みと事実確認の基本動作を欠いたことにより、ご迷惑をおかけしました。おわびして訂正します」

この「おわび」記事が掲載されるにあたり、論説委員長から懇切丁寧な「わび状」が送られてきました。わび状によると、記者は私たちが発言した「日本記者クラブ」の場にいなかったということです。まさに「思い込み」で記事を書いたわけです。

このときの私たちの発言については、同年8月22日付のＢＬＯＧＯＳ編集部発信の記事で確認しました。要点を記します。

質問　政府は憲法解釈によって徴兵制は認められないとしておりますけれども、この点に関する両先生のご見解をお聞かせいただければと思います。

西　私は、わが国の憲法の原点となった「その意に反する苦役」を禁じている米国の判例、またかつて世界の数多くの憲法を調べたところ、「その意に反する苦役」またはそれと同義の「強制労働」を禁止しつつ、徴兵制を規定しているのが普通であって、これらの規定を徴兵制に結びつけている憲法を見出すことができませんでした。私は、徴兵制を不要と考えています。

百地　軍事的役務に就くことが「苦役」に当たるとすれば、自衛官は自らの意思にもとづいて苦役に就いているのか。９条は「戦力を持たない」としているわけであります。現在の憲法のもとで徴兵制は違憲であり、将来も徴兵制にすることは考えていません。

実に明快です。なぜ論説委員が誤った記事を書いたのか、考えてみました。集団的自衛権を容認し、日ごろから憲法改正を唱えている私は、よほど怖い人物と見立てられているのではないか。私の説が「誤解」に満ちあふれて世間に行き渡っているのではないかと。

本書は、私がいかなる論拠にもとづいて何を語ってきたか、素なる部分を虚心坦懐にお伝えしたいと思い、編纂しました。

もちろん、憲法については、さまざまな考え方があります。その考え方に干渉するつもりはありません。ただ、私の考え方に最初から色眼鏡をかけて接していただきたくはない。研究してきた跡をたどり、その成果をみなさんに提供し、ご判断を仰ぎたい。その一心から出たものであることを了解たまわりたいと思います。

本書は、8章からなります。

第1章では、私が大学へ入学してから大学院修士・博士課程を経て防衛大学校専任講師時代までを扱います。大学へ入学した年は日米安保条約改定の騒動が頂点に達していました。早稲田大学は全学連（全日本学生自治会総連合）の拠点校となっていて、学内は大荒れでしたが、私はノンポリ派でした。

落語研究会（落研）や富山県人学生会の活動などに時間を割きました。落研では若き立川談志、五代目三遊亭円楽師匠から直に教わるという幸運に恵まれました。

勉学に目覚めたのは、3年生になって清水望《のぞむ》先生のゼミナール生になってからのことです。勉学への意欲が大いに湧き、大学院では大西邦敏先生に師事しました。学問上、大西先生から得た成果の数は限りありません。東京大学法学部教授として通説の発信者と言える宮澤俊義教授との学説上の違い、その根拠としての比較憲法学研究の重要性。私のその後の研究姿勢がここで決まりました。

学術的には、日米安保条約改定の反対者への疑問、マルクス主義憲法学者への批判、防衛法制研究の大切さに言及しています。私自身は、博士課程にあって1960年代に独立したアフリカ諸国憲法の分析に歩を進めました。ゼミナール時代は主要諸国ではなく、第二次世界大戦後に独立した東南アジア諸国の政治制度をゼミ論文にするなど、私には他人のやっていないことをやるという天邪鬼性があるのかもしれません。

第2章は、二つの学会（防衛法学会と比較憲法学会）の設立に尽力したこと、在外研究（短期在外研究、メリーランド大学、プリンストン大学、エラスムス大学、東南アジア研究所）での研究内容、その合間および終了後に歴訪したヨーロッパ、カナダ、アジア、大洋州諸国での見聞、国際会議への参加と発表（シンガポール、台湾、スペイン、米国、中国、韓国、フィリピン）、国際ボランティア活動（カンボジアおよびロシア）への協力に触れました。

そして、これらの体験を通じ、1992年5月に刊行された雑誌で、いわば中間報告として論稿「憲法とは何か」を発表しました。このときに発表した論稿は、32年を経ても基本的に変える必要はないと思っています。この時期において、憲法を広角的に眺める習性ができあがったと考えます。

第3章は、「比較憲法学の探究」として、これまで刊行してきた比較憲法に関する著書、論稿を紹介しました。それぞれの著書、論稿でピックアップした論題は、日本国憲法の問題点に直結します。2院制のあり方、最高裁判所裁判官の選任方法、憲法改正の方式、1990年以降に制定された諸国憲法の動向などについて、各国憲法を比較・検討し、私なりの解答を提示しました。

『憲法体系の類型的研究』において、比較憲法学の定義、意義、効用、方法、課題などを論究したのちに、さまざまな視点から見た憲法の類型化に努めました。比較憲法学の本質論に関する一つの試論として位置付けています。

アジア、中東、アフリカ諸国憲法のほぼ全体をカバーするべく刊行したのが『資料体系アジア・アフリカ国際関係政治社会史』の憲法資料編全8巻（1979年8月〜2014年11月）です。所収された憲法は299。浦野起央《たつお》・日本大学名誉教授との編著ですが、実に膨大な憲法集になっています。

論稿「徴兵制は苦役か」は、政府が憲法18条の「何人も、その意に反する苦役」を徴兵制と結びつけて解釈していることにつき、淵源となった米国の判例や世界各国憲法の実例を検証し、政府解釈の誤りを指摘したものです。

もう一つの論稿「パールハーバーの傷跡は癒えたか」は、太平洋戦争中、日系人に対する約12万人におよぶ強制収容に関する米国判例上、有名なコレマツ事件とヒラバヤシ事件を題材にしたものです。日系2世たるコレマツ氏もヒラバヤシ氏も、１９４３年から４４年にかけて連邦最高裁判所で有罪が言い渡されました。しかし、この判決には事実誤認があったとして、１９８８年８月、ロナルド・レーガン大統領は謝罪し、現存者約６万人に１人あたり２万ドルの補償金を支払いました。

有罪判決から40数年が経ち、無罪となった経緯について、当事者のコレマツ氏とヒラバヤシ氏や、無罪判決を得るのに活躍したノーマン・ミネタ下院議員をはじめ、支援者とのインタビューを通じて米国の民主主義の奥深さを感得したことを論述しました。

第4章は、「日本国憲法成立過程研究の深化」についてです。１９８３（昭和58）年に刊行した森清監訳『憲法改正小委員会秘密議事録――米国公文書公開資料』の共訳者として一翼を担ったことで、日本国憲法の成立過程に関心を深めました。

そして、１９８４（昭和59）年から８６年にかけて、ＧＨＱ（連合国総司令部）で日本国憲法の原案を作成した８人を含め、当時、存命していた日米の当事者や関係者、合計47人（日本人28人、米国人19人）にインタビューなどを試み、のちに非常に詳細かつ濃密な著書『証言でつづる日本国憲法の成立経緯』を刊行することができました。

米国人にインタビューするため、米国大陸の西部（サンフランシスコ）、東部（メリーランド、ワシントンDC）、北部（マサチューセッツ郊外）、南部（フロリダ）に足を運び、1人を追って、フランスのラ・ナダリーという村にまで足を延ばしました。また、米国の公立図書館をはじめ、いくつかの研究所、マッカーサー記念館、英国の国立公文書館、日本の国立国会図書館で資料の収集に最大限、努力しました。日本人の中には、80歳を過ぎた方もいましたが、40代の若造の質問に真摯《しんし》に答えていただいたことは僥倖《ぎょうこう》でした。

インタビューのテープをすべてCD化し、それらを何度も聴き直し、文字化するのに多大の労力を要しました。まさに「寝食を忘れて」没頭しました。

2004（平成16）年には、『日本国憲法成立過程の研究』を上梓しました。第1部「日本国憲法成立過程における極東委員会の役割と限界」は、216頁におよびます。各所から集めてきた73の極東委員会文書を8畳の部屋に並べつつ整理したのが、つい先日のように感じられます。

また同書第3部「日本国憲法の記述に関する連合国総司令部の検閲の実際」は、メリーランド大学マッケルデン図書館東亜図書部プランゲ文庫に保管されている44の憲法関連の検閲文書を分析しました。日本国憲法は、日本国民によってつくられたとするために、それに反するいかなる出版物も公刊禁止または修正するように命じられたのです。

第5章「憲法9条の正しい解釈への模索」は、私がこれまで何度も述べてきた9条解釈に関する持論の再掲です。憲法学者たちは、9条の解釈について、文字面のみを見て、ああでもない、こうでもないという論争を展開しています。文字の解釈は人それぞれであって、まとまるはずがありません。極東委員会での議論を踏まえた成立経緯を正しく理解することによってのみ、9条の正しい解釈に導かれるというのが、私の持論です。

私は、66条2項の「内閣総理大臣その他の大臣は、文民でなければならない」に着目し、同条項が生まれる契機となった極東委員会での熱論を精読して、いわゆる芦田修正と不可分の関係にあることがわかりました。なぜこの関係の論究がなかったのか、不思議で仕方がありません。

極東委員会での議論を分析すれば、わが国で自衛のための組織（軍隊）を前提としたものであることは、一目瞭然です。最大の問題点は、日本国政府が極東委員会でどんな議論が行われたのか、完全に無知だったことです。きちんと理解していれば、9条の正しい政府解釈が生まれていたでしょう。文民条項の導入案を検討した貴族院での議論も、的が射られていません。

9条自体についても、1946年2月3日に提示されたマッカーサー元帥によるマッカーサー・ノートでは、自衛戦争を全面的に放棄していました。このノートを受け取った民政局次長で日本国憲法の原案作成の運営委員長、チャールズ・ケーディス大佐は全面的な自衛戦争をも放棄する部分を削除し、自衛のための武力行使は可能であるように書き換えました。このときのいきさつや、芦田修正への対応などに関して、ケーディス氏との問答を詳しく述べました。

ケーディス氏は、日本国憲法の成立に関する米国側のキーパースン中のキーパースンです。問答の一つ一つに意味があります。

9条の正しい解釈のためには、同条の成立経緯につき予断を持たずにフォローすることが必須であるとの私の主張に耳を傾けていただきたいと思います。

第6章は、「憲法論議の指標」についてです。

（1）は、「世界の憲法動向」として次の三つの表を掲げ、それぞれの項目について説明しました。

図9　各国憲法の制定年（~1940年代）と改正の実際
図10　平和条項の態様と採用国
図12　1990年代から2020年代までに制定された105か国の憲法の9項目の導入数と割合

私は度々、著書でこれらの表を掲示してきていますが、2023年8~9月および2024年3月時点での最新版です。これらの表を改めて見ると、日本国憲法の古さがわかります。21世紀型の憲法体制から完全に遅れています。

（2）の「PKO（国際連合平和維持活動）協力法」と（3）の「限定的な集団的自衛権の行使」は、憲法上、大きな論争となった論点を整理し、自説を述べました。特に朝日新聞の非現実性と憲法学者の魑魅魍魎《ちみもうりょう》性を指摘しました。
（4）の「諸団体の憲法改正への助力」は、読売新聞社、創憲会議（民社党議員で組織）、産経新聞社の憲法改正案にかかわった状況を叙述しました。

そして(5)の「国会における憲法審議」では、2000（平成12）年1月から衆参両院で始動し、2005年4月にそれぞれ報告書を提出した憲法調査会の活動と、現在、進行中の憲法審査会の審査状況を概観しました。

両院に設置された憲法審査会が2011年の始動時から2022（令和4）年までに費消した経費は、衆議院憲法審査会が19億8886万1000円、参議院憲法審査会は13億9912万8000円の合計33億7989万9000円という巨額におよびます。その成果は、ほぼナッシングです。国費の壮大な無駄遣い以外のなにものでもありません。議論を収斂《しゅうれん》する時期です。同審査会の〝放談会〟をいつまでも放置することは許されないのではないでしょうか。

第7章の「憲法改正へ向けて」においては、自衛隊の明記、国家緊急事態対処条項の新設、新しい権利（環境の権利・保護・義務、プライバシーの権利、知る権利）、家族の保護、政党、憲法裁判所、犯罪被害者の権利につき、それぞれ試案を発表しました。

このような試案の提示は、多くの憲法学者の忌避するところです。なぜならば、憲法学者は憲法解釈が中心であって、憲法改正に与《くみ》する試案の提示は憲法学の範疇《はんちゅう》を超えるものであると考える傾向にあるからです。

けれども、私は試案の提起も憲法学の範疇に入ると考えます。憲法に関する知識を駆使して、現行憲法の抱える欠陥の是正、新しい憲法体制の構築に資することは、憲法学者のなすべきことではないでしょうか。

最近の各報道機関の世論調査は、憲法改正賛成が憲法改正反対を大きく離しています。憲法学者が、これに応えるべく対応するのは自然のことだと考えます。

終章「私の近況報告」では、しろうと落語家に復帰してからのこと、退職後10年間に刊行した拙著の紹介をしました。しろうと落語家への復帰後の行動については、軽いノリの感じで書きました。ところどころに挟んだコラムとともに、楽しんでいただければ幸いです。

全体的に私の憲法研究の跡をたどるのが本書の狙いとするところであって、これまでに刊行した拙著から引き写したところがあることをお断りするとともに、ご理解をお願いいたします。

◉目次

第3章　比較憲法学の探究

第4章 日本国憲法成立過程研究の深化

凡　例

・引用文などで、旧字体を新字体に改め、わかりやすさの点から、ルビの付記、かなづかいの変換など、意味を変えることなく、私の方で手直ししたものもある。
・特に説明があると思われる場合には、（　）で補足した。
・肩書は当時のもの。

第1章　憲法学研究の端緒

（1）学部時代

落語研究会と県人会活動に没頭

私が早稲田大学へ入った1960（昭和35）年4月は、日米安保闘争の真っ只中にありました。授業はほとんど休講、校舎の入り口には机と椅子でバリケードが築かれ、簡単に中へ入ることができません。構内には「ブント」「日本共産党○○細胞」「フロント」「社学同」などと書かれた立て看板が林立し、全学連（全日本学生自治会総連合）のデモ隊が「安保反対！」「戦争反対！」「岸を倒せ！」（注・旧日米安保条約の改定を主導したのは岸信介首相）などと叫び、大隈銅像の周りを大蛇のごとくうねり、そのままつすぐ国会へ向かって進んで行くのを連日、目にしていました。

私は、いわゆるノンポリ派でした。全学連が去って行った大隈銅像の一隅に着流し姿で新入生の呼び込みをしている集団を目にしました。幟《のぼり》を見ると「落語研究会」（通称・落研《らっけん》）と書いてあります。落語好き人間として、さっそく入部の手続きをしました。

稽古場は、近くのソバ屋の2階でした。私に与えられた芸名は、股茂家楽大《またもやらくだい》。

「この名前は、今年卒業した先輩がつけていたものだ。代々、受け継がれてきている名前を汚さないように」

と言われました。すでに汚れているように感じましたが、先輩の命令は絶対です。私は、4年間はこの芸名で通しました。後日、「またも家楽大」に改名しました。私の落語を聴くと楽しい、二度、三度、聴けば聴くほど楽しくなる、「またもや楽しみが大になる」との意味が込められています。

懸命に稽古を重ねていくつかの噺《はなし》を披露しましたが、

「お前は、富山なまりがひどすぎる。寿限無《じゅげむ》でも富山なまりが出るが、それは目をつむることにしよう」

と、先輩から許された噺はただ一つ、とても長い子供の名前を題材にした寿限無のみでした。

そのソバ家の2階へしょっちゅう来て教えてくれたのが、二つ目の柳家小ゑんさんと三遊亭全生《ぜんしょう》さん。小ゑんさんの口ぐせは、「師匠（五代目柳家小さん――のちに人間国宝）からまた破門された。これで○○回目だ」というものでした。「私がお相撲さんのところへ行けば大歓迎され、火事場へ行けば張り倒される」が全生さんのウリ。全生さんには、たまたま帰りの方向が一緒だったこともあり、電車の中で小噺を教えていただきました。

私たちが主催した「わせだ寄席」で前座を務めたのが、古今亭《ここんてい》朝太《ちょうた》さん。「えー、私も最近は人気が出てきまして、どこへ行っても朝太（長蛇）の列」というマクラを振っていました。

これら3人の二つ目は、それぞれ立川《たてかわ》談志、三遊亭圓楽、古今亭志ん朝という昭和後半から平成の落語界を代表する三羽烏になりましたが、やはり二つ目時代から群を抜いていました。

後日、早稲田大学落語研究会は大変に由緒ある研究会であることを知りました。同研究会は、敗戦から間もない1948（昭和23）年に創設された日本の大学で最も古い落語研究会です。創部には後年、俳優・俳人・漫談師など多彩な活躍をした小沢昭一氏、何本もの映画に出演し文学座代表だった俳優の加藤武氏、劇作家・脚本家として名を残した大西信行氏らがかかわりました。会長には、私の現役時代、近世文学とりわけ井原西鶴《さいかく》研究の権威である暉峻《てるおか》康隆教授、そして近世文学とりわけ滑稽本の研究者として著名な興津《おきつ》要《かなめ》教授が就任されていました。

学部時代、もう一つ精を出していたのが、早稲田大学富山県人学生会です。富山県出身の先輩から誘われお手伝いしたのが機縁になり、3年生のとき、幹事長に就任しました。幹事長として、オール早慶戦を富山県営球場に招いたり、早大落研を招聘し、私も演者になって老人ホームやヘルスセンターで素人芸を披露したりしました。

当時の会長は佐藤工業の佐藤欣治社長でした。毎年1回発行していた会誌に富山県出身の諸先輩から原稿をいただきました。佐藤社長をはじめ、松村謙三・衆議院議員、高木常七・最高裁判所裁判官、有倉遼吉・早稲田大学法学部教授（憲法担当）などに原稿を依頼し、受け取り時に有益なお話をうかがうことができました。

なかでも松村議員は、学生を大切にされ、私たちの質問に長時間、応じていただきました。私は、政治経済学部の政治学科に所属していましたので、氏が推進されていた日中の友好関係について熱心に質問しました。その後、先輩に連れられて議員会館の事務所を何度も訪れました。松村謙三の名は、日中国交正常化へ尽力したこと、幣原喜重郎《しではらきじゅうろう》内閣の農相として農地改革を断行したことなどにより、歴史に刻まれています。

ある日、松村氏が大隈講堂で講演されたとき、早稲田大学の創始者・大隈重信《おおくましげのぶ》侯のエピソードを話されました。

「大隈侯の演説が佳境に入り、手を挙げ、『かの有名な……とトーンを上げた後に絶句、秘書に向かって、だれだったっけ』と尋ねた」

聴講者は大笑い。松村氏がそのときの講演料全額を富山県人学生会に寄付されたことが、つい先日のように思い出されます。

個人的には、私の結婚にあたり、「一門琴瑟《きんしつ》百花芳」（一門の琴瑟、百花芳《かんば》し）と書かれた色

大学3年生のとき。富山ヘルスセンターにて

紙をいただきました。また1970年正月、議員生活を去るに際していただいた手紙には、和紙に毛筆で議員生活を辞しても中国問題に使命感を持っていること、議会制度、農村問題などの発展に微力を尽くす所存であることがしたためられていました。

清水望先生のゼミナールで勉学に目覚める

3年生になって清水望《のぞむ》先生のゼミに入りました。清水先生は、ドイツの留学から帰国されたばかりの少壮教授で、ドイツ憲法が専門です。先生は、穏やかな中にも、一本、芯の通った学究者としての真摯な姿が印象的でした。

私が博士課程在学中に校正、索引づくりのお手伝いをした『西ドイツの政治機構――ボン基本法体制の成立とその展開』（成文堂、1969年）は、本文だけで618頁におよぶ大冊です。ドイツ憲法研究者にとって必読の書でした。

奥さま共々、敬虔なクリスチャンで、大著『国家と宗教――ドイツ国家教会法の再構成とその転換』（早稲田大学出版部、1991年）以降、宗教関係の著書を何冊か刊行され、81歳のときに著された『平和革命と宗教——東ドイツ社会主義体制に対する福音主義教会』（冬至書房、2005年）は、700頁近くにおよびます。きわめて多くの文献・資料にもとづく先生の飽くなき探究心は、私のその後の研究の糧となっています。

温和な人柄は歴代のゼミ生に慕われ、縦のつながりとして発足した「清水会」は、先生が亡くなってからもしばらく存続しました。

筆者（左）と清水望先生（右）

さて、私がゼミに入って慨嘆したのは、自分の知識のなさです。ゼミ生は、マルクスやレーニン、マックス・ウェーバーの本をある程度読んでいるようで話題にします。けれども私は、名前を聞いたことがあるけれども、彼らの本など読んだことがありません。話題についていけないもどかしさを感じ、少しずつ知識を得るように努力しました。

ゼミ生は、研究発表として、アメリカ、イギリス、ドイツ、フランスなど主要諸国の政治・憲法体制をテーマにしていたのですが、私は第二次世界大戦後に独立した東南アジア諸国に関心をいだきました。ところが、日本語で私の得たい知識にこたえる本が見つかりません。そこで図書館から、Cornell University, *Politics and Governments of South East Asia* という本を借り出し、精読しました。４年生のときに『東南アジアの政治制度』と題して提出したゼミ論文は、２００字詰め原稿用紙で３１３枚におよびます。

「序」の部分で、次のように記しています。

「最近、東南アジアとわが国との関係は、日増しに強くなってきている。

昨年は池田（勇人《はやと》）首相が東南アジアを歴訪し、またマレーシア紛争解決のために、インドネシアのスカルノ大統領とマレーシアのラーマン首相が会談の場所としてわざわざ日本を選んだほどである。

こうして東南アジアとわが国とが緊密の度合いを深めているが、わが国の東南アジアに対する認識はきわめて低いといわなければならない。

東南アジアを単に後進国と見、その政治的経済的関係を対岸視している風潮がなきにしもあらずである。

東西の冷戦下にあって、アジアの発言力が無視できぬほど大きくなった今日、我々一人ひとりが偏見のないアジア観を自らの中にはぐくむべきであろう。

そうした意味で、政治制度を中心にタイ、ビルマ、インドネシア、インドの各国を分析してみたのがこの小稿である」

また、20冊ほどの和書を参考文献に挙げ、「上記のコーネル大学の著書のような本が一日でも早く日本人の手で出版されることを望む」と、実に生意気なことを述べています。
このゼミ論文を書いたことで、もっと深く勉強したいという意欲が強くなり、大学院へ進学した次第です。

日米安保条約の改定

先述したように、私はノンポリ派でしたが、「時代の風」を否応なしに受けました。テレビや新聞は、連日、日米安全保障条約（以下・安保条約）反対のため、何万人ものデモ隊が国会を取り巻いている様子を映し出していました。テレビ報道で鮮明に覚えているシーンが三つあります。

一つは、1960（昭和35）年5月19日の深夜、清瀬一郎・衆議院議長が自民党議員団に抱きかかえられながら、議長席で同条約の承認を告げたシーンです。議長席に通じる廊下では議長の入場を阻止しようとして座り込みを続ける社会党議員らを何十人もの警察官が一人ひとり、ごぼう抜きに排除しました。

二つ目は、6月10日、ドワイト・D・アイゼンハワー米国大統領訪日の事前調整のために来日したジェームズ・C・ハガチー大統領新聞係秘書を乗せた車が、羽田空港を出たあたりでデモ隊に囲まれて立ち往生し、米軍のヘリコプターで脱出した事件です。この出来事により、アイゼンハワー大統領の訪日が中止されました。

そして三つ目は、6月15日の東京大学の女子学生、樺美智子《かんば》さんの死亡です。デモ隊の国会突入によって、1人の女子大生が死亡したというニュースには、大きなショックを受けました。当時の論壇は、安保反対でほぼ埋め尽くされていました。『世界』『中央公論』などの雑誌には、丸山眞男（東京大学教授）、清水幾太郎《いくたろう》（学習院大学教授）、都留重人《つるしげと》（一橋大学教授）、吉野源三郎（雑誌『世界』初代編集長）、吉本隆明（評論家）といった人たちが、安保反対の論稿を寄稿し、論壇をリードしていました。

共通の理由は、次の二つです。

①日本が米国の戦争に巻き込まれる。
②そのことは平和主義を定める憲法に違反する。

安保反対を鮮明に打ち出していた週刊誌『朝日ジャーナル』は、知識層や大学生に多く読まれていました。私も大学生の証として『朝日ジャーナル』を左手に持ち歩いていました。もっとも右手には漫画誌『少年マガジン』を抱えていましたが。この年の大学進学率は8・2%、大学生はエリート層だったのです（ちなみに2022年度の大学進学率は56・6%）。

このような日米安保条約改定反対という全体的雰囲気の中で、文芸評論家で東京工業大学教授、慶應大学教授を歴任した江藤淳氏、やや遅れてデビューした京都大学助教授（のち同大学教授）の高坂正堯《こうさかまさたか》氏らが現実的な視点に立って、観念的平和論を批判する動きを展開しました。特に高坂正堯氏の「現実主義者の平和論」（『中央公論』１９６３年1月号）は、国内に横溢《おういつ》していた情念的な非武装平和論に大きな転換を促す契機を与えました。私も同論稿に鮮烈な印象を受け、その後の私自身の平和論、憲法論の基点になりました。

旧日米安保条約は、対日講和条約と密接な関係にあります。１９５１（昭和26）年９月８日午前10時、対日講和条約（正規には「日本国との平和条約」）がサンフランシスコ市内のオペラハウスで、また同日午後５時から同市の北西部に位置するプレシディオの米国陸軍基地内で旧日米安保条約（正規には「日本国とアメリカ合衆国との間の安全保障条約」）が、それぞれ調印されました。発効されたのは、いずれも１９５２年４月28日です。

対日講和条約は、条約が発効する１９５２年４月28日以降、日本国と連合国との間の戦争状態は終了し、日本国および日本国民の完全な主権が承認されるという内容でした。講和会議に参加した52か国のうち49か国が署名。署名しなかったのは、ソ連、ポーランドおよびチェコスロバキアの３か国です。

ソ連とは、その後、平和条約の締結に向けて何度か交渉が続けられてきましたが、いまだに進展がありません。２０２２（令和４）年３月21日、ロシア外務省は「日本と平和条約に関する交渉を継続するつもりはない」とする「声明」を発表しました。同年２月24日にロシアがウクライナを武力侵攻したことに対するわが国の制裁に反発したわけです。しかし、元々はロシアのウクライナ武力侵攻に起因するものであって、責任転嫁も甚だしいと言わなければなりません。

旧日米安保条約は、わが国にとってかなり片務的かつ不平等な内容で、三つの基本的な問題点がありました。

（1）日本国が米国に基地を提供する一方で、米国は日本を守る義務がないこと。

（2）外国からの教唆《きょうさ》または干渉によって引き起こされた日本における大規模な内乱および騒擾《そうじょう》に際して、米国が介入できること。

（3）条約に期限が定められていないこと。

このことを首席全権委員の吉田茂首相は、当然知っていました。それゆえ、米国側からは国務長官、国務省顧問、共和党と民主党の上院議員1人ずつの4人が条約に署名したにもかかわらず、日本側は吉田首相のみが署名しました。「この条約は不人気であり、自分だけが責任を負えばよい」と考えたからです（西村熊雄『サンフランシスコ平和条約　日米安保条約』中公文庫、1999年）。

1960（昭和35）年6月23日から発効されている新日米安保条約は、こうした旧日米安保条約の欠陥が是正されています。

（1）米軍とわが国との防衛協力を約束する。
（2）外国からの教唆または干渉による内乱および騒擾に関する規定を排除する。
（3）条約の期限を10年に設定する。

そして、新たに以下のことが加えられました。

（4）「日本国の施政下にある領域における武力攻撃」に対して、日本国は個別的自衛権をもって対抗し、米国は集団的自衛権を行使して共同して日本を防衛する。
（5）日本国の安全と極東における平和と安全に寄与するため、米国の陸軍、空軍、海軍の日本国内での施設および区域の使用が認められる。

日本国の安全という側面から見れば、相当の改善がなされています。

当時、東京大学教養学部の自治会委員長で全学連の執行委員を務めた元東京大学教授の西部《にしべ》邁《すすむ》氏は、「全学連の幹部はマルクスもレーニンもスターリンも毛沢東《もうたくとう》も読まなかった。（中略）闘争参加者のほとんどが、指導者層の少なからぬ部分をふくめて、新条約が国際政治および国際軍事に具体的にもたらすものについて無知であり、さらに無関心ですらあった。その闘争は、そこで戦後思想が抱えてきた矛盾が赤裸に開示される一種の観念劇である」と述べています（西部邁『六〇年安保　センチメンタル・ジャーニー』文春学藝ライブラリー、２０１８年）。多くの国民は、全学連など反米勢力が演じた「観念劇」に踊らされていたのでしょうか。

日米安保条約が改定されてから64年を迎える今日、国民の間でどのように評価されているでしょうか。内閣府が２０２２（令和４）年11月に世論調査を実施したところ、次のような結果が示されました。

日米安保条約は「日本国の安全に役立っている」 89・7%
「役立っていない」 9・1%

「役立っている」が約9割に達し、「役立っていない」は1割に達していません。いったいあの騒動は何だったのでしょう。「非武装中立」という空想が実現するという共同幻想に取り憑《つ》かれていた時代だったように思われます。マス・メディアや進歩的文化人に誘導され、国民の多くが何か熱病にかかっている感じでした。先述の西部氏は、自虐的に「疑いもなく莫迦《ばか》騒ぎであり、膨らんだ挙げ句に破裂するのが必定の世論気分の風船にすぎなかった」（西部邁・宮崎正弘『日米安保50年』海竜社、２０１０年）と記しています。今でも一部の識者やマス・メディアなどにその「後遺症」が残っているように感じられます。

（２）大学院時代——研究者を志して

指導教授は大西邦敏先生

１９６４年４月に早稲田大学大学院の政治学研究科（憲法専修）へ入学しました。修士課程と博士課程の指導教授は、清水望先生の師である大西邦敏先生でした。

大西先生の学風を一言で表すのは困難ですが、比較憲法学研究によって得られた膨大な知識をもとに、現実的かつ広角的な視点から日本国憲法を考察する、と言えるのではないかと思います。

比較憲法学は他国の憲法を対象にします。大西先生の場合、世界のすべての国の憲法のみならず、米国の州憲法やドイツの州憲法をも対象にし、周密に分析・検討されました。たとえば、日本の公法学研究者が一堂に会することを目的にして１９４８年に創立した日本公法学会の機関誌『公法研究　第二号』（有斐閣、１９５０年）には、「世界各国憲法年表」として、３１２の独立国および英国自治領の諸国憲法、１２１のアメリカ合衆国州憲法、67のドイツ諸州の州憲法の成立年と廃止年が掲げられています（注・独立国や州の数が実数より多いのは、旧憲法が廃止され新憲法が誕生すれば、一つの独立国または州と算入されているため）。

また、『公法研究　第十五号』（有斐閣、1956年）には、巻頭論説「第二次大戦後の諸外国の憲法の動向」が掲載され、第二次世界大戦終了年以降に制定された憲法を対象にして、事細かに分析されています。たとえば、憲法に平和条項を入れている国は25か国であり、さらに細かく以下の五つに分類されています。

①一般に承認された国際法の原則の尊重遵守＝フランス、西ドイツ、イタリア、パナマなどの16か国、このうちソ連系の国家は東ドイツのみ。
②他国に対する内政干渉の禁止＝ニカラグア、ホンジュラスなど西欧型の3か国。
③国際紛争の平和的解決＝インド、パキスタン、インドネシア、ウルグアイなど西欧型の14か国。
④侵略戦争の否認＝イタリア、ビルマ、フィリピン、ブラジル、キューバなど西欧型の10か国。
⑤国際平和のための主権制限の甘受＝オランダ、デンマークなど西欧型の6か国。

このほか、日本国憲法には規定のない家族の保護（採用国＝西欧型29か国、ソ連型10か国）、女子労働の保護（西欧型27か国、東欧型10か国）、老齢者の保護（西欧型28か国、ソ連型11か国）、年少労働者の保護（西欧型29か国、ソ連型2か国）、発明権の保護（西欧型24か国、ソ連型6か国）、母子の保護（西欧型17か国、ソ連型12か国）、男女同一賃金の原則（西欧型14か国、ソ連型12か国）、労働者の経営参加（西欧型3か国）、議員の地位濫用の防止（西欧型33か国、ソ連型1か国）、予算をともなう議員立法の禁止（西欧型21か国）、不信任権濫用の防止（総計38か国）など64項目が提示され、それぞれの項目を憲法に導入している国が列挙されています。憲法を見る目が非常に広がります。

早稲田大学大学院時代。左から筆者、母、大西邦敏先生

わが国における戦後の憲法論が世界の憲法動向に注視して展開されていれば、視野狭窄《きょうさく》型の憲法論が回避されたのではないでしょうか。それにしても、世界のすべての憲法を調べ上げ、詳細に分類することは常人のできることではありません。

大西先生は、正月の元日から研究室にこもっていたというので評判でした。修士課程の2年次だったか、博士課程の1年次だったか忘れましたが、先生の研究室が開放され、私たちに研究室で勉強してもよいと言われました。

大西先生は衝立の向こう側、私たちはこちら側の机で勉強します。大西先生は毎日、午前9時ごろから午後5

時ごろまでいらっしゃるので、私も毎日、研究室へ出向きました。そのときに、日中は大西先生の研究室で勉強し、帰ってからも机に向かうという勉強癖がつきました。大西先生は当時、60歳代後半で、本当に慈父のような眼差しで私たちを指導してくださいました。

大西先生は、所属していた憲法研究会（代表・神川彦松・東京大学名誉教授）などからの意見を参考にしつつ、自らの比較憲法の知識を取り入れ、1956年5月に「新日本国憲法草案」を作成されました。草案作成の意図を次のように述べられています。

「外国の憲法、殊《こと》に第二次世界大戦後の六十による外国憲法を調べて、その間に発見された一般的傾向にかんがみ、時代錯誤的な現行憲法を真に時代の諸要求に応ずる『現代的な憲法』、民主政治の欠陥を防止して民主政治を成功せしめる『真の民主的憲法、真に平和を確保できる平和憲法』に改めることに意を用いた」

具体的に、たとえば前文の第1節を「われわれ日本国民は、個人の尊厳に出発した自由、平等及び友愛の精神を基調とする民主政治を最善の政治形体として選択し、一切の独裁政治を否認する」と明記し、1章の表題を「基本国策」として、1条（政治に関する基本国策）、2条（経済に関する基本国策）、3条（社会政策に関する基本国策）、4条（教育・文化に関する基本国策）、5条（外交に関する基本方策）を置き、第2章に「天皇」を配しています。そして驚くことに、7条には「皇位は、世襲のものであって、国会の議決した皇室典範の定めるところにより、皇統に属する男子及び女子がこれを継承する」と規定されていました。

当時の憲法改正論は、ともすると明治憲法に郷愁を覚え、天皇を名実ともに国家元首とする明文規定を置く傾向にありましたが、明確に一線が引かれています。天皇の章を2章に置き、しかも皇位の継承を女子にも与えることは、近年、提起されているいくつかの憲法改正案と発想を異にしています。

大西先生は、別の書で「偏見にとらわれることなく、客観的な眼で、これを読み直していただければ、私の憲法改正論が、決して、反動でも、逆コースでもないことがおわかりのことと思います。民主政治の永遠と真の平和の実現のためにこそ、憲法の改正を、私は主張しているのであります」と述べられています（芦田均〈衆議院議員〉、安倍能成《よししげ》〈学習院院長〉、南原繁〈元東京大学総長〉、大西邦敏『いまの憲法をこう思う』自主憲法期成同盟出版部、1958年）。

大西先生はこのような業績が高く評価され、1956（昭和31）年6月に設置された内閣の憲法調査会学識経験者委員に任じられ、活躍されました。

宮澤俊義教授との違い

大西先生は修士課程の教科書として、東京大学教授の宮澤俊義著『日本国憲法』（日本評論社、1955年）を指定されました。宮澤俊義教授は、当時の憲法学の第一人者として、高い知名度がありました。日本公法学会の初代会長でもあり、その学説は、多くの憲法学者に影響を与えました。また、日本国憲法の成立に関し、貴族院議員として参加しています。

大西先生は宮澤教授の著書をもとにして自説との違いを述べつつ、講義を組み立てられました。たとえば、新しい日本国憲法のもとでわが国は君主制国家から共和制国家になったのか。宮澤教授は次のように述べています。

従来の多くの君主制における君主に共通な標識としては、（a）独任機関（西注・1人だけで国家機関をにない、内閣のような合議体でない）であること、（b）統治権の重要な部分、少なくとも行政権を有すること、（c）対外的に国家を代表する資格を有すること、（d）多かれ少なかれ、一般国民とはちがった身分を有し、したがって、多くの場合、その地位は世襲であること、（e）そのことと関連して、その地位になんらかの伝統的ないしカリスマ的な権威ないし後光《ごこう》が伴うこと、（f）国の象徴たる役割を有することなどがあげられる。これを標準としていえば、明治憲法の天皇は明らかに君主の性格をもっていたが、日本国憲法の天皇はその性格をもっていないと解すべきであろう。後者は、統治権の総覧者でないのみならず、行政権の持ち主ですらないからである。（中略）今の日本は、共和制といわざるを得ないだろう。

これに対して、大西先生は、宮澤説はつまるところ主権の所在を君主制と共和制とを分かつ標準であると見ているとして、主権が国民にあることを明記しつつ明確に君主国であることを謳っている国が多くあると実例を挙げました。１７９１年のポーランド憲法、同年のフランス憲法から１９４７年のシャム（現在のタイ）憲法に至るまで、23の憲法があるとの調査結果を記述しています（大西邦敏「国体概念の再構成」〈『早稲田政治経済学雑誌』１９４８年、『比較憲法の基本問題』成文堂、１９６３年に所収〉）。

また、現行憲法のもとで国家元首は誰か。宮澤教授は、元首を「国の首長（head of the state）であり、主として、対外的に国家を代表する資格を有する国家機関をいう」と定義付け、明治憲法では４条に天皇は「国の元首」として明記されていたが、日本国憲法のもとでは「天皇は、対外的に国家を代表する資格を有するものではなく、元首ということができない」と断定しています。それではどの機関が元首なのか。宮澤教授は、内閣が行政権の主体であり、国家を代表する権能は行政権に含まれるから、内閣をもって国家元首であると解釈します。

この点について、大西先生は宮澤教授と同じく「国家元首とは対外的にその国を代表する者」と定義付ける一方で、現今の世界の憲法をみるに、対外的に国を代表する国家元首の共通規定は、外国からの大使・行使の接受権を持っていることにあると結論付けます。日本国憲法７条９号は天皇の国事行為として「外国の大使及び公使を接受すること」と定めており、この権能は内閣に与えられていない。また、１条の「天皇は、日本国の象徴であり」という規定は、外国から見れば、天皇が日本国を代表すると読み取るであろう。さらに７条５号の「（天皇は、）全権委任状及び大使及び公使の信任状を認証すること」、同条８号の「（天皇は、）批准書及び法律の定めるその他の外交文書を認証すること」の規定から、天皇は対外的にわが国を代表する資格を備えており、天皇を「国家元首」であると解します（私の「講義ノート」より）。

宮澤教授は、内閣を国家元首と解しますが、通常、外国から国賓として来日する国家元首に対しては、その国の国家元首が応接します。宮澤説では、合議体としての内閣が外国からの国家元首に応接することになり、著しく非現実的です。宮澤教授は、比較の対象をもっぱら明治憲法に求めています。当時の憲法学者の共通現象だったと言えます。視野の狭さは免れません。共和制や国家元首は、世界共通の題材です。そうであれば視野を広角にして検討しなければなりません。大西教授の観察方法に分があることは明らかなのではないでしょうか。

私は、比較憲法の必要性と重要性を知り、その後の研究に大きな影響を与えられました。

ドイツ語のマスターに苦戦

学部時代の不勉強がモロに出てきたのが、ドイツ語の知識不足です。学部の前半期は勉強以外のことに熱中し、ドイツ語は単位が取れればよいと考えていました。

修士課程1年次のとき、ドイツ公法研究の授業で読まされたのは、ドイツの著名な法哲学者 Werner Kägi の著書でした。日本語でさえ難しい法哲学の本をドイツ語で読むのですから、当初はお手上げの状態でした。しかし、降伏することができません。博士課程への入試には2か国語を受験しなければなりませんから、なんとか克服しなければなりません。ドイツ語の文法書を読み直し、一からやり直しです。単語も一語一語引かなければなりません。単語帳に書き込みましたが、辞書一冊ではとうてい間に合いません。ドイツ語を履修した何人かの同級生から辞書数冊を借りてきて、これとこれとこれを突き合わせれば、なんとか文章になるのではないかという感じでした。

修士論文のタイトルは、「立法拒否権について　比較憲法的考察」でした。立法拒否権とは、立法過程の一環として、行政府が立法府の可決した法律案を一時的に拒否することのできる制度を言います。ただし、その拒否は、立法府が所定の多数によって覆すことができます。その場合には、行政府の反対にもかかわらず、法律が成立します。

この制度をとっている典型が米国です。米国では、上下両院を通過した法律案が大統領に提出され、大統領がこの法律案に反対すれば、上下両院に差し戻されます。ただし、それぞれの院で出席議員の3分の2以上の多数で再可決されれば、大統領の反対にもかかわらず、法律として成立します（憲法1条7節2項）。

一般に立法拒否権は、大統領制国家に通有の規定のように思われていますが、議院内閣制国家においても約半数の国家に取り込まれています。論文は、世界各国のみならず米国の50州も対象にして、さまざまの角度から検証しています。全体が200字詰めで679枚におよび、参考文献として144の著書・論稿（うち洋書関連は74）が掲示されています。大西先生の方法論に依拠していますが、各国憲法などを詳細に調べることの大変さと調べ終わったときの達成感を得ました。

　とにかく修士課程の2年間は、ドイツ語の修得と修士論文の作成にほとんどの時間が費やされました。努力が実って、なんとか博士課程の入試にパスすることができました。

小林昭三先生のこと

　小林昭三先生は、大西先生の直弟子で清水先生の弟弟子にあたります。私は、小林先生から担当教員として直接には指導を受けていませんが、修士課程から小林先生の論稿などに啓発されていました。その後、研究会、学会はもとより、個人的にも親しくご教示いただきました。私が早稲田大学大学院政治学研究科の非常勤講師時代には、講義終了後、小林研究室を訪れ、先生のお話を聞くことが日程に組み込まれていました。

　小林先生は、並木書房社長の奈須田敬《たかし》氏が発行していたミニ月刊誌『ざっくばらん』に毎号、その時々の憲法問題を扱った論稿を担当なさり、それは1974年の発刊から446号まで続きました。先生の軽妙な語り口を楽しく読んでいたものです。私も同紙に2か月に1回、小さなコラムを担当しました。

　小林先生の研究手法の最大の特色は、「憲法政治学」というジャンルを築かれたことです。「憲法政治学」とは何か。12人の教え子たちが執筆した『世界の憲法政治』（志學社、2021年）の「序文」（執筆者代表・下條芳明・朝日大学教授、東裕《ひがしゆたか》・日本大学教授）を引用します。

「憲法政治学を一言でいえば、とくに憲法と政治の関係において、成文憲法を内側からだけ見るのではなく、その外側からも見て（いってみれば、憲法現実からも憲法規範に接近する）、その相互作用を考察する、という手法をとる憲法学の方法です」

そして、小林先生がなぜ「憲法政治学」の必要性を思い立たれたのか、小林昭三著『憲法学の方法』（北樹出版、1991年）を引いています。

「もともと、憲法の法解釈学的考察では、憲法をそのものとして、それも完成品という前提で眺め、考察する。考察に当たって、憲法の内側に入り込んで、もし隙き間があったら目張りをし、法論理による精巧な構成品をつくり上げる。そのとき、法的でないもの、なかんずく政治的なものを、注意深く排除して法的思考が心掛けられる。……（このような方法に対し）憲法を外側から見、憲法の周辺的状況との関連で憲法を見つめる、という心掛けがあっていいだろう。これが憲法政治学のきっかけである」

要するに、法解釈を重視する憲法学の狭い方法論に警鐘を鳴らされたわけです。こ

早稲田大学より博士（政治学）の学位授与式にて。左から妻、小林昭三先生、筆者

れを日本国憲法の改正の要否にまで敷衍《ふえん》して言うならば、法解釈を中心とした考察からは、日本国憲法に問題点があれば、目張りをしてでも解釈に固執するのに対して、憲法政治学の立場からは、より弾力的に対応するということになるでしょう。事実、小林先生は、憲法改正の立場をとられていました。

私は、上記の3先生の薫陶を受けました。はたして薫陶を身につけることができているのか、自省しつつ研究生活を送ってまいりました。

博士課程の4年間――アフリカ諸国憲法の紹介

博士課程に進学したからには、研究者の道をめざす以外にありません。いわばインプットをため込む時機です。マックス・ウェーバーの『職業としての学問』『職業としての政治』、ゲオルグ・イエリネックの『人権宣言論』『一般国家学』、ハンス・ケルゼンの『デモクラシーの本質と価値』『一般国家学』など公法学専攻者としての基本書を読破することに努めました。カール・シュミットの『政治的なものの概念』やカール・マルクスとフリードリッヒ・エンゲルスの共著『共産党宣言』は、訳書を横に置いてドイツ語で読むように心がけました。『共産党宣言』の冒頭の一節“Ein Gespenst geht um in Europa - das Gespenst des Kommunismus”（「一つの妖怪がヨーロッパを徘徊している。共産主義の妖怪が」）は、今でもすぐに口から出てきます。

2年次になり、1960年代に入ってから独立を果たしたアフリカ諸国の憲法比較を試みました。新憲法の入手にはたいへん苦労しました。当時はまだ、ネットで調べる時代になっていません。外務省アフリカ課や駐日アフリカ各大使館に足しげく通ったものです。比較憲法は足で稼ぐものという感覚ができました。

ある大使館はマンションの一室にあり、大使館員は1人いるだけ。来客用に立派とは思われないソファが一つ置いてあるのみ。私は、大使館には自国の大きな国旗が掲げられ、何人もの館員が勤務しているものとばかり思っていたので、拍子抜けしました。しかし、考えてみると、独立したばかりで豊かでない財政を運営していくには限界があるのは当然でしょう。世界は広くて多様であることを再確認しました。

また、ある国で新憲法ができたという情報が入り、その国の大使館へ電話すると、所持しているとの返事でした。そこで、勇んで出かけたところ、現地語で書かれていました。読めるはずがありません。完全に空振りに終わりました。

このころ、アジア・中東・アフリカを中心に国際関係を研究していた浦野起央《たつお》・日本大学助教授（当時）にお会いし、アドバイスをいただきました。同先生の紹介により、『月刊アフリカ』（社団法人アフリカ協会発行）に1年間にわたり、アフリカの全独立国の憲法を紹介しました。

この時期、アフリカの全独立国の憲法が紹介された文献は皆無だったと思います。1967（昭和42）年6月号に拙稿が掲載され、初めて原稿料を手にしたときは有頂天になり、ふだんは電車で帰るところ、タクシーを利用してわが住処《すみか》へご帰還しました。タクシー料金が原稿料の約半分だったことが思い出されます。当初のアフリカ諸国の憲法は、宗主国の憲法の影響を受けており、必然的にフランス、英国（注・同国には憲法典はないが、統治体制や人権保障の法制度は整っている）、ベルギー、イタリア、ポルトガルの憲法を学ばなければならず、一石二鳥にも三鳥にもなりました。

このとき痛感したのは、フランス語も読めなければならないということです。アフリカ諸国には、モーリタニア、セネガル、ギニア、コートジボアールなど、フランスから独立し、フランス語を公用語としている国が十数か国あります。これらの憲法を読み込むには、フランス語の読解が必須です。そのため高田馬場にあった外語学校に通ったり、また学部のフランス語の先生に頼み聴講させてもらったりして、なんとか辞書を引けば憲法を読めるようになりました。しかし、近年は書籍やネットで世界のすべての憲法を英語で読むことができるため、ドイツ語とフランス語の読解力が急速に衰えてしまいました。

本来、博士課程は3年間で終了します。けれども、勤務先がおいそれと見つかりません。博士課程3年次に縁談が持ち込まれ、10月に結婚しました。それゆえ、4年次は大西先生の講義に出席するほか、塾講師や家庭教師で生計をまかないました。

4年次のとき、大西先生から防衛大学校講師に応募しないかという話をいただきました。作家・大江健三郎氏が、１９５８（昭和33）年6月25日付の毎日新聞夕刊に「ぼくは、防衛大学生をぼくらの世代の若い日本人の弱み、一つの恥辱だと思っている。そして、ぼくは、防衛大学の志願者がすっかりなくなる方向へ働きかけたいと思っている」と記述しました。この言葉が世間に流布し、防大の評価が必ずしも高くありませんでした。けれども私は、そのころすでに自衛隊合憲論の立場に立ち、また防衛力の必要性を感じていたので、何の戸惑いもなく、むしろ喜んで応募しました。

(3) マルクス主義がはびこる中で防大講師になる

マルクス主義憲法学者が栄えた時期

1970年4月、防衛大学校人文科学教室専任講師になりました。学界活動を始めたころ、学界はマルクス主義学者の影響を強く受けていました。哲学や歴史学などの人文科学系から、経済学、法学、政治学などの社会科学系に至るまで、広く浸透していました。マルクス主義を会得することが学者の証しであるといった雰囲気すらありました。時代は資本主義から社会主義へと移行しつつあり、社会主義的視点に立って研究することこそが「先駆的」であり、「科学的」であるという認識が基調にあったのです。

その影響は、当然のごとく憲法学にもおよびました。ここでは3人のマルクス主義憲法学者の言説を紹介します。マルクス主義学者特有の言葉が羅列されていますが、そのような言葉を知るのも有益かと思います。

まず、在野の憲法研究者として長く活躍し、のちに静岡大学教授に就任した鈴木安蔵氏は、次のように述べます。

「日本国憲法は、それが存立する社会的基礎自体が資本主義的生産関係＝私有財産制度にほかならず、この憲法典の各条項を実定憲法秩序に具体化する支配的勢力が内外独占主義階級を中心とする反プロレタリアート勢力であることによって、典型的なブルジョア憲法の一つである。わが国が、どのような過程をへて社会主義社会に発展・転化するにしても、到達された社会主義構成態は、必然に、これと別個の基本諸規定を有する社会主義的憲法のうちに、みずからの体制原理を反映し、社会主義を建設するために不可欠な、また、これにふさわしい国家構造、権利および義務体系を創出し、それを媒介として、社会主義法秩序を強固に促進するであろう」

（鈴木安蔵『憲法の理論』勁草書房、１９６５年）

今時、プロレタリアートとかブルジョアとかは、言葉の端に出ることはありませんが、当時は常用語でした。簡単にいえばプロレタリアートとは賃金労働者階級、ブルジョアとは資産者階級を意味します。マルクスによれば、賃金労働者は、その労働の対価をブルジョアによって搾取されており、ブルジョアを打倒することが最大の目標になります。マルクスとエンゲルスの『共産党宣言』には、「労働者革命の第一歩は、プロレタリアートを支配階級に高めること、デモクラシーを戦いとることである」と記され、最後に「万国のプロレタリアートよ、団結せよ！」で締められています。

日本国憲法は「典型的なブルジョア憲法の一つ」だから、プロレタリアート勢力によって「社会主義法秩序を強固に促進」しなければならないというのが鈴木氏の主張です。

次に名古屋大学教授で、マルクス主義憲法学の主導的研究者だった長谷川正安氏は、従来のわが国の憲法学を、諸外国憲法の「矮小化された再生産」であって、自己の方法論を持ち得なかったことに問題点があると指摘。比較憲法学研究で世界的な権威、フランスのミルキヌ・ゲツェヴィチが、社会主義憲法に比して資本主義憲法を美化しているところに「非科学性がろこつ」であると批判しています。

そして長谷川氏は、1936年にソ連邦共産党書記長のヨシフ・スターリンによって制定された「ソビエト社会主義共和国連邦憲法（基本法）」（別名・スターリン憲法）を絶賛し、同憲法が「徹底的な、終始一貫した民主主義に特質があり」、「われわれ日本人にとって綱領となるという性格も、しだいに身近かなものとなって感ぜられるのではなかろうか」と述べています（長谷川正安『憲法学の方法』日本評論社、1968年）。

同憲法は「ソビエト社会主義共和国連邦は、労働者と農民の社会主義国家である」（1条）と定める一方で、選挙時の候補者の指名を共産党にのみ与え（141条）、共産党の独裁体制を明記しています。ここのどこが「徹底的な、終始一貫した民主主義」なのでしょうか。また、スターリン憲法下で、スターリンが自らに対する反対者に行った「大粛清」による死者は、少なくとも２００万人にのぼったとされています。長谷川氏の目にはこの現実が見えなかったのでしょうか。

名古屋大学助教授だった影山日出弥《ひでや》氏は、『現代憲法学の理論』（日本評論社、１９６７年）において、かなり先鋭的な見解を示します。同助教授は、日本の憲法学に必要なことは、客観的には「現実の憲法現象を厳密な科学的手続きによって正確に認識すること」であり、主観的には「なによりも憲法運動または憲法闘争の発展に寄与しうる理論を発展させることである」と述べます。第一の「科学的手続きによる正確な認識」とは、マルクス主義的な方法に依拠することを意味します。同助教授の言葉を引用しましょう。

「社会科学としての憲法学の従来の成果とその本来の意味とを前提とすれば、この第一の課題においては、憲法研究の最も正当的な科学的方法論として、マルクス主義＝史的唯物論に基礎をおく原理論が展開されなければならない、といえよう」（傍点・影山氏）

また、第二の憲法運動論については、次のように述べます。

「現状から生起している具体的・現実的な諸問題（注・日米安保条約に見られる対米従属という条件のもとで進行している日本の軍国主義的・帝国主義的復活の運動など）を一定のレベルで解決するためには、憲法研究者は、自らを実践者の位置におかざるをえないのである。換言すれば、憲法学は、その理論と実践とを科学的に結合しようと欲するならば、この憲法運動――憲法闘争を論理的に対象化し、そこで対象化されたものを再び運動へ転化させ、運動を発展させる論理へと実践化していく任務をもっているのである」

それでは、どんなふうに運動を発展させていけばよいのか。同助教授は言います。

「日本の憲法学にとっては、以上のような現状とそこから導き出されるこれらの課題と同時に、日本における社会主義への媒介的移行という現実の問題がある。すなわち、現代憲法学は、現状から出発して、日本における資本主義から社会主義への移行の内容・形態・諸条件に関する諸問題を、その科学的研究の射程内にひきこまなければならないのである」（傍点・影山氏）

同助教授によれば、マルクス主義的観点に立って研究することが「社会科学としての憲法学」であり、また、憲法学者自らが資本主義から社会主義への移行に向けて実践的行動をしなければならないということになります。こうなると学問の領域を超えた煽動的な言述にしか聞こえません。

このほか、社会主義研究会編『現代社会主義憲法論』（法律文化社、１９７７年）では、11人のマルクス主義法学者が社会主義憲法の優位性を縷々《るる》述べています。

カール・マルクスとウラジーミル・レーニンの共産主義思想によって国づくりをしてきたソ連が１９９１年12月に解体し、雪崩を打つようにマルクス・レーニン主義から離脱した東欧諸国などの現実を見て、現今わが国におけるマルクス主義は、完全に没落しています。ただしその後継とみられる人々が「リベラル」の名のもとに、日米安保条約の破棄など国家解体的な憲法論を展開しています。

私の書庫には、先述の著書のほか『マルクス主義法学講座　全8巻』（日本評論社、1976～80年）、『人民民主主義の研究　2巻』（勁草書房、1956年）など何冊もの書籍が並べられています。用済みなので処分しようとも思ったのですが、〃標本〃として保存しておくことにしました。

防衛法制の研究

防大に着任し、研究活動上、非常に不思議に感じたのは、1954（昭和29）年6月9日に防衛庁設置法と自衛隊法が公布されたにもかかわらず、防衛法制の全容を詳しく説明した著書がほとんど見当たらなかったことです。わずかに京都大学教授・杉村敏正氏の『防衛法』（有斐閣、1958年）と自衛隊の前身、警察予備隊のときからかかわった元防衛事務次官の加藤陽三氏による「自衛隊」（『行政法講座　第6巻』有斐閣、1965年）くらいしか参考にする文献がありませんでした。

このうち前者は、102頁しかありません。しかも「私個人としては、防衛庁設置法、国防会議の設置等に関する法律、自衛隊法などは日本国憲法に違反するものと判断しているが、国会の制定した法律であるので、一応、違憲性の判断の下に、防衛法令を体系的に説明した」とあるように、消極的な立場から著されたものです。後者は、38頁にわたる防衛法制の概要を述べた論稿です。

そこで防大教授の宇都宮静男氏と共著で『防衛法』（自由国民・口語六法全書第23巻、自由国民社、1974年）を刊行しました。総論というべき第一編「わが国の防衛法制の特質」に続き、第二編と第三編で防衛庁設置法と自衛隊法について逐条解釈がなされています。上下二段組で438頁におよびます。本格的な防衛法制の解説書ということで比較的多くの方面で参照されたのか、私が所蔵している1976年版は、第3刷になっています。

防大在職中の4年間は、防大が所蔵している資料や防衛法作成にかかわった人たちとのインタビューなどを通じ、防衛法制の研究に精を出すことができました。その成果として、駒澤大学へ着任した翌年の1975年に学陽書房から『国の防衛と法――防衛法要論』を、同じく学陽書房より1978年1月に『自衛権――奪われざる国民の生存権』を刊行することができました。後年、防衛法学会編『平和・安全保障と法』（内外出版、1996年）、『我が国防衛法制の半世紀』（内外出版、2004年）などに論稿を寄稿し、また『詳解　有事法制』（内外出版、2005年）、『防衛省移行の概要』（内外出版、2006年）を監修したりしました。その知識が後日、安全保障論議に際して大いに役立ちました。

防衛法研究の手薄さに直面し、防衛法研究の仲間を糾合することが急務ではないかと思いました。そこで防衛法学会の設立に向けて動きだしましたが、その実現は、駒澤大学移籍後のことになります。

防大での三つのエピソード

私が防大で体験した三つのエピソードをお話しします。

第一は、学校長との大きな差異です。私が着任した3か月後に京都大学の高名な政治学者、猪木正道氏が防大学校長に就任されました。学問領域が同じということもあり、就任後しばらくして学長室に呼ばれ、「よろしく」との挨拶を受けました。この学校では、大政治学者より私の方が先輩なのだとちょっぴり鼻を高くしました。

この年（1970年）の11月25日、三島由紀夫事件が生起しました。著名な作家の三島由紀夫氏が、主に民族派学生を中心として結成された「盾の会」のメンバーと自衛隊市ヶ谷駐屯地の東部方面総監を訪れて同総監を監禁、総監室前のバルコニーで演説し、その後、割腹《かっぷく》自殺を遂げました。社会的にきわめて大きな事件になったことは、言うまでもありません。

三島氏は演壇から、「檄文」をばら撒きました。以下は、その一節です。

「われわれは今や自衛隊にのみ、真の日本、真の日本人、真の武士の魂が残されてゐるのを夢みた。しかも法理論的には自衛隊は違憲であることは明白であり、国の根本問題である防衛が、御都合主義の法的解釈によつてごまかされ、軍の名を用ひない軍として、日本人の魂の腐敗、道義の頽廃の根本原因をなして来てゐるのを見た。（中略）日本を日本の真姿に戻して、そこで死ぬのだ。生命尊重のみで、魂は死んでもよいのか。生命以上の価値なくして何の軍隊だ。今こそわれわれは生命尊重以上の価値の所在を諸君の目に見せてやる。それは自由でも民主主義でもない。日本だ。われわれの愛する歴史と伝統の国、日本だ。これを骨抜きにしてしまった憲法に体をぶつけて死ぬ奴はゐないのか。もしゐれば、今からでも共に起ち、共に死なう。われわれは、至純《しじゅん》の魂を持つ諸君が、一個の男子、真の武士として蘇へることを熱望するあまり、この挙に出たのである」

三島氏は、自衛隊を違憲とする憲法を改正するよう自衛隊員に決起（クーデタ）を促したのです。私はさっそく授業でこの事件を取り上げ、自衛隊は合憲であること、憲法改正のために自衛隊に決起を促すことは著しく民主主義に反することを強調しました。それから間もなくして猪木学校長が全学生を招集し、私と同じ視点から三島氏の行為を糾弾しました。世間には猪木学校長の見解のみが知られ、先に表明した新米教師の見解はまったく見向きもされませんでした。

猪木学校長には、先述の『国の防衛と法――防衛法要論』の「序」を書いていただき、また後述の米国への短期在外研究に際して、コロンビア大学の国際政治学者、ワーナー・R・シリング教授とハーバード大学の世界的に著名な政治学者、サミュエル・P・ハンティントン教授に宛てた紹介状をしたためていただきました。

第二に、学生諸君は授業中、大変よく寝ていたことです。新入りの講師として、私は念入りに準備をして授業に臨んだのですが、半分くらいが居眠りに余念がありません。

そのことを私の前にその教室で講義を担当していた哲学の教師に告げたところ、返ってきたのは次の答えでした。

「そうですか。私は授業中、あんなに寝かせておいたのに」

私の担当は1年生の一般教養科目です。午後からは訓練があり、寮へ戻ると4人一部屋では上級生ばかり（部屋は1年生から4年生が1人ずつ配置されていた）、緊張を余儀なくされます。1年生しかいない教室が格好の寝ぐらだったようです。

第三に、特に人文、社会科学の教員の言動は、注目されていました。声高に憲法改正論などを主張すれば、社会党や共産党のやり玉にあがり、国会での喚問が控えていました。私は防大紀要に「各国憲法に見る非常事態対処規定（1）（2）」を発表しました。内容は、世界各国憲法の非常事態対処規定を対象にして、その実態を客観的に比較考察しただけのものです。けれども、その論稿が野党の国会議員の目にとまり、喚問が検討されたようです。喚問される前に私は駒澤大学に移籍していましたが、護憲を主張する政党が学問の自由を冒瀆《ぼうとく》することに違和感を持ちました。

第2章　学会の設立と在外研究

(1)二つの学会の設立に寄与

防衛法学会

駒澤大学の法学部法律学科助教授として赴任したのは、1974(昭和49)年4月のことです。赴任した年、荒っぽいチラシの洗礼を受けました。チラシには当時、防大から転任した宇都宮静男教授と私、そしてすでに政治学科で教鞭を執られていた元内閣法制局長官の林修三教授の3人を名指しして、右翼3教員と書かれていたのです。このチラシは全教員の郵便ポストに入れられており、変な形で有名になりました。

さて、防衛法学会の設立に向けた行動をとらなければなりません。私は、防大専任講師の安田寛氏、防衛研究所第二研究室長の山田康夫氏、防衛庁陸上幕僚監部管理部の眞邉《まなべ》正行氏、国会図書館立法考査局の宮脇岑生《みねお》氏などと計らい、また防衛庁設置法および自衛隊法作成にかかわった麻生茂・国会図書館立法考査局長、元防衛事務次官・加藤陽三氏らの協力を得て、1975（昭和50）年6月に防衛法研究会を立ち上げました。

研究会の設置について防衛研究所で協議をしていたとき、一橋大学名誉教授で国際法の権威、大平善悟《ぜんご》氏が見えました。なんでも防衛研究所の会合と勘違いされて顔を出されたそうです。私たちは、ぜひ会長になっていただきたいと懇願し、承諾を得ました。また大平先生の関係により、同じく一橋大学名誉教授で憲法学の権威、田上穰治《じょうじ》氏が理事に加わりました。

防衛法研究会編『防衛法研究　創刊号』が発刊されたのは、1977年5月のことです。私は同号の「編集後記」で次のように記しています。

「わが国の法学界のなかには、理想を追う余り、厳しい現実に目をむけようとせず、いたずらに空理空論をもてあそぶ傾向がないとはいえない。われわれは、理想をあくまで高く掲げつつ、しかも現実を直視し、その理想達成のために、なにをどのようにすべきかということに最大の研究視座をおくべきではなかろうか」

その後、何回もの研究会を経て1983（昭和58）年6月、念願の防衛法学会が創設されました。協力理事には、衆議院議員の石原慎太郎氏、永末《ながすえ》英一氏、平泉渉《わたる》氏、箕輪《みのわ》登氏、元防衛庁長官の増原恵吉氏ら政治家のほかに、財界から中島正樹氏（三菱総合研究所会長）、中山素《そ》平《へい》氏（日本興業銀行相談役）、また軍事評論家の久住忠男氏の名前が見られます。

中島氏は大平教授の盟友で、研究会の財政状態が厳しいときに退職金の一部を寄付していただきました。この好意は、会の運営に多大の救いとなりました。

余談ですが、私は逗子にあった石原氏の邸宅を訪れたことがあります。石原氏は、1968（昭和43）年7月に行われた参議院選挙で全国区から立候補し、301万票という史上最多数の得票で当選しました。その何か月か前に、ある人の紹介で石原邸を訪問し、直にご高説をうかがいました。あの独特な笑顔が印象的でした。逗子駅から丘にある石原邸まで続くただ1本の道路は、「石原道路」と言われていました。

私は、3代目理事長（1996～2009年）として尽力したつもりです。防衛法学会はその後、順調に発展し、防衛法にかかわる現代のさまざまな課題が論究されています。2023（令和5）年9月には『防衛法研究　第47号』（内外出版）が発行されました。

比較憲法学会

比較憲法学の研究を進めるうちに、大学の法学部で比較憲法の講座が意外に少ないこと、比較憲法学の対象、方法論などについては至って未熟であることが認識されました。そこで前掲の清水望先生を会長にして、1987（昭和62）年5月に比較憲法研究会が発足しました。

設立総会は「比較憲法学の可能性を問う」をテーマに、フランスのリヨン大学名誉教授のシュヴァルツ・リーバーマン氏が「比較憲法――方法、行程、可能」というタイトルで講演、その後、田上穣治・一橋大学名誉教授による「比較憲法」と題する記念講演がありました。同氏には『比較憲法』（中大出版社、1950年）という著書があり、同書で比較憲法を次のように位置付けています。

「比較憲法は、比較法学の一分科である。比較法学は、特定の外国法制を研究の対象とするものではない。それは、多くの国法を比較して、その特色と共通性を明かにし、これによって実定法の意味を確定し、更にその改正の方向を示すことを目的とする」

特別講演会が2回、開催されています。1回目は、カリフォルニア大学ロサンゼルス校教授のアントニオ・C・ロスマン氏が米国憲法制定200年を経過したことにともない、米国の抱える憲法的諸問題について報告しました。

2回目の特別講演会は、連合国総司令部（GHQ）の民政局次長として、日本国憲法の成立に深くかかわったチャールズ・L・ケーディス氏を招いて行われました（産経新聞社後援）。通訳は、防大教授の安田寛氏が担当しました。

後述するように、私は1984年秋にケーディス氏宅を訪問しており、私が手引きをしました。同氏は、総司令部としては「憲政の神様」と言われた尾崎行雄氏の思想に注目していたこと、9条は自らが手を加え、自衛のための武力行使を可能にしたこと、いわゆる芦田修正（250

頁）に対して即座に了解を与えたところ、芦田氏自身が驚いていたこと、前文の修正により、ますます自衛権の行使が可能になったことなどを熱心に語りました。

このうち、前文の修正が自衛権行使の容認と結びつくことは、わが国で誰も言ったことがありません。内閣が1946（昭和21）年4月17日に作成した帝国憲法改正草案前文は、「我らの安全と生存をあげて、平和を愛する世界の諸国民の公正と信義に委ねようと決意した」と定めていました（傍点は西）。しかし、帝国議会で以下の規定になりました。

「平和を愛する諸国民の公正と信義に信頼して、われらの安全と生存を保持しようと決意した」

両案を比較すると、当初案では、いわば無条件に日本国の安全と生存を「平和を愛する世界の諸国民の公正と信義」にのみ委ねていたのに対し、修正後の文章は、日本国の安全と生存を、条件付きにしていることが読み取れます。

ケーディス氏がこの修正に承認を与えたとき、これで日本は無条件で武力行使を放棄しているのではないことがますますはっきりしたと考えたというのです。わが国にあって、上記の「平和を愛する諸国民の公正と信義に信頼して、われらの安全と生存を保持しようと決意した」の文言は、他力本願主義であって、改憲側から強く批判されています。ケーディス氏の解釈に注目する必要があるのではないでしょうか。

もう一つ、ケーディス氏は、9条2項後段にある「国の交戦権は、これを認めない」の文言について、「日本側から削除の申し出があれば、承認するつもりだった」と語りました。

以上のような実績を重ね、1989（平成元）年4月に比較憲法学会が発足しました。会長には、先述の田上穣治氏が就任されました。同年4月4日付の産経新聞夕刊に「気鋭の学者が独自性を」との見出しを付して、比較憲法学会が成立したことを報じています。おもなメンバーとして、田上穣治氏、小林昭三氏、小林宏晨《ひろあき》氏（日本大学教授）、浜谷英博氏（国士舘大学日本政教研究所助教授）と私が写真つきで紹介されています。

私は、「〝護憲〟とか〝改憲〟とかいった既成概念にとらわれず、時代に即応した自由な発想で憲法論を展開していきたい」というコメントを述べました。田上理事長のコメントは、「右とか左ではなく、自分の意見をはっきりと自由に発表できるのなら、第三の学会をつくる意義がある」というものでした。田上理事長は、右と左の学会を明示されていませんが、右の学会として憲法学会を、左の学会として日本公法学会ないし全国憲法理論研究会があったのだろうと推察されます。

私も作成にかかわった学会の設立趣旨を掲げておきます。

「私達が、この比較憲法学会の設立を企画いたしましたのは、日本国憲法及びこれを基礎とした法・政治体制を比較法的に眺め、そのメリット・デメリットを実証的に検討する機会を得たいと考えたからであります。また40余年間のさまざまな社会的変革は、それに対応すべき研究の方法の再考を促しているように感じられます。もはや、これまでの観念と視点を墨守していたのでは、社会の諸現象を理論の観点から十分に分析できなくなってきているといっても過言ではないでしょう。その意味で新たな研究方法を模索していく必要があるように感じられます。このような模索は、原則的に、個人のレベルで解決を試みることを基本としても、それだけでは、非常に困難であり、やはり同じような問題意識と関心を懐《いだ》いている人々が、相互に意見の交換を密にすることによって、なにがしかの前進と光明が見出されるのではないでしょうか。私達は、前記のような認識のもとに、この学会を樹立しイデオロギーに偏ることなく、さまざまな考え方を包容し、お互いに切磋琢磨し、自己研鑽を図り、かつ学界の水準を高めるようなものにしたいと考えております」

こうして、憲法に関する第三の学会が誕生しました。学会の発足時には、京都大学教授の阿部照哉《てるや》氏、大阪大学教授の榎原《えはら》猛《たける》氏、東北大学教授の菅野《かんの》喜八郎氏、千葉大学教授の尾吹善《おぶきよし》人《と》氏などそうそうたる人たちが会員となり、また学会報告もされています。

設立から35年、幅広く会員が集い、2023年10月には『比較憲法学研究』第35号（政光プリプラン）が刊行されています。

なお、私は、第9代理事長（2008〜11年）を務めました。

（2）在外研究と諸外国歴訪

米国での短期在外研究

１９７９（昭和54）年8月から10月までの3か月間、ＡＣＬＳ（American Council of Learned Society）という米国研究の学術振興財団からのフェローシップにより、米国で短期在外研究の機会を得ました。研究テーマは「合衆国における政軍関係の法的側面からの考察」。なにぶん大きなテーマなので、論文そのものは帰国してから完成させるとして、資料の収集、関係者へのインタビュー、今後の人脈関係の構築に時間を割きました。

私は、将来、在外研究の機会があるだろうと思い、横浜の英会話学校へ通っていました。学校では上級クラスに入り、米国人の教師らとの会話に不自由を感じなくなっていました。ある程度、自信を持って米国の地を踏んだのですが……。サンフランシスコ空港から降りて、道がわからなくなり、黒人の警官に尋ねたところ、早口で、

「ムニャムニャムニャ」

「I beg your pardon？（もう一度おっしゃっていただけますか?）」

同じ調子で、「ムニャムニャムニャ」、自信が不安に変わりました。英会話学校の先生たちは、日本人にわかりやすく話していたのだと思いました。

ともあれ、ワシントンDCに到着後、最初に訪れたのはペンタゴン（国防総省）に所在する国防総省国家安全保障局日本課長のジェームズ・E・アワー氏でした。同氏は、海上自衛隊幹部学校指揮幕僚課程で学んだ経験を持っています。『よみがえる日本海軍』（邦訳・妹尾作太男、時事通信社、1972年）で博士号を取得、のちにヴァンダービルト大学の教授に就任し、長年にわたって産経新聞「正論」の執筆者であり、その論稿を読むことができます。

アワー氏の紹介により、私は現役の軍幹部などから政軍関係の実情を聞くことができました。ある中佐は、私に次のようなことを言いました。

“Tell me what to do, but not how to do it.”（私に何をするかを告げてくれ、ただしどのようにするかは告げてくれなくてよい）

私は、大局的な目的を指示するのが政治の役割であって、いかにしてその目的を達成するかは軍事専門家としての我々に任せてほしいとの意味にとらえました。示唆に富む言葉だと感じました。

もう一つ関係者の意見を聞こうと思ったのは、1973年11月に制定された戦争権限法に関することです。同法は、両院で可決後、リチャード・ニクソン大統領の拒否権行使に遭い、両院でそれぞれ3分の2以上の多数によりこれを覆して成立させた法律です。

同法により、連邦議会の宣戦布告なしに軍の最高司令官として大統領が軍隊を海外に派遣した場合、連邦議会が同意しないかぎり、大統領が軍隊を派遣できる期間が60日間（連邦議会が延長を認めればさらに30日間の延長が可能）に限定されました。大統領の権限が大幅に制約されたことになります。

それゆえ、日米安保条約が存在し、同条約にもとづき大統領が軍隊を投入しても、もし連邦議会の同意がなければ、60日ないし90日を経れば、軍隊を撤退させなければなりません。この法律が生まれた背景には、連邦議会で「戦争宣言」（憲法1条8節11項）をしなかったにもかかわらず、軍の最高司令官（2条2節1項）としての大統領がベトナム戦争へ介入して失敗したことなどの事情があります。

いったい有力な議員は、この法律と日本の防衛との関係をどう考えているのか。私は、同法案の共同提案者たるジェイコブ・K・ジャビッツ上院議員（共和党、ニューヨーク州選出）の事務所を訪ねました。議員は不在でしたが、議員とともに同法の成立に向けて汗を流したスタッフから、次のような返答がありました。

「現在、日本とは貿易摩擦などの問題が横たわっているにせよ、こと日本の防衛に関しては、連邦議会は全員一致で大統領の軍隊派遣を支持するであろう。私が知るすべての議員は、同じ答えをするはずだ」

ちなみにこの時期に発表された米国の世論調査では、極東有事に際して日本に軍隊を派遣すべきか否かについて、一般で42％、指導層で81％が「諾」の回答を寄せています。

第三の人脈関係の構築として、ジョージタウン大学准教授で国際政治史などを専攻していた梅垣理郎《みちお》氏（のちに慶應大学教授）、メリーランド大学教授で日本国憲法の成立過程に詳しいセオドア・マクネリー氏、コロンビア大学で先述のワーナー・R・シリング教授、ラトガース大学で比較憲法研究者として令名の高いアルバート・P・ブラウスタイン教授らと面会しました。

猪木正道氏の紹介状を大事に携えて1957年にハーバード大学教授のサミュエル・P・ハンティントン氏も訪問しました。同教授は1957年にハーバード大学出版から『軍人と国家――政軍関係の理論と政治』（邦訳・市川良一『軍人と国家』原書房、1978年）を出版しており、政軍関係研究の名実ともに第一人者でした。同教授が1996年に刊行した『文明の衝突』（邦訳・鈴木主税、集英社、1998年など）は、世界的ベストセラーになりました。私がもっとも会いたかった人物です。

しかしながら、ハロルド・ブラウン国防長官に急遽、呼び出されたということで不在でした。代わりに日本政治を専攻しているケント・カルダー講師と1時間余にわたり対談、話がはずみました。カルダー氏は、その後プリンストン大学教授に就任しました。ちょうど私がプリンストン大学で在学研究をしているときと重なり、カルダー氏の自宅に招待されたことがあります。1997年から2001年まで駐日米国大使館大使特別補佐官として活躍、現在はジョンズ・ホプキンス大学教授兼同高等国際問題研究所付属エドウィン・ライシャワー東アジア研究センター長を務めています。

またワシントンDCで行われた米国政治学会会場で、同学会会長を務めたことのある著名な憲法学者、C・ハーマン・プリチェット教授に会いました。実は、私は同教授が1971年に著した“*The American Constitutional System*”（McGraw-Hill Book Company）を共訳しており（『アメリカ憲法入門』成文堂、1972年）、そのことを話題にして親交が始まりました。

学会の席上、プリンストン大学教授のウォルター・F・マーフィ氏を紹介されました。マーフィ教授は、プリチェット教授の弟子にあたります。1984年9月からマーフィ教授のもとで研究活動ができたのは、このことが機縁になったのです。

こうして3か月の短期在外研究は終わりましたが、その後のメリーランド大学、プリンストン大学での在外研究につながり、またブラウスタイン教授の比較憲法研究への共同作業など、大きな成果を得ました。

なお、このときの研究報告として“*Civilian Control-A Comparison between Japan and the United States*”を提出しました。拙著『各国憲法制度の比較研究』（成文堂、1984年）および“*The Constitution and the National Defense Law System in Japan*”（Seibundo, 1987）に収録されています。

メリーランド大学での研究

1984年4月から8月まで、先述のセオドア・マクネリー氏を指導教授として、メリーランド大学に籍を置きました。同教授は、日本政治、とりわけ日本国憲法成立過程では米国で随一の研究者です。その論稿は、すでに内閣に設置されていた憲法調査会（1956〜65年）

の配布資料として三つが挙げられています。

・「日本の憲法改正に対する国内的・国際的影響（抄）」（1954年4月）
・「冷戦時の日本国憲法」（1958年8月）
・「日本国憲法――冷たい戦争の子」（1959年8月）

いずれも、先述の小林昭三氏が翻訳しています。

第一の論稿では、日本国憲法前文の典拠が、①米国憲法（1787年制定）、②エイブラハム・リンカーン大統領のゲティスバーグ演説（1863年）、③日本国憲法の原案とされたマッカーサー・ノート（1946年2月）、④米英ソ首脳による第二次世界大戦の処理問題にかかわるテヘラン宣言（1943年）、⑤米英首脳が第二次世界大戦後の世界平和をめぐって取り交わした大西洋憲章（1941年）、⑥米国独立宣言（1776年）であることについて、対象表をつくって一目でわかるように説明しています。わずか9日程度の短時日で、外国たる日本国憲法の前文案を作成しなければならなかったGHQ（連合国総司令部）案作成者の切迫した状況が明白に示されています。

マクネリー教授が1980（昭和55）年に訪日したとき、駒澤大学で特別講義をしていただきました。また『防衛法研究』第5号（1981年）に「日本国憲法と軍備の撤廃」（安田寛訳）

が寄稿されています。1980年7月には、航空自衛隊百里基地を案内しました。教授のために特別に設定されたスクランブル訓練（注・領空侵犯がなされる場合に、地上待機の航空自衛隊機が緊急発進するための訓練）を間近に見たこと、戦闘機の操縦室に乗り込み（もちろん停止したまま）、至極ご満悦だったことは、その雄姿（?）が自伝というべき“*Witness to the Twentieth Century*”（Xlibris Cooporation）の表紙を飾っていることで知られます。

教授の母親は、米国宣教師の娘として石川県金沢市で生まれました。小さいころ、祖母や母親から日本のことを何度も聞かされたといいます。そのことが、日本に多大な関心を抱くきっかけになったようです。

セオドア・マクネリー教授（右）と筆者（1984年5月24日撮影）

マクネリー教授は、憲法9条の発案者について、マッカーサー元帥発案説を唱え、幣原喜重郎首相発案説の誤りを糾弾したことで知られています。また同条の解釈につき、成立経緯を精査し、同条は自衛戦争や自衛戦力の保持は合憲であるとの解釈に導かれるという説をとっています。

事実（ファクト）と証拠（エビデンス）にもとづく解釈の方式は、私に勇気を与えました。なぜならば、私も同じ方式で自衛戦力の保持を合憲であるとの立場をとっていたからです。

マクネリー教授の支援を得て、GHQで日本国憲法の原案を作成した人たちにインタビューを試みるべく、広大な米大陸を北はマサチューセッツ州郊外、南はフロリダ州、西はサンフランシスコ、東はワシントンDC周辺とまさに東奔西走しました。1985年3月には「天皇」の章を担当した1人を追って、フランスの片田舎を訪れました。

マクネリー教授自身、GHQで民間諜報局情報分析官として勤務した経験があります。研究上、すでに何人もの関係者と会見済みであり、その豊富な人脈は、私のインタビューを非常に実りあるものにしました。

私は、バージニア州ノーフォークにあるマッカーサー記念館近くで行われた占領史学会に出席するため、1日早く同記念館を訪れ、さまざまな資料収集と調査にあたりました。そのとき、係員に連れられてマッカーサー夫人のジーン・マッカーサーさんが入ってきました。係員が写真を見せて説明を求めていましたが、淀みなくすらすらと答えていました。夫人はこのとき85歳、その矍鑠《かくしゃく》たる姿に目が釘付けになりました。夫人は翌日の占領史学会の特別講演で元気にスピーチをしていたのが印象に残っています（ちなみに夫人は101歳でこの世を去りました）。

メリーランド大学のマッケルデン図書館東亜図書部に設置されているプランゲ文庫には、連合国最高司令官（マッカーサー元帥）によって、占領期間中、民間で発行された単行本、雑誌、新聞、放送、映画、郵便物などあらゆる表現物に対して行われた検閲資料が数多く保管されて

ジーン・マッカーサー氏（当時85歳）と握手する筆者（1984年10月18日撮影）

います。

たとえば、「新聞準則に関する覚書」によれば、「SCAP（連合国最高司令官）が憲法を起草したことに関する批判、日本の新憲法起草にあたって、SCAPが果たした役割についてのいっさいの言及、または憲法起草にあたって、SCAPが果たした役割についてのいっさいの批判」を記述することは許されませんでした。日本国憲法は、日本国民の手でつくられたと書かなければ公にすることができなかったのです。

　私は、特に憲法に関する記述のどのような部分が問題視され、没収、削除、修正を求められたかを探るために、多くの単行本、雑誌のたぐいをコピーしてきて発表しました。非常に有益な作業だったと確信しています。ここに一つだけ例示します。日本文化普及振興会が刊行した『新憲法の意義と解説』（1946年11月発行）には、近衛文麿《このえふみまろ》公がマッカーサー元帥の示唆によって憲法改正に着手した様子が描写されています。

「憲法改正への動きが実際に緒についたのは過ぐる10月4日余（西注・近衛公）とマッカーサー

元帥との会見以来である。しかしその前9月初旬に会見した折も元帥は余が日本に於ける自由主義運動を指導しては如何といふ趣旨のことを語られた。10月4日の第二次会見の劈頭元帥は日本憲法の自由主義化必要を決然たる口調で述べ、ついでかかる運動を余が指導しては如何かと示唆された。それに対して余は憲法改正は天皇の発議による以外なされないと答へ、元帥の希望を天皇陛下に伝達する旨約した」

傍線が削除を命じられた部分です。当初は日付まで付し、かなり具体的にマッカーサー元帥が近衛公に憲法改正を行うように奨励していたことが読み取れますが、傍線部分を取り除いて読んでみると、近衛公と会見したマッカーサー元帥は、日本国憲法の自由主義化の必要性を述べたにすぎないことになります。

万事がこの調子でした。詳細は、拙著『日本国憲法成立過程の研究』（成文堂、２００４年）に収められています。

メリーランド大学では、日本人からの留学生で国際政治、安全保障論を専攻している土山實《じつ》男《お》氏と親しくなりました。同大学で政治学博士の学位を取得し、帰国後、青山学院大学で教授に就任し、国際安全保障学会理事長を務めました。

プリンストン大学で世界的スターに出会う

プリンストン大学では、ウォルター・Ｆ・マーフィ教授のもとで１９８４年9月初旬から

85年3月まで研究生活を送りました。マーフィ教授には、ニューヨーク州立大学ストーニーブルック校のジョセフ・タネンハウス教授との共著 *"Comparative Constitutional Law"* (St. Martin's Press, 1977) という、付録などを含めて754頁におよぶ比較憲法の共著があり、同教授のもとで比較憲法研究をより深めたかったからです。

同教授の職位は、マコーミック・プロフェッサーという冠《かんむり》教授でした。プリンストン大学におけるこの冠教授の最初は、T・ウッドロー・ウィルソン大統領（注・大統領就任前は同大学の政治学教授）に与えられた由緒ある職位です。

マーフィ教授は、1950年6月に勃発した朝鮮戦争で自ら負傷しつつ、勇敢に戦い、特別の勲章を授与され、また1979年には、ベストセラーになった *"The Vicar of Christ*（ローマ教皇）*"* (Macmillan Publishing Co., Inc.) という632頁におよぶ長編小説を発表するなど、異色かつ多才な学者でした。

私は、同教授の講義やセミナーに参加しました。大学院のセミナーで、1回だけ日本国憲法の講義をしました。教授の大学院におけるセミナーでは、おもに米国の憲法判例が取り上げられていました。参加者の全員が活発に議論に参加します。そしてよく勉強します。それもそのはず、セミナー受講生は講義を受けるに際して毎週、1科目につき学部で40～50頁、大学院では100頁ほどの読書が課されます。それを読み込んだうえで、同僚や教授との論戦に備えるのです。世界のトップ・クラスの大学として、今日までノーベル賞受賞者約70人を生んだ大学

プリンストン大学在外研究時代の指導教授・ウォルター・F．マーフィ夫妻と（1985年2月13日撮影）

事情を知り得た貴重な機会でした。教師の側も大変です。マーフィ教授と会食したとき、プリンストン大学の教師たちは毎日16時間の勉強をしていると聞かされました。そのときは大げさだと思ったのですが、あながち大げさでないことが理解できました。

図書館は夜の12時まで開館。プリンストン大学は全員が寄宿生なので、夜になると、定時に図書館から各寄宿舎へ向けてバスが出ます。たとえ構内であっても、夜中の一人歩きは危険であるという現実があったのだろうと思います。私も遅くまで図書館にいましたが、課題に取り組む大勢の学生の姿がありました。

ある日、図書館の前で著名な世界的スター、ブルック・シールズさんと出会いました。私は、「自分が日本を出るとき、学部のセミナー生から、もしあなたに会う機会があれば、女優として、また学生として大変だろうけれども応援しているとのメッセージをもらってきている。ここでお伝えできてよかった」と述べたら、サンキューという返答、握手をして別れました。私がプリンストンを離れた翌年10月、まだ皇孫だった浩宮《ひろのみや》殿下（現在の天皇陛下）がブルック・シールズさ

プリンストン大学大学院のセミナーで行った日本国憲法の講義（1985 年 2 月 27 日撮影）

んの大ファンだということで、同大学内で面会したという報道を目にしました。シールズさんは、首席で卒業したそうです。よほどの努力家だったのですね。

同大学在籍中に2人の日本人研究者と親しくなりました。1人は東京大学大学院生だった古城佳子《こじょうよしこ》氏で、同大学で政治学博士号を取得、帰国後、東京大学教授として国際関係に関する多くの業績を残しています（現在は東京大学名誉教授、青山学院大学教授）。

2人目は、私と同じく客員研究員で隣の研究室を利用していた蒲島《かばしま》郁夫氏です。同氏は、農協職員からハーバード大学で政治経済学博士号を取得した異例の経歴を有し、その後、東京大学教授として教鞭を執ったのち、2008年には熊本県知事に就任、2024年3月、4期16年の任期を全うしました。

ブラウスタイン教授のこと

私は、プリンストン大学在籍中、同大学と同じニュージャージー州にあるラトガース大学にアルバート・P・ブラウスタイン教授を訪ねました。同教授は、世界のすべての国の憲法を網羅する"*Constitutions of the Countries of the World*"(Oceana Publications, Inc.)を共同編纂していました。同憲法集は他の編集者に受け継がれ、187の憲法が網羅されています。世界の憲法の現代的傾向を知るには必携の書です。同憲法集には日本国憲法も収められていますが、1973年版で古く、私がその後の状況を記したSupplement（補遺）を執筆、1993年12月にシリーズの1巻として刊行されました。

ブラウスタイン教授は、その各国憲法に関する該博《がいはく》な知識が広く知れわたり、いわば憲法コンサルタントとして多くの国の憲法作成にかかわっています。1968年の南ベトナム憲法、1969年のジンバブエ憲法、同年のペルー憲法などは、教授自らが憲法作成に参画したものです。

同教授が訪日した折、各国の憲法比較について、さまざまな視点から意見交換をし、非常に有益な時間を過ごしました。同教授の要望にもとづき、東京大学の芦部信喜・憲法担当教授に対して紹介の労をとったことを覚えています。

私は、同教授の"*Constitutions of the World*"（Fred B. Rothman & Co., 1993）を1994年11月に

駒澤大学の研究室にフィンランド憲法委員会委員の国会議員アンネリ・ヤーッテーンマキ氏（右から2人目）を迎えて（1995 年撮影）

翻訳・出版し（『世界の憲法――その生成と発展』成文堂）、翻訳書を送ろうとしていたとき、同教授は残念ながら不帰の人となっていました。

　私自身について言えば、１９９５年にフィンランド憲法委員会委員の国会議員、アンネリ・ヤーッテーンマキ氏を駒澤大学の研究室に迎えました。同国憲法の全面改正について意見を求められ、私見を開陳しました。同国では、２０００年３月１日に新憲法が施行されています。ヤーッテーンマキ氏が２００３年４月、同国で女性初の首相に就任したことを報道で知りました。

　また２００５年６月には、外務省のイラク憲法制定支援セミナーの一環として、来日したイラク憲法制定国民会議議員団に帝国ホテルで日本国憲法の成立過程をレクチャーしました。この議員団は対立していたスンニー派、シーア派、クルド人、キリスト教の代表者からなり、真剣さを肌で感じとることができました。

　期日は忘れましたが、アフリカのある国から、新憲法制定のためのアドバイザーとして来てほしいという要請がありました。ちょうどそのとき、私は学生部長の地位にあり、繁忙期と重なって、断らざるを得ませんでした。

シンガポールの東南アジア研究所

１９９１（平成３）年４月から６月まで、研究の拠点をシンガポール国立大学の一角にある東南アジア研究所に置きました。この研究所を選んだのは、１９８８年10月に同国の国立大学で"The Impact of Internationalization on the Japanese Defense Issues"と題する研究報告をし、何人かの知己を得ていたことと東南アジアの憲法資料や情報を得ることのできる最適地だと考えたからです。

同国は東京都23区ほどの大きさですが、その治安の良さ、国全体の清潔さ（ただし表から見えない路地裏に入ると不潔感が漂っていたところもあった）、情報の宝庫という観点から、研究所には多くの東南アジア諸国からの研究者が集っていました。毎週１回、メンバーの研究報告があり、期せずしてそれぞれの国の政治、経済、法制度について有益な知識を取得することができました。私も２度、報告をしました。もちろん使用言語は英語ですが、各国それぞれの訛りのある英語なので、聞き取りに苦労しました。特にシンガポーリアンの英語はシングリッシュと言われ、独特の趣があります。もっとも、私自身、典型的なジャパニーズ・イングリッシュなので他人のことは言えませんが。

同研究所では、東京外国語大学アジア・アフリカ言語文化研究所助教授・水島司氏（のちに東京大学教授、専攻はグローバル経済歴史、南アジア経済歴史）と懇意になり、何度かテニスを楽しみました。なお後日、同氏が富山中部高校の同窓であることを知りました。

シンガポールにいて感じたことは、「多様性の中のアイデンティティ」を求めていたことです。かつて中国の最高指導者、鄧小平《とうしょうへい》氏が同国を訪れ、国民の大多数が中国系であることを背景にして大国風を吹かせたところ、リー・クワンユー首相が毅然とした態度で応えました。「ここには中国人はいない。いるのはシンガポール人だ」と。

シンガポール憲法は、1965年8月9日、マレーシアから分離独立したときに施行されました。同憲法53条には「立法機関が別段の規定をするまで、国会におけるすべての討論および審議は、マレー語、英語、中国語またはタミル語である」と定められています。私は実際に国会議場で傍聴したところ、議員それぞれが耳に通訳機器をあてがっていました。傍聴席にも通訳機器が置いてあり、ボタンで聴きたい言語を押すという便宜が図られていました。

これと同じ光景が、1980年9月初旬に見学したスリランカの国会でも見られました。はじめに首相がシンハラ語で議案を説明し、次に英語で説明します。議員の何人かはイヤホンを当てていますが、これは同時通訳でタミル語を聴いているのだということでした。同国の憲法は、1978年9月に施行された後、何度も改正があり、現在では、公用語（official language）と国語（national language）をシンハラ語とタミル語に指定、英語を連結語（link language）とし、国会や地方議会ではシンハラ語かタミル語のいずれかの国語を使用するとされています。人種構成の複雑さを物語っていました。

オランダのエラスムス大学での研究生活

１９９１年７月からは、オランダのロッテルダムにあるエラスムス大学で研究生活を送りました。同大学を選んだのは、ヘンク・ヴァン・マースヴィーン教授とゲル・フォン・デル・タン准教授との共著 *"Written Constitutions A Computerized Comparative Study"*（Oceana Publications, Inc. 1978）が出版されており、２人と意見交換をしたかったからです。あいにく教授は体調を崩しており、もっぱらタン准教授との議論に終始しました。

同著は、先述のブラウスタイン教授らが編纂した世界憲法集などをもとに、コンピューターを利用してさまざまの項目につき比較検討したものです。たとえば次のようなものです。

・政党条項を有している憲法　93か国（65・5％）
・政党条項を有していない憲法　49か国（34・5％）
・家族に関する条項を導入している憲法　86か国（60・6％）
・家族に関する条項を導入していない憲法　56か国（39・4％）
・兵役の義務規定を設けている憲法　83か国（58・5％）

・兵役の義務規定を設けていない憲法　　59か国（41・５％）

手法が私と類似していたので、憲法の体系化、類型化などをめぐり、深く考察することができました。タン准教授とは共稿として「憲法の機能」を作成、同論稿を比較憲法学会の機関誌『比較憲法学研究』第３号（１９９１年10月）に寄稿しました。

タン准教授の依頼により、日本国憲法の講義をしました。すべての学生は英語を話せるので、言葉の心配はまったくありませんでした。わが国とオランダとの交易の古さをマクラにして、両国とも立憲君主国であること、民主主義国家として基本的人権が確保されていることなどの類似性を強調しつつ、憲法９条について少し時間をかけて説明しました。質問では次のように非常に鋭い質問がなされました。

①　日本国憲法は、なぜ40年以上、一度も改正されなかったのか（オランダの憲法は頻繁に改正されているので、かなり不思議に思ったようです）。
②　占領期間中の外国による憲法制定の強要は、国際法違反になるのではないか。
③　９条と日米安保条約との関係、特に米軍の駐留は９条２項に反するのではないか。
④　非核３原則との関連で、政府が米国の核持ち込みを認めざるを得なくなったとき、法的に何らかの責任問題が生ずるのか。

オランダ国内を小旅行して強い印象を受けたのは、アムステルダムの一角、プリンセン運河沿いにあるアンネ・フランクの家を訪ねたときのことです。アンネ・フランクは、ユダヤ系の両親のもとにドイツで生まれましたが、反ユダヤ主義を掲げるアドルフ・ヒトラーが政権を掌握したため、オランダに逃れ、一家を含む8人が隠れ家に住んでいました。しかし、1944年8月、ナチス親衛隊に見つかり、アウシュビッツ強制収容所などへ送られ、15歳のときにベルゲン・ベルセン収容所で落命しました。

その隠れ家と展示されている品々を見て、暗澹《あんたん》たる気持ちになりました。隠れ家で書いていた『アンネの日記』が世界的ベスト・セラーになり、当時の様子をうかがうことができます。

ヨーロッパ諸国およびカナダの歴訪

プリンストン大学の研究を終えてから約1か月半、エラスムス大学の帰途に約1か月間、そして国際学会への参加を含めてヨーロッパ諸国およびカナダを歴訪しました。ヨーロッパにおける歴訪国は、以下になります。

アンドラ、英国（＊）、イタリア（＊）、サンマリノ、スイス、スウェーデン、スペイン、チェコスロバキア、デンマーク、ドイツ（＊）、バチカン、ハンガリー、フィンランド、フラン

ス（＊）、ベルギー、ポーランド、リヒテンシュタイン、ルクセンブルク（＊は3回以上訪問）
私は、ポーランドでアウシュビッツ強制収用所を訪れました。『国会月報』（国会資料協会）1991年12月号に記述した「世界の憲法見てある記㉑」より引用します。

労働すれば自由になれる（Arbeit macht frei）」。収用所の入り口にこんな文句が書かれたアーチがある。このアーチを何百万人という人びとがどんな思いでくぐって行ったことだろうか。かれらは、ここが人生の最期の場になることを知る由もなかった。かれらは労働可能者とそうでない者に選別され、労働できる者は収容所に、労働できない者は、ただちにガス室に送られた。完全な資料が残っていないので、何人がガス室の露と消えたのか、正確な数は分かっていないが、歴史学者たちは、約150万人にのぼるだろうと試算している。死体からは、金歯が抜かれ、髪の毛が切られ（布地や毛布を作るため）、指輪やピアスは抜き取られた。ガス室に送られなかった人びとも、重労働、拷問、不衛生による病気、衰弱によって多くが死んでいった。

現在、これらの遺品の数々が展示されている。旅行用かばん、靴、眼鏡、身体障害者が使用していた義手・義足、おびただしく積み上げられた髪の毛……。足を重くしないで、胸を痛めないで、これらの展示場を通りすぎることは誰もできないであろう。そして、ガス室。

かれらは、シャワーをあびさせるというナチスの言葉を信じ、服を脱ぎ、この部屋まで来た。けれども、ここにはシャワーの穴はない。穴から出てきたのは、チクロンBであった。210平方メートルの部屋に押し込められていた約2000人の人たちは、15分から20分の間に窒息死した。戦争とは、かくも人間を狂気にするものなのか。ユダヤ人をはじめ、なんら罪のない人びとがなぜ犠牲にならなければならなかったのか。本当にやりきれない気持ちで収容所をあとにしたことだった。

1991年8月には、スカンジナビア諸国（デンマーク、スウェーデンおよびフィンランド）をめぐりました。このうち、スウェーデンとフィンランドでは、国防体制について防衛駐在官の説明を受けました。両国とも、基本的に中立政策を国の基本政策としてきました。それと同時にその防衛体制には万全を期しています。十分な軍事力を保有し、国民には兵役の義務が課せられています。ただしスウェーデンにあっては、2010年に徴兵制が廃止されましたが、2018年以降復活し、18歳以上の男女に対する徴兵制が敷かれています。

核シェルターは個人用も含めて随所に設置されていました。私がフィンランドで案内されたシェルターは、ふだんは地下駐車場とされていますが、一朝有事に際しては頑丈な鉄の扉で守られるようになっていました。広い敷地内に一定期間の食料や水が確保されていたことが印象的でした。最近の同国における核シェルター情報が、The Asahi Shimbun, GLOBE+（2023

年7月24日）に出ていました。それによれば、人口約550万人の同国で約5万500か所に核シェルターが設置され、約480万人を収容できるとのことです。ふだんはプールとして利用されたりして、市民の憩いの場になっています。一定規模以上の建物に核シェルターの設置義務があり、大半は民間の所有だとのことです。

両国が特に力を入れていたのが、国連平和維持活動（PKO）への参加です。スウェーデンは同国出身の第2代国連事務総長、ダグ・ハマーショルド氏がPKOの推進に力を注いだこともあり、参加への強い思いが感じられました。日本では、ちょうどPKO法案が審議され始めていたので、私は現地調査を試みるべく、ストックホルムから南西約40キロのアルムネス国連訓練センターを訪れました。

あいにく夏休みということで訓練は行われていませんでしたが、副司令官がブリーフィングをしてくれました。ブリーフィングで強調されたことは、PKO要員は決して戦争をするために行くのではないということです。安全をモットーとし、そのために必要なあらゆることが教え込まれます。女性も参加しており、このとき紹介された女性のPKO要員は、すでに2回、レバノンで経験しており、参加していることに誇りを抱いていました。フィンランドとデンマークを加えて、3か国がそれぞれの訓練を通じてさまざまな情報交換をしていました。

なおフィンランドとスウェーデンは、2022年2月24日のロシアによるウクライナへの軍事侵攻後、従来の中立路線を変更し、フィンランドは2023年4月に、またスウェーデンは

2024年3月にNATO（北大西洋条約機構）に加盟しました。

私は、カナダに飛び立ちました。カナダは、外相だったレスター・B・ピアスン氏の提唱でPKOを誕生させたことを強く意識しています。ピアスン氏はノーベル平和賞を受賞し、その後、首相に就任しました。現地調査には欠かせない国だと思ったのです。駐カナダ日本大使館の専門職員から、カナダがいかにPKOを大切にし、またコミットしてきたかについて丁寧な説明を受けました。

私は、これらPKOに熱心な国を回って、日本でのPKO論争とはまったく違うということが理解できました。この経験と私の憲法解釈を踏まえて、1991年11月に衆議院で開かれた「国際平和協力等に関する特別委員会公聴会」で公述人として発言しました。その内容などについては、後述します（**339頁**）。

その後、いくつかのヨーロッパ諸国を回りましたが、ここではドイツとイギリスでの体験をお話しします。ドイツ連邦共和国では、ケルン大学のクラウス・シュテルン教授と再会しました。同教授は、1990年9月に上智大学で開かれた国際比較憲法会議で「東西における人権と基本権――理念、法的基礎および実現」というテーマで研究発表、個人的に意見交換をしました。1990年10月に西ドイツが東ドイツを併合、統一したことにともなう憲法問題について、意見を聴取したかったのです。シュテルン教授との会話で驚いたのは、西ドイツ側の憲法学者は旧東ドイツ領内で憲法を講じるのに大忙しだったということです。これは憲法学者だけの問題ではなく、社会主義体制で培われてきた既成概念を根本的に変える大仕事だったので、さまざまの分野の学者などが総動員されていました。

ちなみに、１９６８年に東ドイツで制定された「ドイツ民主共和国憲法」の前文は、当初、以下のように定められていました。「全ドイツ民族に対して平和と社会主義の将来への道を示すべき責任を負っており、アメリカ合衆国の指導の下にある帝国主義が、西ドイツの独占資本主義と結託して、帝国主義を基礎とし、社会主義に対する闘いを基礎として西ドイツを築き上げるために、ドイツを分断したという歴史的事実に鑑み、そしてそのことは民族の生存利益に相容れず、ドイツ民主共和国の人民は、社会秩序の、反ファシズム＝民主的で社会主義的な革命の成果の上に堅く立って、勤労者の階級と階層が団結し、１９４９年10月７日の憲法の作業をその精神において引継ぎつつ、かつ自由な決定において、平和、社会主義、民主主義及び諸国民の友好の道を迷うことなくさらに進まんとする意思に満たされて、この社会主義憲法を制定した」（高田敏・初宿正典編訳『ドイツ憲法集　第５版』信山社、２００７年）。

１９９１年８月に英国（グレートブリテンおよび北アイルランド連合王国）を訪問。ロンドンに着いた日の「タイムズ」紙に労働党の重鎮、トニー・ベン議員が共和制、連邦制および非宗教性の国家を樹立する趣旨の憲法典を作成したという記事を目にしました。さっそく同氏に会見したところ、女王エリザベス2世にも見せ、女王も関心を示したということでした。帰国後、同氏の著書 *"Tony Benn The End of an Era Diaries 1980～90"* (Edited by Ruth Winstone, Hutchinson,

1992）を購入すると、1988年11月28日に庶民院の委員会室で講演し、民主制、英国本土とスコットランドおよびウェールズからなる連邦制、英国国教会の廃止、司法制度と選挙改革の大胆な改革を訴えています。

ベン氏の紹介もあって、成典化憲法の作成を主張していた公共政策研究所、「連合王国憲法草案」を作成した自由民主党、人権条項の成典化を求める「憲章八八」グループの事務所で資料を収集してきました。このような成典化憲法作成の動きは、現在どのようになっているのでしょうか。

話は前後しますが、プリンストン大学を離れてから、イタリアで憲法裁判所裁判官、ヨーロッパ最古の総合大学と言われるボローニャ大学で憲法学者と政治学者、ハンガリーでは憲法裁判所のチーフ・ディレクターのガボール・ハルマイ氏などと懇談しました。

英国においては、1985年2月、"*Comparative Constitutions*"（The Macmillan, 1972）〈『比較憲法論』清水望・渡辺重範共訳、早稲田大学出版部、1976年〉の著者でロンドン大学教授のL・ウルフ＝フィリップス氏と会見しました。同著でフィリップス氏は、世界の憲法をいかに分類するかについて詳しく言及しており、時間をかけて議論しました。同氏を前記の上智大学で行われた国際比較憲法会議に招聘し、「人権の憲法上の保護——国際的概観」というテーマで発表していただきました。

いずれも私自身の研究に示唆されることが多く、実りある歴訪でした。

アジア・太平洋諸国の歴訪

私は、シンガポールのほかに、時期を違えてインド、インドネシア、カンボジア、タイ（＊）、韓国（＊）、中国、台湾（＊）、ネパール、フィリピン、ブルネイ・ダルサラーム、マレーシア、オーストラリア、ニュージーランド、フィジーの各国を訪れました（＊は3回以上訪問）。ここでは、紙数の関係上、ブルネイ・ダルサラームと台湾の2か国についてのみ記述します。

東南アジア研究所での研究期間を終え、その直後にシンガポールからタイ経由でブルネイ・ダルサラーム国に入りました。

同国は、三重県ほどの面積に約25万人が暮らしていました（2021年現在、約44万人）。同国はまさに金満国家でした。タイのバンコク発ブルネイ行きの航空機には約40人の乗客がいましたが、その70～80％は一見して契約労働者とわかりました。彼らはブルネイにおけるいわゆる3K（きつい、汚い、危険）の担い手として出稼ぎに来るのです。もともとのブルネイ人たちは、豊富な石油と天然ガスから得られる国庫収入の直接の恩恵をこうむることができます。家や自動車を購入してもローンはただ同然ですし、医療費は無料、学費も大学まで無料。のみならず奨学金が大学生のほとんどに支給されます。各家庭には自家用車を2、3台所有しているのがざらという状況でした。

3万人は暮らしているという水上集落（ウォーター・ビレッジ）には、学校、モスク（イスラム教の礼拝堂)、病院など生活に必要なあらゆる施設が設けられています。各家庭には大きなテレビや立派な応接室がそろえられていました。

憲法は、1959年9月に施行されています。国王(スルタン)は、憲法上、最高の行政権保持者であり(4条)、国教たるイスラムの首長でもあります(3条)。国会に相当する立法評議会は、6人の職責議員、5人の公務議員および10人の指名議員により組織されると規定されていますが(24条)、現在は45人からなる立法評議会議員すべてが国王により任命されています。人権条項や司法に関する規定はありません。政党は、存在していません。主権の所在に関する規定がないので、同国法務省の官吏に尋ねたところ、主権は国王にあるとの明快な答えが返ってきました。1967年に就任したハサナル・ボルキア国王は、現在も首相、外相、国防相、財務経済相を兼任しています。専制君主体制と言えます。

私が小高い丘にのぼり、市内を一望していたら、眼下に真っ赤なオープン・カーのロールスロイスがかなりのスピードを出して第二夫人邸へ向かっていきました。助手席にガードマン1人だけを乗せて、国王自らが運転しています。信じられない光景でした。

国王は1年に1回、王宮を開放し、国内外から訪れる数万人の一人ひとりと握手を交わして、国民らとの融和を図っています。現国王は在任57年を迎えますが、その間、民主化運動や反体制運動が起きていません。国民は現在の生活に満足しているからでしょうか。

国家にとって最大の収入資源である石油や天然ガスは、それほど遠くない時期に枯渇すると言われています。その備えができているのか。ともあれ、私が滞在した数日間は、別世界の国へ来たような感覚でした。

次に台湾（中華民国）ですが、私が初めて訪れたのは、1975（昭和50）年8月のことです。中国大陸から台湾に移って来た国民党の支配に反発した台湾人を鎮圧するため、戒厳令が施行されていました（施行期間1949〜87年）。市内のあちらこちらに銃を持つ兵士が立って市民を監視し、市内の各所には「大陸反攻」の横断幕が掲げられていました。会見した政治作戦大学校の将官が別れ際に「次回は大陸でお会いしましょう」と語りました。このころは「大陸反攻」を本当に考えているようでした。

2回目は、自民党の衆議院議員・金丸信氏のお供として訪台しました。自民党で講演したとき、近く台湾へ行くので同行しないかという誘いがあり、二つ返事で承諾した次第です。当時、参議院議員だった堀江正夫氏、衆議院議員だった森清氏が随行。総統府で、後述の蔣介石《しょうかいせき》の長男・蔣経国《しょうけいこく》総統（就任期間1978〜88年）に面会し、かなり緊張しました。

私もVIPで、圓山大飯店（グランド・ホテル）の最上階にVIPの部屋がありました。午後9時ころ全日程が終了したので、ホテルの周囲を散歩しようと思い、廊下に出ると、警護員が飛んできて、

「何かご用ですか」

「えっ、いや、ちょっと下でたばこを買おうと思って」

と答えたところ、

「私が買ってきます。どのたばこがよろしいですか」

私はたばこを吸ったことがないので、とっさの答えに窮しました。VIPは実に堅苦しいものだと感じました。

3回目は、1990（平成2）年5月に台北で開催された第一回東北亜細亜学術交流学会のパネリストとして参加しました。

台湾にはその後も、淡江大学日本語学科の学生に日本の憲法・政治について集中講義を行うなど、何度も訪れています。

台湾の憲法は、1947年1月に中国大陸で制定された「中華民国憲法」です。1949年12月に中国共産党に敗北した国民党政府の蔣介石総統が台湾に遷都し、同憲法をそのまま持ち込みました。当初は、大陸反攻に備えて手を加えませんでしたが、時代の進展とともに不可能な状況となり、1991年以降、現実に適合させ、かつ進化させるという形で7次にわたる改正がなされてきています。

台湾憲法の最大の特色は、三民主義と五権力分立をとっていることです。いずれも「国父」と言われる孫文《そんぶん》の思想にもとづきます。三民主義とは、民族独立、民権伸張、民生安定を意味します。憲法1条には「中華民国は、三民主義にもとづき、民有、民治、民享《みんきょう》の民主共和国である」と明記しています。

五権分立とは、立法権、行政権、司法権のほかに、監察権（公務員の弾劾、譴責《けんせき》、会計検査を司る）および考試権（公務員の試験、任用、管理を司る）を分立させるというものです。

もう一つの特色として、共産党政権との差別化が意識されていることです。１９９１年の改正で台湾を自由地区、中国本土を大陸地区に分け、台湾人民がより多くの自由を満喫していることが示唆されています。蔡英文《さいえいぶん》前総統が「台湾が強く存続し、台湾をすべての世代に幸せにするためには、『自由・民主主義・人権』の三つは、非常に重要である」と力説、現総統の頼《らい》清徳《せいとく》氏もこの路線を踏襲することを明言しています。

天安門事件直後の北京での国際会議で発表

私は、先述の１９８８年10月にシンガポール国立大学で行われた会議の後、１９９０年４月に北京人民大会堂で開かれた世界法律家会議（発表テーマ“The Framing of the Japanese Constitution”）、同年５月の台湾国立政治大学校で開催された第一回東北亜細亜学術交流学会（発表テーマ「戦後日本における憲法上の諸問題」）、１９９１年10月にスペインのバルセロナで行われた世界法律家会議（発表テーマ“The Gulf War and the Constitution of Japan”）、１９９２年９月にシカゴで開かれたアメリカ政治学会（発表テーマ“The New Role for Japan's Self-Defense Forces”）において研究発表しました。

このうち特に記憶に残っているのが、北京の人民大会堂で行われた世界法律家会議の模様です。この世界法律家会議は、現在、国際連合の諮問的地位を有する非政府組織（ＮＧＯ）で、各国の裁判官、弁護士、法学教授らによって構成されています。

１９９０年４月23日から27日までの５日間にわたり人民大会堂で催された会議には世界65か国からの参加者を含め、約１４００人が出席しました。このような大がかりの国際会議は、前年６月の天安門事件以来初めてということもあり、中国側の熱の入れようはひとしおでした。

天安門事件とは、改革化、自由化路線を推進しようとしていた中国共産党総書記の胡耀邦《こようほう》氏が、１９８９年４月15日に死去したことを契機として起こった事件です。６月４日未明、胡耀邦氏を追悼するために天安門広場に集まっていた市民に対して人民解放軍が発砲し、大勢の死傷者が出ました。しかし、共産党は「動乱」を鎮めたとして正当化し、その行動に対するいっさいの批判的言動を厳しく取り締まりました。

開会式は、最高人民法院の任建新《にんけんしん》院長の挨拶に続いて、楊尚昆《ようしょうこん》国家主席が祝辞を述べ、壇上には喬石《きょうせき》党政治局常務委員など最高指導部の面々が並び、夕方のパーティでは万里《ばんり》全国人民代表大会常務委員会委員長がスピーチ、さらに閉会式にはソ連の大統領のミハイル・ゴルバチョフ氏との会談を終え、帰国したばかりの李鵬《りほう》首相が駆けつけるなど、国を挙げての歓迎ぶりでした。

どうしてこのような歓迎ムードだったのか。思うに世界から集まった法律学者らに中国は孤立していないこと、法治国家であることをアピールする狙いがあったのではないでしょうか。

ラジオ、新聞などは、会議の様子を大きく伝えていました。

しかし、会議の中身の議論に入ると、中国側のかたくなな姿勢が目立ちました。たとえば、私が発表者として参加した「憲法」のセッションでは、「決議文」をめぐって、民主主義の原理としての三権分立、特に司法権の独立とその制度的保障としての憲法裁判所の必要性を導入することに強く反対、結局、「決議文」には盛り込まれませんでした。私が驚いたのは、中国側の発言者のすべてがオウムのように、民主主義にはそれぞれの行き方があり、中国憲法体制の権力集中を西欧的視点で批判されるいわれはないと語っていたことです。

北京の人民大会堂で行われた世界法律家会議。右が筆者（1990年4月25日撮影）

また、私もアジア代表の委員として作成した「市民世界裁判所」の規約についても執拗に反対しました。この「市民世界裁判所」の構想は「国際司法裁判所」を補強するために、市民レベルで世界的な裁判所をつくろうというものです。この裁判所は、市民に対する人権侵害の是正など広い管轄権を持つことになるので、中国にとって不利益になると判断したのだと考えられます。

会議を通じて、中国の法律学者の硬直した考え方に少なからずうんざりしました。この平行線は、現代でも続いています。いつになったら一党独裁条項を削除し、人権を真に保障する憲法体制が構築されるのでしょうか。

世界法律家会議の存在は、各国では評価されていたようで、1987年に韓国のソウルで開催された際は、のちに大統領になった金泳三《キムヨンサム》氏としばらく談話をする機会がありました。日本語がきわめて流暢でした。退任後、早稲田大学で特命教授に任命されたのも理解できます。

1993年にフィリピンのマニラで開かれた会議には、マラカニアン宮殿で現職のフィデル・ラモス大統領が式辞を述べました。私はほんの少し、言葉を交わしました。

「世界の憲法見てある記」

以上、三つの大学と一つの研究所での在外研究、その前後に訪れた研究者との意見交換は、私のその後の研究視野をずいぶん広角なものにしました。いくつもの国の土地に踏み入れたこと自体、それぞれの憲法が施行されている国の雰囲気を知ることができて、その後の憲法への向き合い方について、非常に有益な時間を過ごすことができました。

1992年8月に刊行された先述の『国会月報』（国会資料協会）に、「世界の憲法見てある記（最終回）」と題し、それまで見聞してきた30か国以上の国々の総括を記載しました。いわば「中間報告」としてお読みいただければ幸いです。ほぼ全体を転記いたします。

のちの韓国第 14 代大統領の金泳三氏と韓国・ソウルにて（1987 年 9 月 6 日撮影）

フィリピンのマラカニアン宮殿にてラモス大統領と（1993 年撮影）

「憲法」とは、いったい何だろうか。多くの憲法学者が、いろいろな定義をくだしてきた。しかし、つまるところ、国家の安寧と国民の幸福（しあわせ）をはかるための法的枠組み、ということになるだろう。その中身をどうするかは、それぞれの国家が決定することである。ある国においては、国王をおき、何らかの役割を与えているし、別の国家では、国王の代わりに大統領をおいている。大統領をおいている国でも、政治の中枢に据えている国（アメリカなど）もあれば、名目的な国家元首としての地位しか与えていない国（ドイツなど）もある。まさにさまざまである。

憲法は、国の「顔」といってよいだろう。憲法を読めば、その国の顔が見えてくる。国の顔がどんな表情をしているか、憲法が示してくれる。もっとも、憲法の文字づらをなぞるだけでは、表情の奥に隠されている姿が見えない。それぞれの条文のもっている意味、具体的な運用、そういったものを検証してはじめて真の姿が見えてくる。

本シリーズで、私が歩いてきた三十以上の憲法を取り上げた。私自身が感得した各国憲法をタイプ別に分類してみると、以下のように記述できるのではないかと思う。

第一は、憲法の規範と運用が一致している国家群である。西欧、北欧、北アメリカ、オセアニアのオーストラリアおよびニュージーランドの先進民主主義諸国の憲法体制がこれである。

第二は、東南アジアの昇竜国家群（シンガポール、タイ、インドネシア、マレーシアなど）である。これらの国家にあっては、経済的には目を見張るばかりの発展をとげている。高層ビルが立ち並び、都市部は活気にみなぎっている。しかし、政治的には野党の勢力がきわめて弱く、政権交代のルールが必ずしも確立しているとはいいがたい。タイのように、ともすると民主主義からはみ出したレールを踏む国家もある。

第三は、政権を批判することが、いわばタブー視されている諸国である。かつて王国時代だったネパールを訪れたとき、国王の権限に話題がおよぶと国立大学の政治学教授から「その話はタブーです」ときっぱり言われ、面食らったことがある（注・同国は2006年5月に共和制へ移行）。ブルネイでは、政党そのものが禁じられており、政治の話はご法度と考えてよい。同国の法務省の官吏は現在の政治体制がいかに国家を繁栄させ、国民生活を潤わせているかの宣伝に終始していた。

第四に、分断国家における憲法体制である。韓国では、一方で平和的統一政策の樹立と推進を謳っているが（憲法4条）、他方で北側からの侵攻を警戒して、南北を分ける境界線上の板門店付近はピリピリした雰囲気が漂っている。台湾（中華民国）では、ごく最近まで1947年に中国大陸で作成された憲法をそのまま使用していた。中国（中華人民共和国）憲法は「台湾は中華人民共和国の神聖な領土の一部である」（前文）と明記している。両地域の統合が、今後どのような形で展開していくのか、注目していたい。

第五は、社会主義を放棄して、資本主義経済体制に向かいつつある国家群である。１９９１年に旧東ドイツ、ポーランド、ハンガリーを見て回ったが、転換期における経済の混迷と戸惑いが手にとるようにわかった。ショーウインドーの中に飾られるようになった西側からの高級品、それをただ眺めるだけの一般市民、繁華街をうろつく浮浪者の群れ、このアンバランスがどのように収斂《しゅうれん》されていくのだろうか。

上記のように、いろいろな国がさまざまの憲法体制をもっている。言語がちがうように、憲法もちがう。しかし、われわれは、同じ地球の上に住んでいる。地球号に乗り合わせている乗組員全員が幸福になることを、願わない者はいないであろう。

けれども、現実には貧富の差、いがみ合い、武力紛争がこの世からいっこうになくならない。そして、焦眉《しょうび》の課題として環境汚染の全地球的解決の問題がある。交通・通信手段の著しい発達にともなって、地球が非常に狭くなった今日、一国の憲法だけを考えていればよい時代ではなくなっている。

もはや、一国の平和、一国の繁栄のみを考える時代ではない。一国が平和を享受するには、世界が平和であることが前提とされなければならない。一国が富み、栄えるには多くの国も繁栄していなければならない。それぞれが連動しているのである。

その意味で、世界の憲法動向にたえず注意を払い、わが国憲法に投影して考えるべき時代になってきていると思われる。従来の「護憲」「改憲」という二者択一的な考え方を超えるコンセプトが、要求されているのではないだろうか。

世界が平和で繁栄し、そして人類全体が幸福であるためには、何が必要なのか、いかなる体制を構築すべきなのか、各国憲法の比較を通じ、少しでもその解明につとめていきたいと思う。

佐々淳行氏と行った国際ボランティア活動

初代内閣安全保障室長を務め、退官後は危機管理問題の第一人者として活躍していた佐々《さっさ》淳《あつ》行《ゆき》氏から、ＪＩＲＡＣ（日本国際救援行動委員会）のことを聞いたのは、ともに参加していた憲法シンポジウムの席上でした。カンボジアにおける小学校建設支援やロシア極東地区での支援活動を行い、自ら先頭に立ち、学生を参加させているということでした。

私は、ぜひ協力させていただきたいと申し出ました。同委員会の会長は東京大学総長を務めた林健太郎氏で、佐々氏は理事長です。私は、委員会に極力出席し、１９９５年1月と９８年12月にプノンペンでの小学校建設に、また９７年8月にはウラジオストックでの福祉支援活動に加わりました。

１９９５年1月の小学校建設には、俳優の二谷英明理事、『3年B組金八先生』などで著名な脚本家の小山内美江子理事も一緒でした。炎熱のもと、学生たちは文字どおり汗だくになって、ブランコやシーソーづくりに励みました。立派にできあがったとき、子供たちが満面の笑みをたたえて、歓声を上げながら楽しんでいた姿を忘れられません。受け渡し式には、地域の人たちが大勢集まり、子供たちはよそ行きの服装を着て、私たちを拍手で迎えてくれました。しかし、その中にははだしの子も何人かいました。引き渡し式には同国の教育相が直接に謝辞を述べました。

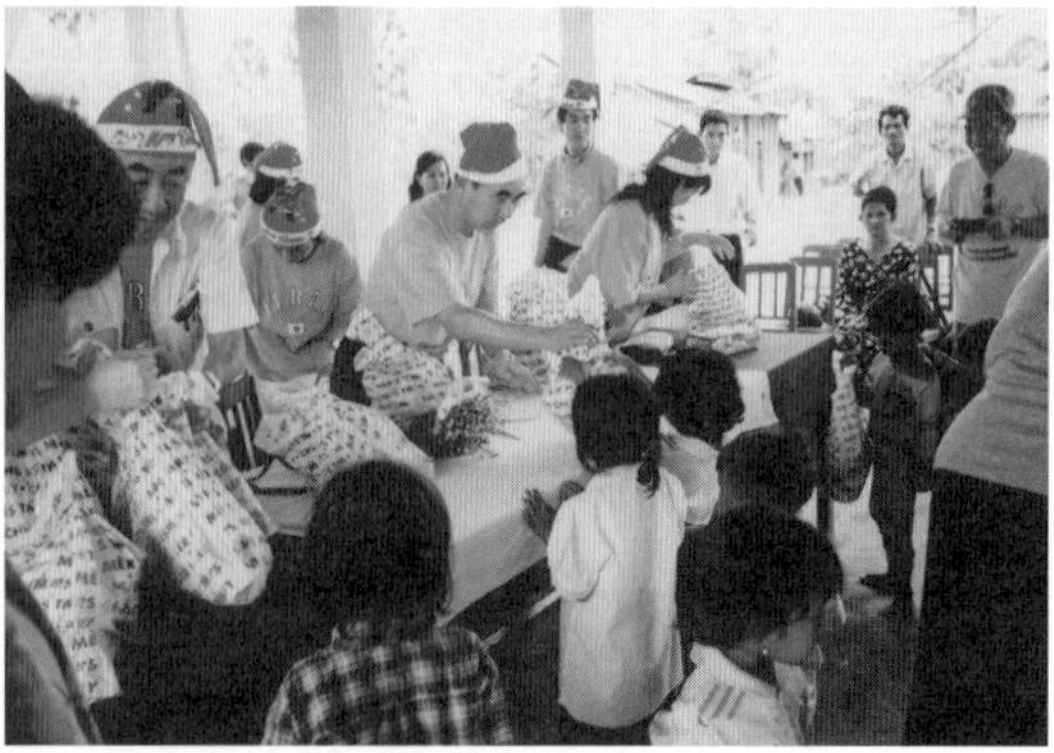

カンボジアの孤児院で子供たちにクリスマス・プレゼントを渡す。左より初代内閣安全保障室長の佐々淳行氏、1人おいて筆者

懇親会で、私は教育相にカンボジアで1993年に新しく制定された王国憲法には「カンボジア国王は、国民統合の象徴である」（8条）と規定されているが、日本国憲法の影響があったのかと尋ねたところ、「自分は制憲会議の委員ではなかったが、委員会室に日本国憲法が置いてあるのを見ており、間違いないだろう」との返答がありました。

1998年12月には、二つの孤児院を訪ねました。一つは、アジアのノーベル賞と言われるマグサイサイ賞を受賞したヌオン・バリーさんが創設したもので、パソコン上に“WELCOME JIRAC”と書いて歓迎してくれました。

もう一つは、貧しい孤児院でした。その孤児院でこんなことがありました。私たちはクリスマス・プレゼントとして一抱えはある菓子袋を一人ずつ手渡しました。園児たちはその袋を保母さんにあずけるのですが、思わぬハプニングが起きました。1人の女の子が保母さんに渡さず、園内を逃げ始めたのです。この子は孤児ではなく、子だくさんの家からあずかっていたのです。訳を聞くと、家に持ち帰って家族みんなに分け与えたいと言っているそうなのです。胸が熱くなりました。

このカンボジアでの作業は、私にとって得難い経験でした。学生諸君にとっても、生涯忘れることのできない貴重な経験になったようです。まずカルチャー・ショック。着の身着のままではだしで走り回っている子供たち、市場には地雷にやられたのか松葉杖に頼っている多くの片足の人たち、シャワーのお湯が出ず、もちろんクーラーなどの冷房装置のないホテル（私たちのホテルの定宿は、内戦による砲弾の跡が残っている三流ホテル）での生活は、日本では考えられないことでした。

何よりも衝撃を受けたのは、トゥール・スレン捕虜博物館とキリング・フィールド、そして慰霊塔の見学です。

カンボジアでは、ポル・ポト率いる共産主義勢力「クメール・ルージュ」が支配した1975～79年に恐怖政治が行われ、都市住民の農村への強制移住、学校、病院、工場の閉鎖、貨幣の廃止、宗教の禁止、寺院の廃止などを断行しました。当時のカンボジア人口約800万人中、150～200万人が虐殺されたのです。

トゥール・スレン捕虜博物館は、高校だった建物にポル・ポトが設置した政治収容所です。知識人やポル・ポトに反対した人たちは容赦なく虐殺されました。壁一面に処刑された老若男女の写真が貼られています。部屋には実際に使用された何種類かの拷問の用具が展示されています。

もう一つのキリング・フィールドは大量虐殺が実行された処刑場です。最初は銃殺されていましたが、弾がもったいないというので、斧や蛮刀で殺されました。野原（フィールド）のくぼみには白骨や衣類の切れ端が野ざらしにされていました。そしてその隣には、高さ20〜30メートルにおよぶ慰霊塔がそびえています。慰霊塔に近づくと、何千という頭蓋骨が何段にも並べられています。明らかに幼児とわかる頭蓋骨もありました。ポル・ポトという独裁者の狂気が生み出した結果です。先述のアウシュビッツは、ナチスのヒトラーの所為です。人間は、ここまで狂気になり得るのだという恐ろしさをヨーロッパとアジアで見てきました。

ＪＩＲＡＣのこのような活動は、カンボジア政府から高く評価され、ノロドム・シハヌーク国王、フン・セン首相によって、何度も表彰されています。このフン・セン氏は、２０２３年8月まで38年間にわたり首相職を続けました。それだけ人気があったのかというとまったく違います。最大野党を解党に追い込むなどして、独裁体制を維持してきました。相手がいない中で２０２３年7月に実施された総選挙で議席をほぼ独占したのち、首相を辞任、長男のフン・マネット氏を後継首相に据えました。２０２４年2月25日に行われた上院選挙では、自らが率いる人民党が圧勝し、上院議長に就任。三男は副首相の職にあり、一族による強権支配がさらに強まるとみられています。

１９９７年８月のウラジオストックでの福祉支援活動は、おもに老人ホームの慰問と孤児たちを招いてのＪＩＲＡＣ祭りの開催でした。宿舎は、ロシア海軍航空学校兵舎です。団長は青山学院教授の伊藤憲一理事、私は副団長でした。

ロシア・ウラジオストックの老人ホームにて。左が筆者（1997年８月撮影）

老人ホームでは、家庭用医薬品などを手渡すとともに、手をとりあってダンスに興じたりしました。ＪＩＲＡＣ隊員の中には、前年もこの老人ホームを訪れた学生たちがおり、顔見知りの老人からは「私の息子、娘が来た」と涙を流して喜ばれました。

ＪＩＲＡＣ祭りには、三つの孤児院から約２００人の孤児を招待しました。私たちは前日から講堂にさまざまの飾りつけをし、当日は3時間にわたって食事をともにし、孤児たちがこの日のために稽古をしてきたとっておきの遊戯を観賞、隊員との合唱、集団縄跳びなどを楽しみました。屈託のない本当に楽し気な様子に、私も心の中が充実感に満たされました。

こうして、異国でのボランティア活動への参加は、私に別の世界を見せてくれました。そして、このような企画を実現された佐々理事長をはじめ、関係者のみなさんに感謝の念を強くしました。

コラム❶　世界の特異な憲法

①主権在君のトンガ王国憲法

トンガ王国は、長崎県の対馬とほぼ同じ面積で南太平洋に浮かぶ人口11万人弱の小国です。1988年に制定された現行憲法は、国王に主権を与え（41条）、すべての国土が国王の財産であり（104条）、国王の土地と財産は、国王が随意に処分することのできる個人財産であると定められています（48条）。国王は、トンガ王国の全土の所有者なのです。その一方で、国王はすべての国民の福祉のため公平に統治しなければならないと明記しています（17条）。

また、1845年に熱心なキリスト教徒のトゥポー1世が王国を統治したこともあり、「安息日（注・日曜日）は神聖なものとして維持されなければならず、法律によるのでなければ、安息日に業務または職業に従事してはならず、いかなる商行為も行ってはならない。また安息日に締結または署名された契約は無効であり、いかなる法的効力も有しない」（6条）との規定があります。

キリスト教徒にとって、安息日は身体を静かに休めて神に祈りを捧げる特別の日なのです。その日に商売をすることなど、まかりならぬことになります。

②主権在君のモナコ公国憲法

君主主権を憲法に明記しているもう一つの国は、モナコ公国です。地中海に面するフランスの南方に位置します。面積は皇居とほぼ同じで人口は3万6686人（2021年、世界最多の人口密度）。タックス・ヘイブン（租税回避地）なので、住民の約82％が外国籍です。1人あたりGDP（国内総生産）は23万4316米ドル（2021年、世界銀行）で世界1位。

前大公のレーニエ3世とハリウッドの著名な女優、グレース・ケリーとの結婚は、世界中の話題になりました。ケリー妃は、1982年9月、自ら運転する車が崖に転落、非業の死をとげました。

1962年に制定された現行憲法では、大公が憲法と法律に従い、主権を行使し（12条）、外国との関係において国を代表します（13条）。行政権は大公の高権のもとにあり（3条）、立法権は大公と国会の双方にあります（4条）。司法権は大公に付与され、大公がその権限を裁判所に委任するという形式をとっています。

裕福な小国で暮らす住民たちは、国のかじ取りを大公に任せ、国の安泰を最優先にすることを願っているように映ります。

③独裁体制のエスワティニ王国憲法

２０１８年4月にスワジランド王国から改名。「ランド」が英語で、独立国にふさわしくないという理由により、現地語に従ったのだとか。アフリカ南部に位置する内陸国で、日本の四国よりやや小さく、人口は約１２０万人（２０２２年）。

前国王のソブーザ2世（１８９９〜１９８２年）は、生後4か月で即位、死去するまで82年２５４日間の在位は世界一（未成年時は摂政）。70人の王妃、２１０人の王子・王女、１０００人以上の孫がいました（これも世界一?）。

現国王のムスワティ3世の治世下で、新憲法が２００６年2月に採択。同国が「民主的王国」（1条）であり、「国王は、世襲の国家元首であって、国民の統合かつ永続性の象徴である」（4条）と規定していますが、実際には国王が統治権を独占しています。政党の設立は認められていません。「民主的王国」とはほど遠く、「アフリカ最後の絶対王制国家」とみられています。

近年、民主化を求める抗議活動が散発的に発生していると報じられていますが、はたして真の意味の「民主的王国」に近づくことができるのか、今後の動向が注目されています。

④国民総幸福を最重要視するブータン王国憲法

ブータン王国は、中国とインドと国境を接する内陸国で、面積は九州とほぼ同じ、人口は約80万人です（２０２１年）。

２００８年に初めて成典化憲法が誕生しました。最大の特色は、国民総幸福量（ＧＮＨ）を掲げていることです。

「国家は、国民総幸福の追求を可能とする諸条件を推進するために努力する」（9条2項）

また、特異な規定として、65歳になれば後継者に譲位しなければならないという、65歳定年制を定めていることと（2条6項）、国王が憲法に恣意的に違反した行動をとったときは、両議院からなる合同会議の総議員の4分の3以上の多数で決議し、さらに国民投票により過半数の承認があれば、国王は退位しなければならないと定めていることです（2条20～25項）。

このような国民投票による国王の罷免を規定している君主制国家は、ほかにありません。憲法の作成にかかわった啓蒙的なジグミ・ケサル・ナムゲル・ワンチュク現国王の意向が反映されていると言われています。

⑤家畜の保護を定めるモンゴル国憲法

モンゴル国といえば、大相撲で馴染みがあります。同国出身の横綱は、朝青龍、白鵬、日馬富士、鶴竜、照ノ富士の5人を数えます。

ロシアと中国に囲まれた内陸国で、日本の約4倍の地にわずか約345万人（2022年）しか住んでいません（人口密度は世界最小の2・21人／㎢）。

1992年1月に新憲法が採択されました。特異な規定は「家畜は、国の富であり、国の保護のもとに置かれる」（5条5項）という条項です。遊牧民の多いモンゴル人にとって、家畜（牛、馬、羊、ヤギ、ラクダなど）は、生活にとって不可欠な存在です。家畜数は、約６７３４万頭（２０２１年）で人間の約20倍に相当します。憲法に明記する価値があると考えられたわけです。

もう一つ異色なのは「法律を制定することなく、外国軍がモンゴル国内に駐留し、および通過のために越境することは、これを禁止する」（４条）の規定です。ロシアと中国を意識した規定と言えますが、これら両国は、他国の憲法を尊重する国家ではありません。巧みな外交関係が絶えず求められます。

⑥「国の動物」を定めるネパール憲法

中国とインドに囲まれた内陸国で、面積は北海道の約１・８倍、人口は３０５４万７５８０人（２０２２年）。２００８年５月に行われた憲法制定議会の初会合で君主制を廃止し、共和制へ移行、同時に国名を「ネパール連邦共和国」に改称し、その後、２０２０年12月に「ネパール」とすることに決定しました。

憲法は、７年にわたる制憲議会での審議の末、２０１５年９月に公布されました。従来、ヒンズー教を国教としてきましたが、「非宗教国家」と規定（４条１項）、一方で「国の花はシャクナゲ、国の色は深紅、国の動物は牛、国の鳥はロフォフォラスとする」（９条３項）の規定は、従来の憲法のままです。

牛はヒンズー教徒にとって、聖なる動物であり、崇拝の対象物とされています。同国のヒンズー教徒は81％です。「非宗教国」と「国の動物は牛」条項とどんな関係にあるのでしょうか。私がかつてネパールのカトマンズを訪れたとき、牛が道路の真ん中を悠然と闊歩《かっぽ》し、寝そべっていました。車は牛をはねないように徐行し、渋滞に陥っていました。日本では絶対に見られない光景でした。

⑦動物愛護のスイス連邦憲法

世界でもっとも厳しい動物保護法を有するのは、スイス連邦だと言われています。その原点は、1874年憲法25条の2（1893年8月21日の憲法改正により導入）にあると思われます。「前もって麻酔をしないで動物を出血させる屠殺は、例外なく禁止する」。動物に苦痛を与えて殺処分をするのは残酷だという意識が働いていたようです。

現行の1999年憲法には、80条に（動物愛護）という見出しのもとに、連邦は動物の保管および飼育、動物実験および生体動物に対する侵害、動物の取引および輸送、動物の屠殺など動物の保護について、法令を制定することを定めています。これらの憲法規定は、国民投票によって採択されたものです。

憲法の規定を受けて制定された動物福祉法は、動物の福祉と尊厳を保護することを原則とし、違反者には動物を飼育すること、繁殖させること、取引することなどを禁じています。スイスで生まれた動物たちは、自分たちの恵まれた環境に大いに満足しているのではないでしょうか。

ただし、外国と比較することのできる能力を持っていれば、という話ではありますが。

直接民主制を重視してきたスイスでは、国民投票が頻繁に行われることで知られています。憲法改正は、国民発案の場合、全面改正にしろ、部分改正にしろ、18か月以内に10万人の有権者によって発議されます。

２０１８年11月25日、牛を愛する１人の畜産農家が10万人の賛成を得て、牛の角を切らないよう、また角を生やした牛を飼育している農家に対して、１頭あたり年間１９０スイス・フラン（当時の換算で約2万１５００円）の補助金を与えるようにする憲法改正案を発議しました。同国では、牛の角を切る「切除」は他の動物や飼育者にとって安全で、飼育面積も狭くてすむので、普通に行われています。切除は焼きごてなどを使用するため、動物愛護団体は「動物にひどい痛みを与えるのは可哀そうだ」と唱えて、憲法改正案を支持しました。

結果は、反対約55％、賛成約45％で否決されました。日本でこんな憲法改正案の提案は、まったく考えられませんね。

⑧女囚の保護規定を置く中南米諸国の憲法

中米に位置する北海道と九州を合わせたくらいの面積を持つニカラグア共和国には、約６６２万人（２０２０年）が居住しています。１９８７年の現行憲法39条2項は「女性の囚人は、男性とは別の刑務所に収監され、同性の看守が用意される」と規定しています。

また南米の大国、ブラジル共和国〈面積＝日本の約22・5倍、人口＝約2億1531万人〈2022年〉〉の1988年憲法5条50号には「女囚は、授乳の期間中、その子供と共に過ごすことができる条件を確保されなければならない」との規定があります。

同じく南米に位置し、ニカラグアとほぼ同じ面積を有し、人口約1780万人（2021年）のエクアドルは、2008年の憲法51条で、「妊婦および授乳期間中の女性に優先的かつ特別の待遇を受ける権利」が与えられています。

LGBT（レズビアン、ゲイ、バイセクシャル、トランスジェンダー）が問題になってきている今日、女囚を敢然と分離することができるのでしょうか。精神は女性、身体は男性の人物が「自分は女性である」と宣言している場合、女囚部屋に収監されるのでしょうか。ニカラグア憲法の実態が知りたいところです。

⑨個人崇拝を禁止するハイチ憲法

ハイチ共和国は、カリブ海に面し、ドミニカ共和国に隣接します。北海道の約3分の1の地に1158万人（2022年）が暮らします。

1987年に制定された現行憲法7条には「個人崇拝は絶対に禁止する。生存者の肖像および氏名は、貨幣、切手、シール、公共建造物、道路または美術作品に刻印してはならない」と定められています。同国では、1957年から86年まで、F・ドュバリエとJ・C・ドュバリエ親子の独裁体制が続き、いろいろなかたちで2人の偶像化が図られていました。その大いなる反省として、個人崇拝の禁止条項が設定されたのです。なお、2011年5月に憲法が改正され、7条の1として、次の条項が追加されました。「死亡した者の肖像の使用は、国会で承認されなければならない」。

わが国の隣国・北朝鮮では、現在の朝鮮労働党総書記・金正恩《キムジョンウン》の壁画が建設され、娘とのツーショットの切手が発行されています。このような北朝鮮の個人崇拝は、長い歴史の中でどう評価されるのでしょうか。『落ちた偶像』という英国の古い映画がありましたっけ。

⑩インドの国名は二つ

インド憲法（1949年）1条には「インド、すなわちバーラトは、諸州の連邦である」と定め、連邦名にインドとバーラトの二つを当てています。英語で同国を表示するときは「インド」とし、ヒンディー語を使用する場合は、「バーラト」と呼んでいます。バーラトとは、インド連邦を意味するヒンディー語です。同国にはヒンズー教徒が約80％います。2023年9月9〜10日に行われたG20サミットでは、議長たるナレンドラ・モディ首相の座席には「バーラト」のプレートがありました。夕食会の招待状には、招待者たるドロウパディー・ムルム大統領は「プレジデント・オブ・バーラト」と記述されていました。モディ内閣は、ヒンズー至上主義を掲げており、将来、国名をインド国からバーラト国に改めるのかという憶測が流れました。

インドの人口は14億2000万人弱（2022年）ですが、国連の「世界人口推計2022年」によると、2023年には中国の人口を超え、世界一になると予測しています。22の言語を公用語としています（憲法付則第8）。グローバル・サウスの〝盟主〟を自任する国家として、「多様性の中の統一」をいかにして実現していくかが問われています。

第3章　比較憲法学の探究

（1）『現代世界の憲法制度』（1974年）

2院制を比較憲法史的に考察

私は駒澤大学法学部法律学科で憲法と比較憲法の講座を担当しましたから、憲法について日本国憲法にかかわる学説、判例をマスターしなければならないことは、言うまでもありません。憲法に関連する専門書や重要な論稿は、当然のことながら徹底的に読み込み、法律学の専門誌『ジュリスト』（有斐閣）、『判例時報』（判例時報社）、『時の法令』（朝陽会、2022年3月30日号をもって廃刊）には必ず目を通すようにしました。教科書として、共著『憲法新講』（法文館、初版１９８６年）、同『エレメンタリ憲法』（成文堂、初版２００１年）などを使用、また単著として『法律マスター講座　憲法コース』（実務教育出版、１９８１年）を出版しました。

私がこれまで考察してきた比較憲法学のさらなる探究にも励み、何冊か著書を刊行してきました。１冊目は『現代世界の憲法制度』（成文堂、１９７４年7月）です。「一　アメリカ合衆国における立法拒否権、二　代表制の種類――その理論と実際、三　二院制度、四　議会意思の構成形態――日本国憲法第五九条第二項に関する比較憲法的考察、五　各国憲法にみる非常事態対処規定――非常事態宣言、非常措置権、緊急命令、戒厳を中心に、六　一九七二年～七四年の新憲法、付録　世界各国憲法年表」からなります。全体は２８８頁です。

このうち2院制について、比較憲法史的に考察しました。まず2院制国家の減少傾向が見られます。明治憲法が制定された１８８９年の時点では、２院制国家31か国（79％）に対して１院制国家8か国（21％）、第一次世界大戦後、民主主義国家が増大したとされる１９２７年時点にあっては、２院制国家44か国（71％）、１院制国家18か国（29％）でした（大西邦敏『憲法と民主政治』成文堂、１９７０年）

ところが１９７４年初期に調べた時点では、２院制国家50か国（38％）、１院制国家80か国（62％）となり、かなりの比率で1院制国家が多くなっています。

ちなみに現在では、列国議会同盟（Inter-Parliamentary Union）の調査によると、２院制国家78か国（41％）、１院制国家１１２か国（59％）となっています（２０２４年3月20日閲覧）。

なぜ1院制国家が多くなったのか。その理由として、第二次世界大戦後に独立した新興国家の多くが概して小国であり、多様性を反映する2院制をとる必然性がないこと、経費削減という現実的な理由があることなどが挙げられます。もっとも、伝統的な民主国家でも、デンマークは1953年6月の新憲制定時に、またスウェーデンでは1971年1月に2院制から1院制に変更しました。両国で2院制を放棄した理由として、政党化が進み、選挙の結果、両院が同じ政党状況になり、チェック機能としての第2院の存在意義が希薄になったことが挙げられています。

日本国憲法59条2項の異質性

このことは、わが国の参議院制度のあり方を考えるのに示唆を与えます。わが国にあって、参議院が発足した当初、緑風会という無所属の会派が大きな勢力を持ったことがありましたが、政党化の波にのまれ、雲散霧消しました。参議院が「良識の府」から「政争の府」に変容したとの評価もあります。2院制のあり方について、真剣に考えていかなければならないという契機になりました。

また、各国の第2院（わが国の参議院）の構造を見ると、直接選挙による議員のみで第2院を構成せしめている国家が少数であることが判明しました。1974年に存在した2院制国家50か国中、第2院を直接選挙の議員のみで組織している国家はわずか18か国（36％）にすぎません。第1院と同じく直接選挙議員のみで第2院を組織すれば、第1院とは違った目でチェック機能を果たせないという考え方が基底にあります。

わが国では、参議院議員はすべて直接選挙によって選任されます。そのような方式が民主主義に合致するものとばかり考えていたので、やや衝撃的な結果だったことが思い出されます。フランスの政治思想家、マニュエル＝ジョセフ・シェイエスが語ったと言われる「第2院は、何の役に立つか。それが代議員（第1院）と一致すれば、無用の存在であるし、つねに一致しなければ、有害な存在である」との言説が想起されます。

日本国憲法59条2項は「衆議院で可決し、参議院でこれと異なつた議決をした法律案は、衆議院で出席議員の三分の二以上の多数で再び可決したときは、法律となる」と定めています。予算の議決（60条）、条約の承認（61条）、内閣総理大臣の指名（67条）と同様に衆議院の優越規定と言われています。

この点、第2院を直接選挙としている国家で一般法律案につき両院で意見を異にしたときの解決方法として、次の三つの方式があります。

①廃案にしている国家＝米国（1787年、明文規定なし）、コロンビア（1945年、81条）、ドミニカ（1966年、60条）
②両院解散後に両院合同会で議決するとしている国家＝オーストラリア（1900年、57条）、

ベネズエラ（1961年、167条）、ボリビア（1967年、74条）、ウルグアイ（1967年、135条）

③第1院で総議員の過半数の再議決によって法律になるとしている国家＝オーストリア（1920年、42条）

わが国のように、衆議院で先議され、参議院で否決された場合に衆議院の再議決に付されて出席議員の3分の2以上の議決により成案となる方式は、論理的にも実際上も合理的ではありません。

衆議院議員と同様に直接選挙によって選任された参議院の否決に対して、なぜ衆議院で出席議員の3分の2以上によって再議決されれば、参議院の否決が覆されるのか。憲法の条項では、衆議院で先議され、参議院で否決または修正されれば衆議院で再審議されますが、参議院で先に審議され、否決されれば、衆議院に送られることなく、廃案になります。なぜ先議機関が衆議院と参議院とでこのような違いがあるのか、論理的に説明できません。

実際に、衆議院で出席議員の3分の2以上により再可決するのは容易ではありません。特に衆議院の多数党と参議院の多数党が違う、いわゆる「ねじれ現象」が生じた場合、衆議院で出席議員の3分の2以上の議席を得ていなければ、廃案になります。実質上、参議院に優越性を与えていることになり、ますます合理性が疑われます。

いったいどのような経緯で憲法59条2項が成立したのでしょうか。１９４６年2月13日に示されたマッカーサー草案は1院制でしたが、日本側の強い要求により2院制になりました。松本烝治《じょうじ》・憲法担当国務大臣が3月4日にＧＨＱへ持参した草案（3月2日案）は、以下のように規定されていました。

「衆議院ニ於テ引続キ三回可決シテ参議院ニ移シタル法律案ハ衆議院ニ於テ之ニ関スル最初ノ議事ヲ開キタル日ヨリ二年ヲ経過シタルトキハ参議院ノ議決アルト否トヲ問ハズ法律トシテ成立ス」（60条）

この条項は、英国における１９１１年の国会法に依拠したものです。非常にわかりづらいですね。

ところが、3月4日から5日にかけてＧＨＱとの徹夜の折衝後、3月6日に発表された「憲法改正草案要綱」は次のように定められました。

「衆議院ニ於テ可決シ参議院ニ於テ否決シタル法律案ハ衆議院ニ於テ出席議員三分ノ二以上ノ多数ヲ以テ再度可決スルトキハ法律トシテ成立スルモノトスルコト」（第五四）

この「要綱」第五四が、現行憲法59条2項になったのです。

3月2日案とまるっきり違います。どうしてこんなふうになったのか。折衝にあたった法制局部長の佐藤達夫は、「この修正については、先方であらかじめ用意していたものらしく、いわば、一方的な申し出だった」と回顧しています（佐藤達夫「日本国憲法成立史（7）」『ジュリスト』1955年8月1日号)。

その源となったのが、米国大統領の法案拒否権に関する議決方式です。すなわち米国大統領は、上下両院で可決した法律案に対して拒否権を行使できます。しかしこの拒否権は、上下両院でそれぞれ出席議員の3分の2以上の多数により再可決されれば、大統領の拒否は覆され、法律として成立します。

このような行政府と立法府との関係をわが国における両院間の議決方式に導入したわけです。実に乱暴な導入方式です。憲法59条2項の規定は、きわめて問題の多い条項であることは明瞭です。

(2)『各国憲法制度の比較研究』(1984年)

各国憲法の最高裁判所裁判官の選任方法

2冊目は、1984年1月に刊行した『各国憲法制度の比較研究』(成文堂)です。「第一部　世界の憲法制度、一　平和主義と各国憲法、二　代表制の理論と実際、三　二院制度——第二院の組織と権限をめぐって、四　各国憲法における最高裁判所裁判官の選任方法、第二部　アメリカの憲法制度、一　アメリカ憲法と男女平等——Equal Rights Amendment を中心に、二アメリカ合衆国大統領の法案拒否権、三　Civilian Control――A Comparison between Japan and the United State、第三部　アジア・アフリカ諸国の憲法体制、一　アジア諸国の憲法体制、二　オセアニア諸国の憲法体制、三　中東諸国の憲法体制、四　アフリカ諸国の憲法体制」で構成され、全体は536頁におよびます。

ここでは、各国憲法における最高裁判所裁判官の選任方法について、概説します。

日本国憲法は、最高裁判所の長たる裁判官については、内閣の指名にもとづいて天皇がこれを任命し（6条2項）、また最高裁判所の長たる裁判官以外の裁判官については、内閣がこれを任命し（79条1項）、さらにこれら最高裁判所裁判官は、任命後初めて行われる衆議院議員総選挙および任命後10年を経過したのちに初めて行われる衆議院議員総選挙の際に国民審査に付されることを定めています（79条2項）。

大きな特色は、最高裁判所裁判官の選任が内閣のみの判断によることと、事後に適否を問うため国民審査に付されることです。

各国では、最高裁判所の裁判官はいかにして選任されるのか。さまざまの視点から比較を試みました。わが国のように、最高裁判所の裁判官を行政府の任命にかからしめている諸国憲法を類型すれば、以下のごとくになりました。

①もっぱら行政府の裁量に委ねている諸国＝スウェーデン（1974年、政体書11章9条）、

ルクセンブルク（1868年、90条）、アイルランド（1937年、35条）、ヨルダン（1952年、98条）、ハイチ（1971年、11条）など
②国会、特に第2院の承認を必要としている諸国＝アメリカ（1787年、2条2節）、アルゼンチン（1853年、86条）、メキシコ（1917年、96条）、ブラジル（1967年、113条）、パナマ（1972年、164条）など
③国会が推薦権を持っている国＝オランダ（1815年、176条）
④国会と最高裁判所の推薦を要する国＝ベルギー（1831年、99条）
⑤弾劾などを審査する監察院の同意を求めている国＝中華民国（1947年、79条）
⑥特別の組織たる裁判官選挙委員会との協議を必要とする国＝西ドイツ（1949年、95条）
⑦大統領が必要と認める場合、最高裁判所と高等裁判所との協議を必要とする国＝インド（1949年、124条）
⑧首長会議と協議したのちに総理大臣の助言にもとづくことを要求している国＝マレーシア（1963年、122B条）
⑨特別に設置される最高司法会議または司法公務委員会の協議または助言にもとづくとしている諸国＝フランス（1958年、65条）、ギリシャ（1975年、88条）、チュニジア（1959年、54条）、グレナダ（1973年、88条）、ルワンダ（1978年、82条）、ソロモン諸島（1978年、78条）など

⑩国会議長と協議することを求めている国＝チャド（１９６２年、65条）
⑪それぞれ別の機関（国会、第一審の普通裁判所など）により指名される諸国＝モナコ（１９６２年、89条）、コモロ（１９７８年、32条）
⑫連邦最高評議会の同意を必要とする国＝アラブ首長国連邦（１９７１年、暫定憲法96条）

このほか、最高裁判所裁判官を（１）公選制にしている諸国、（２）国会によって選挙される諸国もあり、それぞれの利害得失を論じました。

たとえば米国にあっては、連邦最高裁判所裁判官は、大統領の指名により、上院の助言と承認を得て大統領が任命します。この方式では、大統領と上院の多数とが同一政党である場合、政治的な任命が行われやすくなります。米国の憲法学の大家、C・H・プリチェット教授は「連邦最高裁判所裁判官の任命は、直截かつまったく政治的な過程《プロセス》であって、大統領はその選任を自己の所属している政党の構成員に限定する」として、１９３３年から１９６６年の間にわずか２度の例外があったにすぎないと記しています（C・H・プリチェット著、村田光堂・西修・竹花光範訳『アメリカ憲法入門』成文堂、１９７２年）。

その状況は現在も続き、２０２３年６月29日と30日には、連邦最高裁判所で共和党の主張に沿った判決が相次いで下されました。

６月29日、同裁判所は、ハーバード大学などで黒人やヒスパニック（スペイン語を母語としているラテンアメリカ系の住民）に対して入学に際し優遇措置を講じているアファーマティブ・アクション（積極的差別是正措置）を「法の下の平等」に反するとして違憲であるとの判断を下しました。

また6月30日、民主党のジョー・バイデン大統領が公約に掲げていた学生ローンの返済減免措置は、政府の権限を逸脱しており、無効であるとの判決が下され、さらに同日、同性カップルの結婚式招待サイト制作を拒否することは「表現の自由」にあたり、性的指向を理由にサービスの拒否を禁止しているコロラド州の反差別法を違憲であると判示しました。いずれの判決も、共和党大統領によって指名された保守派6人の裁判官の意見が反映されたもので、民主党大統領によって指名された3人の裁判官の判断は少数意見にとどまりました。

6人のうちドナルド・トランプ大統領によって3人の保守派裁判官が任命されています。連邦最高裁判所裁判官には任期がなく終身制なので、米国社会を分断する問題に介入することになり、根の深い課題が存在してきています。

日本の最高裁判所裁判官任命制度の成立経緯

ところで、わが国憲法は、どのような経緯により、現行制度をとるに至ったのでしょうか。総司令部内では、米国憲法と同じように、最高裁判所裁判官を終身制にすべきという意見もありましたが、１９４６年2月13日に提示されたマッカーサー草案は、70歳の定年制を採用していました。
「すべての最高裁判所裁判官は内閣により任命され、非行のない限り、70歳にいたるまでその職に就く。ただしすべてその任命は、任命後の最初の総選挙において、その後は次の先位確認後10暦年経過直後に行われる総選挙において、(国民)審査に付される。選挙人の過半数が現任者の罷免を決したときは、当該裁判官の職は欠員となる」(71条)
その後、日本側との折衝により、「非行のない限り」が削除され、また定年を「70歳」とあったのが「法律の定める年令」に修正され、政府が6月25日に衆議院へ上程した「帝国憲法改正案」は、75条で以下のごとく規定されました。

①最高裁判所は、法律の定める員数の裁判官でこれを構成し、その裁判官は、すべて内閣でこれを任命し、法律の定める年齢に達した時に退官する。
②最高裁判所の裁判官の任命は、その任命後初めて行はれる衆議院議員総選挙の際国民の審査に付し、その後十年を経過した後初めて行はれる衆議院議員総選挙の際更に審査に付しその後も同様とする。
③前項の場合において、投票者の多数が裁判官の罷免を可とするときは、その裁判官は、罷免される。
(*同じ条文の中に「時」と「とき」がありますが、「官報　号外　昭和二十一年六月二十六日」

をそのまま引き写しました）

この草案を審議した衆議院において、最高裁判所の長たる裁判官については、内閣の指名にもとづいて天皇により任命されるとの修正がなされ（6条2項の追加）、また、前記75条が79条で整理され、現行制度が確立したのです。

帝国議会の審議では、たとえば次のような批判的な意見がありました。

「内閣のみの任命は、三権分立や司法の政党化という点で問題があり、他の機関に移すべきではないか」〈衆議院議員・穂積七郎〈無所属倶楽部〉〉

「行政府と司法府の合体した一つの新たなる官僚陣営の強化であって、三権分立に反するので、両院議長に諮問するなどの調整機関を設けるのが公平ではないか」（衆議院議員・上林山《かんばやしやま》栄吉〈日本自由党〉）

「国民審査制の採用は、裁判官が政党政治に影響される恐れがあり、利益より弊害が多い」（貴族院議員・高柳賢三〈東京帝国大学英米法担当教授〉）

「国民審査制は裁判官の独立を脅かすものである」（貴族院議員・佐々木惣一〈京都帝国大学憲法担当教授〉）

私自身は、内閣の裁量のみによる任命制度は司法権の独立性との関係で問題があり、それを改善するために、最高裁判所裁判官選任諮問委員会のような第三者機関の設置を検討してはどうかと考えます。現在は、おおむね裁判官出身6人、検察官出身2人、弁護士出身4人、行政官（内閣法制局、外務省出身者など）2人、法学者1人で組織されています。このうち弁護士出身者については、日本弁護士連合会（日弁連）が推薦リストをつくり、その中から最高裁判所が数人を選び、内閣が決定するという慣行があるようです。

この日弁連にはすべての弁護士が登録しなければなりません（強制加入団体）。日弁連は、君が代斉唱時における起立反対、安全保障関連法への抗議活動、韓国の慰安婦を「性奴隷」として認知するように国際社会に働きかけるなど、中立性を疑われる政治活動を行ってきています。公平度と透明度の高い任用制度を構築する必要があると思います。

憲法は、最高裁判所裁判官に対する国民審査を定めています（憲法79条2～4項）。しかし、ほとんどの国民は最高裁判所裁判官の名前を知らず、どの裁判でどんな判断を下したのかについて関心を持っていないのが現状です。「罷免を可とされた」裁判官はおらず、その最高比率は15％程度です。はなはだ形骸化しているように思えてなりません。選任過程が国民に見える公正な方法によって行われれば、国民審査は不要と考えますが、いかがでしょうか。

第三部の「アジア・アフリカ諸国の憲法体制」では、アジア諸国21か国、オセアニア諸国11か国、中東諸国17か国およびアフリカ諸国51か国の合計100か国の憲法体制につき、改正の年月日を含めて記載し（たとえばマレーシアは施行後54回の改正、インドは施行後44回の改正）、ポイント解説を試みています。この部分だけで144頁にわたります。後述するように（149

頁）、１９７９年から日本大学の浦野起央《たつお》教授との共編『資料体系アジア・アフリカ国際関係政治社会史』の憲法資料編の刊行に着手しており、その成果の一部と言えます。

（３）『憲法体系の類型的研究』（１９９７年）

比較憲法学という学問

３冊目は、１９９７年1月に出版した『憲法体系の類型的研究』（成文堂）です。「第一章　憲法体系の類型化、第一節　比較憲法学の意義、方法、課題、第二節　憲法体系の類型化の試み、第二章　成立状況からみた憲法の類型、第一節　非成典化憲法と成典化憲法、第二節　暫定憲法国、第三章　現行社会主義憲法体制の特質、第四章　国家形態の指標からみた類型、第一節　連邦制国家の諸形態、第二節　君主制国家の種々相、第三節　宗教条項と各国憲法、第五章　憲法の運用、とくに人権保障の側面からみた分類、第一節　人権の発展と世界の現況、第二節　アジア諸国憲法体制における人権、第六章　憲法の変更、とくに改正からみた分類、付章　アメリカ憲法の他国憲法に与えた影響、付録１　世界の現行憲法一覧（制定順）、付録２　世界の国一覧」からなり、５３６頁におよびます。

本書は、それまでの比較憲法学研究の集大成と言え、私は早稲田大学から１９９８年2月、「博士（政治学）早稲田大学」を授与されました。内容は、比較憲法学の定義、意義、類型化を試みているのが、大きな特色です。「比較憲法学とは、諸国の憲法現象を類型的に比較分析することを任務とする憲法科学の一分科である」と定義付けます。以下に細分して説明します。

① 比較憲法学の対象は「諸国の憲法現象」です。ここでいう「諸国の憲法現象」とは、単に諸国における現在の憲法現象だけではなく、過去において存在していたすべての憲法現象も対象になります。

② 「憲法現象」とは何か。憲法で定められた条文のみならず、その憲法がどんな背景でつくられたのか（制定過程）、当該憲法または条文がどのように運用されているのか（憲法現実）、当該憲法がいかにして廃止または改正されたのか（憲法終息または変容）といったさまざまの現象を含みます。

③ 「類型的に比較分析する」とは、目的・方法を示しています。比較憲法学は、ただ何でもいたずらに比較することではありません。制定過程を比較するのか、憲法の運用の実態を比較するのかなどの目的を明白にし、比較分析することが肝要です。

方法は「比較分析」することですが、留意しておくべきは基準をはっきり設けておくことです。たとえば社会主義憲法体制と非社会主義憲法体制とでは、性質そのものを異にしているので、平面的に比較しても、意味のある分析とはなりません。

④　比較憲法学は「憲法科学の一分科」です。ここにいう「科学」とは、抽象的な観念にもとづく「哲学」とは異なるという意味でもちいます。現に実在する、または過去に実在した憲法を「科学」的に分析します。憲法科学には、憲法解釈学、憲法史学、憲法社会学、憲法政治学、憲法政策学などに分類することが可能です。比較憲法学は、これらに相応する「一分科」であって、それぞれが相まって広く憲法科学を構成することになります。

このような比較憲法学は、いかなる意義を持っているでしょうか。

①　世界の憲法の類似性と独自性などを知ることにより、自国憲法の位置付けが明確になります。自国憲法のアイデンティティを探るということです。

②　自国憲法の欠陥を知ることができ、その欠陥を除去し、より妥当な解決方法をみつけることができます。いわゆる〝井の中の蛙〟的立場から脱却し、また各国の英知が結集された多くの憲法を参考にして、解決のヒントを得ることができます。

③　世界の憲法の歴史的変遷とそれにともなう傾向ないし特色を知ることができます。特に歴史的に失敗した例と成功した例を知ることは、わが国の憲法問題に有益な効果を与えます（失敗例としての１９１９年のワイマール憲法とその反省のもとで作成された１９４９年のド

イツ基本法との対比など)。

④　憲法の合理的な解釈を導き出すことができます。わが国憲法と同じ規定を持っている多くの国で共通に行われている解釈は、わが国憲法の解釈上、参考にすることができます(たとえば、憲法18条の「意に反する苦役」と徴兵制との関係。**152頁**)

⑤　憲法の改正あるいは新たな憲法制定に際して、大きな貢献をすることができます。各国憲法の現代的な傾向(環境権や知る権利の導入など)を知ることは、非常に大切です。

比較憲法学の国際的な泰斗、フランスのボリス・ミルキヌ＝ゲツェヴィチ教授は「比較的方法のみが、現代憲法の原則や議論の必要な選別をなし得るのである。比較的方法のみが、二〇世紀公法に残存している時代おくれの定式の実証の内容を理解させ得るのである」(ミルキヌ＝ゲツェヴィチ著、小田滋・樋口陽一訳『憲法の国際化』有信堂、１９６４年)と述べているように、比較憲法学研究の意義は、非常に大きいと言えます。

しかしながら、比較憲法学の研究には困難と限界がともないます。

①　全世界の憲法を入手しなければなりません。現在はインターネットで全世界の憲法を知ることは可能であるにせよ、原語とのズレがないかなど細かな点検作業は多くの時間を要します。

②　具体的に、それぞれの国の憲法がどのように運用されているかを正確にカバーすることは、そう簡単なことではありません。

③　各国の憲法を比較分析するためには、それぞれの国の歴史、文化、伝統、慣習、民度を熟知する必要があります。なぜならば、これらの要素が憲法をつくり、運用させているかからです。それらを究めつつ比較するのは、難しさをともないます。

④　研究者の〝主体的価値〟をどう判断すればよいかという問題もあります。憲法現象には通常、政治的、イデオロギー的観点が随伴します。研究者の意図がどこにあるのかをみきわめることが大切です。

比較憲法学の研究を深化させるには、これらの問題点と限界を克服しなければなりません。たしかに１００％の完全を期すためには、これらの問題のすべてに対応する必要があります。そのようなことを真剣に考慮すれば、あるいは比較憲法学の研究を断念せざるを得ないという思いに至るかもしれません。

しかし、比較憲法学の目的の一つは、共通性と相違性を見出し、問題解決の糸口を見つけることにあります。多くの場合、憲法の比較そのものが目的ではなく、憲法の比較を通じて、何かを得ようとする手段としての役割を担います。その点を認識することが、比較憲法学研究の重要な一歩になります。

私たちは、よき憲法を持つことにより、他国憲法によき影響を与えることができるし、またよき憲法を知ることにより、自国憲法をよりよきものにしていこうという認識を持つことが大切です。広い視野と柔軟な姿勢、そして熟慮が要求されます。比較憲法学の任務は重大であり、比較憲法学研究者の責任も重いと言わなければなりません。

各国憲法の憲法改正手続き

かなり抽象的な言説になりました。この著書では、さまざまな事象を類型化し、検討していきます。ここでは「憲法の変更、とくに改正からみた分類」（第六章）について、略説します。

まず対象として、新興国ではクーデタなどにより、憲法の改廃が激しいので、１９９５年現在のＯＥＣＤ（経済協力開発機構）加盟国中、非成典化憲法国の英国を除く24か国（オーストラリア、オーストリア、ベルギー、カナダ、デンマーク、フィンランド、フランス、ドイツ、ギリシャ、アイスランド、アイルランド、イタリア、日本、ルクセンブルク、メキシコ、オランダ、ニュージーランド、ノルウェー、ポルトガル、スペイン、スウェーデン、スイス、トルコ、米国）、地域の大国と呼ばれるインド、ブラジル、アルゼンチン、ロシアの４か国、分断国家たる中華人民共和国と中華民国、大韓民国と朝鮮民主主義人民共和国の４か国の合計32か国を選定しました。

大きく（１）単一制国家、（２）連邦制国家、（３）分断国家に分類し、①単線型（一つの改正方式のみを採用）②複線型（二つ以上の改正方式を採用）に分け、さらに（ｉ）憲法改正を国会の承認のみで行う国、（ii）国会で可決後、国民投票に付すこととしている国家などに細分化しました。

ここで強調したいことは、上記32か国中、わが国のように2院制を採用し、憲法改正案が国会で可決されたのち、必ず国民投票での賛成を得なければならない（96条）という手続きを定めている国は、わが国のほかにアイルランド（１９３７年46条）、オーストラリア（１９００年１２８条）、スイス（１９９９年１９２～１９５条）の３か国しかないということです。

このうちアイルランドにあっては、両院での議決は一般の法律と同じように過半数で足ります。オーストラリアにおいては、国会での議決は総議員の過半数により行われます。スイスは、全部改正と部分改正の場合や国民発案の場合などで手続きを異にし、非常に複雑な改正方式をとっていますが、国会での議決は、過半数で決せられます。

かくして、憲法改正案は、各議院の総議員の３分の２以上の賛成によって国民に提案し、国民投票で過半数の承認を得なければならないというわが国の改正手続きは、最高レベルの厳しさであると言えます。私が調査したかぎり、日本国憲法より厳しい手続きを定めているのは、１９８７年のフィリピン憲法しかありませんでした。同国では、国民に向けて憲法改正案を発議する機関として憲法会議と国会（２院制）がありますが、国会が発議するには総議員の４分の３以上の賛成が必要です（17条1節）。

日本国憲法96条は、どうしてこんなに厳しい手続きになったのでしょうか。

総司令部民政局で憲法改正条項を起案したのは、リチャード・A・プール海軍少尉とジョージ・A・ネルスン陸軍中尉です。原点は、プール氏が読んだ報告書にあります。プール氏は、私とのインタビューにおいて語りました。

「私が読んだある報告書には『日本はまだ民主主義に慣れる用意がなく、憲法の自由で民主的な規定を急激な変更――逆行――から守らなければならない』と書いてありました」

そこでプール氏とネルスン氏は、次の案を作成したのです（第1次案）。

①　制定から10年後の1955年まで改正してはならない。

②　10年を経過したのち、国会（1院制）の特別会を召集する。

③　その後も10年を経るごとに、国会の特別会が召集される。

④　特別会では、国会議員の3分の2以上の多数により発議され、国会議員の4分の3以上の多数が賛成しなければ成立しない。

この第1次案は、全体を統括する運営委員会との会合で合意に至りませんでした。プール氏とネルスン氏は「日本ではいまだに神がかり的考え方をしている国民と向き合わなければならず、10年間の修養期間が必要であり、また国会議員の3分の2以上の発議と4分の3以上の賛成という厳しい条件を付したのは、多数だけの政治的気まぐれによる改正を不可能にするためである」と説明したのに対し、運営委員会は「自由主義的な憲法の起草は、責任感のある選挙民を前提としなければならず、一つの世代につぎの世代の憲法改正という自由を制限するべきでなく、憲法は相当な永続性とともに弾力性をもつものでなければならない」と論じ、第1次案は否定されました（高柳賢三・大友一郎・田中英夫編著『日本国憲法制定の過程　Ⅰ原文と翻訳』有斐閣、1972年）。

こうして第2次案が作成されますが、必ずしも弾力的になっていません。以下が第2次案の内容です。

① 国会（1院制）で4分の3以上の同意があれば成立する。

② ただし、第○章に関する規定については、選挙民による承認を求め、投票した国民の3分の2以上の賛成を得なければならない。

この「第○章」には基本的人権の条項が入ります。基本的人権にかかわる憲法改正には、国民投票で投票した国民の3分の2以上の賛成が必要と非常に厳しい規定になっており、日本国民に対する不信感がみてとれます。

結局、1946年2月13日に日本側に示されたマッカーサー草案は次のようになりました。

① 国会（1院制）で総議員の3分の2以上の賛成により、国民に向けて発議する。
② 国民投票において、過半数の賛成があれば、憲法改正が成立する。

手続き的には現行憲法と同じようですが、日本側の要求により、2院制になりましたから、衆議院と参議院でそれぞれ総議員の3分の2以上の多数を得なければなりません。困難さが倍加したのです。けれども帝国議会では、この点についての議論が見られません。

憲法改正手続きがはなはだ困難になった要因は、総司令部の日本国民への不信感と2院制になったことにともなう日本側の審議不十分のもたらした結果なのです。

（4）『現代世界の憲法動向』（2011年）

186か国の成典化憲法の分類

比較憲法学に関する学術書の4冊目は、私が2011年3月に駒澤大学を定年退職する際に出版した『現代世界の憲法動向』（成文堂）です。「第1章　現代憲法と平和主義、第2章　1990年以降に制定された諸国憲法の動向、第3章　各国憲法の制定年（〜1940年代）と改正の実際、第4章　二つのミレニアム憲法――スイスとフィンランドの新憲法について、

第5章　世界の憲法制度概観、付録　いわゆる4類型に関する若干の憲法的考察――政府解釈の再検証を中心として」からなります。全体が375頁。

第1章から第3章に掲げたさまざまの類型は、現在、私が提示している類型の原型となっています。平和主義条項については、2009年6月末現在の時点で、186か国の成典化憲法国を対象にして、①平和政策の推進（平和を国家目的に設定している国などを含む）、②国際協和（国連憲章、世界人権宣言の遵守、平和的共存などを含む）、③内政不干渉、④非同盟政策、⑤中立政策、⑥軍縮の志向、⑦国際組織への参加ないし国家権力の一部委譲、⑧国際紛争の平和的解決、⑨侵略・征服戦争の否認、⑩テロ行為の排除、⑪国際紛争を解決する手段としての戦争放棄、⑫国家政策を遂行する手段としての戦争放棄、⑬外国軍隊の通過禁止・外国軍隊の非設置、⑭核兵器（生物兵器、化学兵器を含む）の排除、⑮（自衛以外の）軍隊の不保持、⑯軍隊の行動に関する規制、⑰戦争の宣伝（煽動）の禁止の17項目に分け、それぞれに説明を付しました。

また1990年以降に制定された諸国憲法の動向に関しては、2008年12月末の調査において、1990年2月に制定されたナミビアから2008年8月に制定されたモルディブまでの93か国を対象に、①環境の権利・保護・義務、②プライバシー、③知る権利、④家族の保護、⑤政党条項、⑥国民投票、⑦平和主義、⑧憲法裁判所、⑨非常事態対処、⑩国民の義務の10項目に分けて表示しました。前記の平和主義に関する規定とともに、どの国の何年の憲法の何条にいかなる項目が規定されているか、一目のもとにわかります（最新の導入国の割合については、

２９６頁図12）。

各国憲法の制定年（～１９４０年代）として、２００９年10月末に調査した時点で、もっとも古い米国憲法（１７８７年）から１９４９年のインド憲法までの19か国を取り上げ、改正の実際を掲示しました。メキシコ憲法（１９１７年）は、２００８年９月までにのべ４８７か条にわたる改正が、またインド憲法は、２００６年12月までに94回の改正が行われていました。

スイスとフィンランドの新憲法

２０００年代に入り、スイスとフィンランドで新憲法が施行されました。スイス憲法は、１８７４年に制定された憲法が１９９９年初頭までの１２５年間、効力を有していました。しかしその間、実に約１４０回もの改正がなされています。いわば、つぎはぎだらけの憲法になっていたのです。そこで１９９９年４月18日に新憲法案が国民投票で承認され、２０００年１月１日から施行されています。

同国憲法の特色をいくつも挙げることができますが、ここでは、環境保護と生命倫理規定について述べます。前者に関しては、連邦が人間および自然環境を有害な作用から保護するために、国土計画、水の保全、森林保護、郷土の保全、魚類、哺乳類、鳥類の保存などに配慮することが、８か条（73～80条）にわたり明記されています。

また後者の生命倫理の保護について、クローン人間の禁止、胎児の寄贈や代理母の禁止

（119条）などユニークな規定があります。「衆議院欧州各国憲法調査議員団報告書」（2000年）によれば、スイスの国会議員は、これら環境保護と生命倫理規定はきわめて重要な規定であり、憲法レベルで処理すべきだと考えると述べ、それらを憲法典に取り込んだことに胸を張っています。

フィンランド憲法は、①憲法法（1919年7月17日）、②国会法（1928年1月13日）、③内閣責任法（1922年11月25日）、④弾劾高等裁判所法（1922年11月25日）の四つの基本法から成り立っていました。

これらの基本法は、国会（1院制）で投票の過半数により承認されれば、解散後に総選挙が実施され、総選挙後の国会で投票の少なくとも3分の2の多数の支持により、改正されます。ただし、国会で投票の6分の5以上の賛成により、緊急であることが宣言されれば、総選挙を経ることなく、成立します。

基本法は何度も改正されました。1993年から95年にかけてだけでも、憲法法が6回、国会法は12回、弾劾高等裁判所法は1回の改正を受けています。そのような状況を踏まえて、一つの憲法典をつくろうという動きが出てきました。1998年6月17日に政府が憲法改正案を国会に提出、1999年2月12日には国会が圧倒的多数で承認しました。同年3月21日の総選挙を経て同年6月4日に開かれた国会でも圧倒的多数で可決。2000年3月1日に施行されました。私が2000年1月1日から施行されたスイスとともに、ミレニアム憲法と呼ぶ所以です。

私がフィンランドの現行憲法で注目したいのは、国際関係と国防規定です。1条3項は「①平和および人権の保護ならびに社会の発展のための国際協力に参加する。②フィンランドは、欧州連合の加盟国とする」と規定しています（注・②は2011年11月4日の改正により追加）。また12章を「国防」とし、兵役の義務を定めています。

① すべてのフィンランド国民は、法律で定めるところにより、祖国の防衛に参加し、またはこれを支援する義務を負う。

② 良心上の理由により、軍事的な国防への参加の免除を受ける権利については、法律で定める。

実際、同国は18歳以上30歳未満の男性に兵役の義務を課しています。

外交政策は「信頼に足る防衛力を基盤とした軍事的非同盟」を掲げていたのですが、2022年2月24日のロシアによるウクライナへの軍事侵攻を重くみて、2023年4月4日、集団防衛機構たるNATO（北大西洋条約機構）に加盟しました。

（5）『憲法資料　アジア・中東・アフリカ』（1979〜2014年）

アジア・中東・アフリカ諸国のほぼすべての憲法を網羅

浦野起央編著『資料体系アジア・アフリカ国際関係政治社会史』の憲法資料編として、浦野起央教授との共編著で、パピルス出版より１９７９年から８５年にかけて全６巻を、２０１４年には全２巻の憲法集を刊行しました。

そこで取り上げた国は、**図1**のとおりです。全８巻には、合計２９７の憲法典が収録されています。アジア、中東、アフリカ諸国のほぼすべての憲法を網羅している憲法集は、ほかにありません。事情により、私が目を通すことができなかった巻もありますが、非常に貴重な憲法集であるといえます。

●南部アフリカI　(15) モザンビーク人民共和国、(16) アンゴラ人民共和国、(17) 南アフリカ共和国、(18) ジンバブエ国(南ローデシア / ローデシア共和国 / ジンバブエ・ローデシア共和国)

●アフリカの連邦化　(19) ローデシア・ニアサランド連邦 (中央アフリカ連邦)

[第8巻　アフリカII]

●西アフリカI　(20) モーリタニア・イスラーム共和国、(21) セネガル共和国、(22) マリ共和国、(23) ギニア・ビサオ共和国、(24) カボベルデ共和国、(25) ギニア人民共和国、(26) リベリア共和国、(27) コートジボアール共和国、(28) オートボルタ共和国、(29) ダホメ共和国 / ベナン人民共和国、(30) ニジェール共和国、(31) トーゴ共和国

●中部アフリカ　(32) カメルーン連合共和国 / カメルーン統一共和国、(33) チャド共和国、(34) 中央アフリカ共和国 / 中央アフリカ帝国、(35) ガボン共和国、(36) コンゴ共和国 / コンゴ人民共和国、(37) サントメ・プリンシペ民主共和国

●東アフリカII (アフリカの角 / インド洋)　(38) セーシェル共和国

●アフリカの連邦化II　(39) マリ連邦共和国

[第8巻　アフリカIII]

●西アフリカII　(40) ガンビア共和国、(41) シエラレオネ共和国、(42) ガーナ共和国、(43) ナイジェリア連邦共和国

●東アフリカIII　(44) タンザニア連合共和国、(45) ウガンダ共和国、(46) ケニア共和国

[第8巻　アフリカIV]

●東アフリカIV (アフリカの角 / インド洋)　(47) モーリシャス国、(48) マダガスカル民主共和国

●南部アフリカII　(49) ザンビア共和国、(50) マラウイ共和国、(51) ボツワナ王国、(52) レソト王国、(53) スワジランド王国、(54) 南西アフリカ / ナミビア

[憲法資料・補遺 アジア・アフリカ憲法資料一覧]
中華人民共和国 (1982年)、ベトナム社会主義共和国 (1980年)、カンボジア王国 (1993年)、ラオス人民民主共和国 (1991年)、フィリピン共和国 (1987年)、タイ王国 (1997年)、ブルネイ・ダルサラーム国 (1959年)、パプアニューギニア (2002年の追加)、ブーゲンビル自治州 (2004年)、バヌアツ共和国 (1980年)、アフガニスタン共和国 (1987年)、ブルンジ共和国 (1981年)、エチオピア人民民主共和国 (1987年)、カボベルデ共和国 (1980年)、リベリア共和国 (1984年)

図1　『資料体系アジア・アフリカ国際関係政治社会史　憲法資料』で取り上げた国

［第6巻　アジアⅠ］

●北東アジア　(1) 日本国、(2) 大韓民国、(3) 朝鮮民主主義人民共和国、(4) モンゴル人民共和国、(5) 中華民国（民国革命)、(6) 中華人民共和国、(7) 中華民国（台湾)、インドシナ　(8) ベトナム社会主義共和国、(9) ベトナム共和国　(10) 民主カンボジア / カンボジア人民共和国、(11) ラオス人民共和国、(12) フィリピン共和国、(13) インドネシア共和国、(14) タイ王国、(15) ビルマ連邦社会主義共和国

［第6巻　アジアⅡ］

●南西アジア　(16) インド共和国、(17) パキスタン・イスラーム共和国、(18) バングラデシュ人民共和国、(19) ブータン王国、(20) ネパール王国、(21) セイロン / スリランカ民主社会主義共和国、(22) モルジブ共和国

［第6巻　アジアⅢ］

●東南アジア　(23) マレーシア、(24) シンガポール共和国、オセアニア　(25) オーストラリア連邦、(26) ニュージーランド、(27) ナウル共和国、(28) 西サモア、(29) フィジー、(30) トンガ王国、(31) パプアニューギニア、(32) ソロモン諸島、(33) ツバル、(34) キリバス共和国、(35) ミクロネシア

［第7巻　中東］

●アラブ国　(1) イラク共和国、(2) シリア・アラブ共和国、(3) レバノン共和国、(4) ヨルダン・ハシミテ王国、(5) サウジアラビア王国、(6) クウェート国、(7) イエメン・アラブ共和国、(8) イエメン民主人民共和国、(9) バハーレン国、(10) カタール国、(11) アラブ首長国連邦、(12) オマーン首長国、(13) エジプト・アラブ共和国（旧アラブ連合共和国）

●非アラブ国　(14) アフガニスタン民主共和国、(15) イラン帝国（イスラーム共和国)、(16) トルコ共和国、(17) イスラエル国、(18) キプロス共和国

●アラブの連邦化　(19) アラブ連邦、(20) アラブ共和国連邦

［第8巻　アフリカⅠ］

●北アフリカ　(1) スーダン民主共和国、(2) 社会主義人民リビア・アラブ・ジャマヒリア、(3) チュニジア共和国、(4) アルジェリア民主人民共和国、(5) モロッコ王国、(6) 西サハラ / サハラ・アラブ民主共和国

●中部アフリカⅠ　(7) 赤道ギニア共和国、(8) ザイール共和国、(9) ルワンダ共和国、(10) ブルンジ共和国

●東アフリカⅠ　(11) エチオピア、(12) ソマリア民主共和国、(13) ジブチ共和国、(14) コモロ・イスラーム連邦共和国

(6)「特別報告　徴兵制は苦役か　世界各国憲法にみる兵役の規定」

(月刊『正論』1981年6月号所収)

各国憲法の徴兵制の規定

著書ではありませんが、本書「まえがき」に関連しますので、付記します。

徴兵制の合・違憲性、徴兵制を採用することの適否については、従来から問題とされてきました。問題が再燃したのは、竹田五郎・統合幕僚長が、月刊『宝石』(1981年3月号)で政府が徴兵制を違憲とする理由として、憲法13条「すべて国民は、個人として尊重される。生命、自由及び幸福追求に対する国民の権利については、公共の福祉に反しない限り、立法その他の国政の上で、最大の尊重を必要とする」と18条「何人も、いかなる奴隷的拘束も受けない。又、犯罪に因る処罰の場合を除いては、その意に反する苦役に服させられない」を挙げていることに異を唱えたからです。竹田氏は、ほかに専守防衛、防衛費がGNP(国民総生産)1%枠の範囲に限定していることにも言及しました。

現職の統合幕僚長としての発言に対し、社会党と共産党から文民統制を乱したとして懲戒処分に処すべきだとの主張がなされ、紛糾しました。結局、すでに提出されていた統合幕僚長の辞表の日付より1日早めて勇退させること、注意処分にすることで落着しました。相変わらずの〝茶番劇〟が展開されたということです。

話を戻して、政府が徴兵制（兵役の義務）を憲法違反であるとする根拠について考えてみましょう。まず13条は、読んでわかるように、憲法が定める基本的人権の原則を示したもので、兵役の義務とは基本的に無関係です。問題は、兵役の義務が18条後段の「その意に反する苦役」にあたるかどうかという点です。

政府は、1981（昭和56）年3月10日、「その意に反する苦役」を「広く本人の意思に反して強制された役務」をいうものと解し、現在の自衛隊員は志願制により本人の自由意思にもとづいているのであるから「その意に反する苦役」にあたらないが、徴兵制度は一定の役務に従事することが本人の意思に反して強制されることに着目して、「その意に反する苦役」にあたると考えているのだと答弁しました。この政府の考え方は、現在も変わっていません。

いったい各国憲法は、徴兵制をどのように規定しているのか、兵役の義務を「その意に反する苦役」ととらえているのか。私は、社会主義陣営9か国、自由主義陣営44か国、非同盟会議参加国83か国、中立国3か国、その他の諸国26か国の合計165か国の憲法を調べ、冒頭の月刊『正論』に一覧を表示しました。

その結果、成典化憲法を持っていない国と未制定の国16か国を除くと、憲法に兵役の規定を設けている国家83（55・7％）、設けていない国66か国（44・3％）になります。憲法の規定の有無にかかわらず、実際に徴兵制を採用している国家80（64・5％）、徴兵制を採用していない国家44（35・5％）、軍隊を持っていない国家および不明の国家41となりました。

徴兵制は権利、名誉、最高の義務

以上の調査結果にもとづき、次の結論を得ることができました。

第一に、日本国憲法18条は、奴隷制と意に反する苦役（involuntary servitude）を禁止している米国憲法改正13条（1865年成立）に由来します。

米国最高裁判所は、1916年に「個人が国家に負う諸々の義務――軍隊やミリシャ（準軍事組織の民兵制度）における役務、陪審員となるサービスの提供――を禁止することを意図したものではない」（バトラー対ペリー事件）との判断を示し、また第一次世界大戦の勃発後、T・ウッドロー・ウィルソン大統領によって施行された選抜徴兵法につき、同法が改正13条に反するものではないとして、次のように述べています。

「徴兵制はいわゆる戦争権限であって、連邦議会の正当な権限である。もし憲法に明文がなかったとしても、〝正当な政府〟が当然持たなければならない権利である。正当な政府というものは、一方において市民に対して各種の義務を負うとともに、他方においては市民に向かって必要な場合には軍務に就くことを要求し、またそれを強制する権利を持つのである」

この判決は、徴兵制について日本国憲法の元祖たる米国憲法の同じ規定を「その意に反する苦役に」にあたらないと明言したのです。

第二に、政府は、先述したように、「その意に反する苦役」を「広く本人の意思に反して強制された役務」（＝強制労役 forced labor）と解しています。したがって政府の解釈によれば、強制労役を禁止しつつ兵役の義務規定を設置することはあり得ないことになります。

この点について、各国の憲法は、どのような規定を施しているでしょうか。憲法で強制労役の禁止を明記している国家は、70か国近くあります。そのうち英連邦参加国を除き（これらの諸国憲法の多くには義務規定がない）、ほとんどの国の憲法に兵役の義務規定が併存されています。このことは、世界の国は、強制労役の禁止と兵役の義務とは無関係であるととらえていることを意味します。

第三に、兵役を含め、祖国を守ることを国民の「権利」と定めている国家は、ユーゴスラビア憲法（１９７４年、２３７条）をはじめ8か国あります。またバーレーン憲法（１９７３年、30条）、イラク憲法（１９７０年、31条）、コンゴ憲法（１９７９年、15条）など、いくつかの憲法は、祖国の防衛や兵役を「名誉」としています。このように、「権利」や「名誉」としているものを「苦役」と称するのは、これらの国に対して「非礼」になるのではないでしょうか。

第四に、祖国の防衛や兵役を普通の義務と異なり、一段高い「神聖な」とか「名誉ある」義務としている国家は、社会主義陣営諸国ではほとんど例外なく、また非社会主義諸国の憲法でもイタリア（１９４７年、52条）、マダガスカル（１９７５年、19条）、スーダン（１９７３年、

57条）などいくつか存在します。ほかにギニアビサウ（1973年、12条）、サントメ・プリンシペ（1975年、11条）などでは「最高の」義務と位置付けています。「苦役」とはほど遠い表現です。

第五に、徴兵制の歴史をみると、それは自分たちの国をみんなで守ろうということに端を発しており、特に近代の国民皆兵の思想は、自由市民の義務の精神がおのずから高まった結果もたらされた（佐藤徳太郎『軍隊・兵役制度』原書房、1975年）ということを認識する必要があります。

以上の理由から、政府の徴兵制に関する解釈は、およそ世界に通用しない解釈と言わなければなりません。なぜそのような解釈に至ったのか。その最大の理由は、比較憲法の知識を欠いているからにほかなりません。そしてそのことは、まことに悲しいかな、わが憲法学界の通弊でもあります。

こうして私は「まえがき」で示したように、日本記者クラブで、政府の徴兵制に関する解釈に疑問を提示したのです。

それでは、徴兵制をとることは合憲なのでしょうか。兵役の義務は、国民にとってきわめて重大な義務です。大日本帝国憲法20条には、兵役の義務が明記されていました。徴兵制を採用するには、憲法で明記されるのが基本と言えます。

スウェーデンは、憲法に規定がないにもかかわらず、2018年から徴兵制を復活させました（18歳以上の男女、兵役期間9～11か月）、フランスは、２０１９年から16歳以上の男女に対して兵役（最低1か月）を含む社会奉仕義務を課しています。スウェーデンの場合、世論調査で72％が徴兵制の復活に賛成し、反対はわずかに16％にすぎませんでした（三浦瑠璃『21世紀の戦争と平和』新潮社、２０１９年）。フランスでは、約60％の支持がありました。

わが国の場合はどうでしょう。大多数の国民意識は、大東亜戦争時における国家総動員体制の弊害に対する感情から抜け出していません。このようなことに鑑みれば、憲法ではなく法律のみで徴兵制を採用するのは、とても国民の支持を得られないでしょう。徴兵制を採用するには憲法の改正を必要とするというのが私の考えです。

（7）「パール・ハーバーの傷跡は癒えたか」

（月刊『正論』１９８８年12月号所収）

日系アメリカ人の名誉回復運動

もう一つだけ。私が米国における民主主義の健全性に感銘をうけ、月刊『正論』１９８８年12月号に寄稿した「パール・ハーバーの傷跡は癒えたか」について、概説します。

日本がパール・ハーバーを急襲した１９４１年12月8日（現地は12月7日）から約2か月後

の1942年2月19日、フランクリン・ルーズベルト大統領は、行政命令第9066号を発動しました。この行政命令は、サボタージュ、スパイおよび内通活動を防ぐため、陸軍長官と軍司令官に対して、夜間外出禁止令、強制立ち退きなどを命ずる権限を与えたものです。

この軍司令官の命令に抵抗して逮捕された日系人が、3人いました。フレッド・トヨサブロー・コレマツ、ゴードン・キヨシ・ヒラバヤシ、ミノル・ヤスイです。連邦最高裁判所で3人の有罪が確定していたのですが、1988年8月10日、ロナルド・レーガン大統領の承認によって、「市民の自由法」（戦時市民強制収容補償法）が成立。戦時中、強制収容された日系人に米国政府機関が公式に謝罪すること、現存者約6万人に対して1人あたり2万ドルの補償金を与えることが決まりました。

私は、この報道に接し、コレマツ氏とヒラバヤシ氏および「市民の自由法」の成立に助力した人たちなどにインタビューを試みました。後述するように、1984年から86年にかけて、日本国憲法の成立に直接、間接にかかわった多くの人々にインタビューをしており、インタビュー癖が抜けなかったようです。

若干の状況を説明しますと、上記の行政命令によって、おもに西海岸に住んでいた日系人約12万人（そのうち約3分の2が米国籍を有していた）が全米7州10か所に設けられた収容キャンプでの生活を余儀なくされました。収容所入りを命じられた人たちは、家や土地を二束三文で売り払い、窓ガラスもなく、声は隣に筒抜けのバラック同然の建物に閉じこめられ、解放後もすぐには元の状態に戻ることができませんでした。

「収容所は、監獄でした。また命令が解かれ、外へ出ても働くところがなく、私はワシントンDCで皿洗いをして、食をつなぎました」

サンフランシスコ州立大学教授の職にあったモーガン・ヤマナカ氏が私に実際の体験を語ってくれました。

インタビュー時、ヒラバヤシ氏は、アルバータ大学社会学教授の地位にありました。私に証言したことを要約すると、以下のようです。

同氏はワシントン大学の4年生でした。寮には日系人は自分だけだったので、非常な孤独感を抱くようになりました。そのうち、なぜ自分だけが強制収容所送りという取り扱いを受けなければならないのか、疑問に思えてきました。自分は、米国で生まれ、米国籍を持っている。日本人を親に持っているというだけで、なぜ憲法で保障されている権利を制限されなければならないのか。こんな疑問を抱いていたところ、土地を出なければならなくなりました。

そこでヒラバヤシ氏は、憲法に従うべきか、地区の軍司令官の命令に従うべきかを考え、結局、憲法に従うことを選択しました。

こうして、同氏の裁判が始まります。連邦最高裁判所は、1943年6月21日、全員一致で、日系人をいくつかのキャンプに収容させたことは軍事的必要性からやむを得なかった、忠誠組と非忠誠組を分ける時間的余裕がなかった、日本人に対してこのような措置を講じたことは、

ゴードン・ヒラバヤシ夫妻（1988 年 8 月 23 日撮影）

必ずしも憲法の禁止する平等原則に反しない旨の判決を下しました。

コレマツ氏は、当時、白人のガール・フレンドがおり、立ち退きの期日が来ても所定の場所にとどまったままでした。コレマツ氏は、私に語りました。

「私は、そのとき22歳でした。この命令のことを知って本当に驚きました。私は、米国で生まれた米国人なのです。学校で、米国憲法にはみな平等であると書かれていることを学びました。なぜ私たちが差別されなければいけないのか、失望したことをはっきり覚えています」

同氏は訴訟を提起します。１９４４年12月８日、連邦最高裁判所で行政命令措置が合憲であるとの判決がなされました。ただ、全員一致ではなく、６対３に分かれました。多数意見を書いたヒューゴ・ブラック判事は、大体においてヒラバヤシ事件の判決に拠りつつ、市民の権利は制約されてはならないが、すべての制約がただちに違憲であるとは言えない、公共上の必要性から、そのような制約は正当化され得る、不忠実なグループが存在していたという軍事当局や連邦議会の判断を拒否できない、などの理由を挙げました。

反対意見を書いた3人のうち、フランク・マーフィ判事の判決要旨は、次のようなものです。「戒厳令も敷かれていないのに、軍事的必要性を口実にして、すべての日系人を太平洋岸から立ち退かせることは、憲法で認められている権限の限界をまさに超えており、人種主義の奈落の底に陥っている」

もう一人のヤスイ氏は、意図的に外出禁止令に反し、逮捕されました。同氏はオレゴン大学の法科大学院を終え、1939年に弁護士になりました。強制収容令などの措置は、どう考えても正義に反すると思い、夜間外出禁止令が発せられた次の日の夜、堂々と通りを歩いたのですが、誰も捕まえてくれません。自ら警察署へ赴きました。1審の刑は懲役1年、罰金5000ドルでした。連邦最高裁判所でも、有罪は覆りませんでした（ヤスイ氏は、やり直し裁判中の1986年11月に死去）。

連邦最高裁判所判決を覆す大きな転機

これらの連邦最高裁判所判決を覆す大きな転機が訪れました。1982年のある日、ヒラバヤシ氏のところへカリフォルニア大学サンディエゴ校のピーター・アイアン教授から、重要な資料が見つかり、これを手がかりに裁判をやり直せるのではないかというものでした。

その資料には、軍の司令官は当初、全部の日系人を立ち退かせるほどの軍事的必要性はないと判断していたこと、司法省においても軍当局の決定に同調できないとの勧告が上層部に伝えられていたことなどが示されていました。

これらの判断が正しく伝えられていたならば、全日系人の強制立ち退きはなかっただろうし、裁判所も違った判決を下したであろう。これらの判断が反日的圧力の前に押し潰されて、まったく逆の判決になったわけであるから「自己誤審令状」に該当するのではないかと思料したのです。「自己誤審令状」というのは、同じ裁判所が事実上の誤審を理由に、前に自己が下した判決を訂正するために用いられるもので、本事件に十分適用できると考えたのです。

もう一つ、1980年7月にジミー・カーター大統領によって設置された「戦時における市民の強制収容所に関する委員会」が、1982年12月に発表した報告書「拒否された個人の権利」の影響によるものです。この報告書は、被収容者、元役人、歴史家など750人の意見を聴き、470頁にのぼる膨大なものです。結論は、以下のようなものです。

「要するに、行政命令第9066号の公布は、軍事的必要性によって正当化されず、その命令にもとづいて発せられた拘束などの措置は、軍事的状況の分析によってなされたのではない。これらの決定を形作った広範な歴史的原因は、人種的偏見、戦時ヒステリー、および政治的指導性の欠如によるものである。ひろくゆきわたっていた日系人に対する無知が性急になされ、かつ日本への恐れと怒りの雰囲気の中で実施された政策に貢献した。第二次世界大戦中、合衆国によって立ち退き、移住、拘束された日系人に対しては、個人的に検討することなく、また明白な証拠もなく行われたものであって、重大な不正義がなされた」

そして委員会は、連邦議会が大統領の署名を得て、重大な不正義がなされたことについて公式に謝罪をする共同決議を通すこと、また補償のために生存者約6万人に2万ドルずつを支払うこと、などの勧告を行いました。

これらの事情を背景に、裁判のやり直しに向けて新たな行動が起こされたのです。日系3世の弁護士たちが積極的に活動しました。私は、コレマツ事件の弁護グループのうち、デール・ミナミ氏、ドナルド・タマキ氏、ロバート・ラスキ氏の諸弁護士に会いました。これらの弁護士たちは、米国人そのもので、日本語はまったく通じませんでした。

ミナミ弁護士は、熱っぽく語りました。

「特に裁判の当事者たる2世たちは、米国に生まれ、米国に忠誠を誓っており、日本とは何ら特別の関係を持っていませんでした。私たちがこの事件にかかわったのは、誤った情報にもとづく米国憲法の運用を是正させたいと考えたからです。最初は、ほんの数人しかボランティアがいませんでしたが、まず事件の内容を知ってもらうことが大切だと思い、全国的な支援組織づくりと教育に取り組みました。反響がかなりあり、それが勝訴に結びついたのだと思います。ともあれ今回のように、三権すべてが憲法運用上の誤りを公式に認めたことは、米国のみならず、世界的にも珍しいのではないでしょうか」

この組織づくりに大きく貢献したのは、タマキ弁護士です。いわく、

「弁護士たちには、週に5時間ボランティアの時間をつくってもらいました。弁護士たちはみ

な若く、学生時代、これらの判決を読んでいました。それらが誤情報に依拠していたことを知って、自分たちの手でそれを正さなければならないという使命感に燃えていました。弁護料のみならず、全国的に広がった支援組織との連絡、資料の作成、コピー代などずいぶん費用がかかりましたが、これらはすべて寄付でまかないました」

ラスキ弁護士が応援に乗りだしたのは、奥さんも日系3世の弁護士で、ともに支援グループに入っていたこともありますが、以前から最高裁判所の判決を理に合わないものと考えていたことによります。

「あの判決を学生のときに読んで、人種差別と軍による市民のコントロールという、わが国の憲法の精神に反する由々しき問題が含まれていると思っていました。今後もこのような事件が起こらないとも限らず、参加の意義は十分にあると思いました」

また連邦議会で法律を通すのに、日系議員のダニエル・ケン・イノウエおよびスパーク・マサユキ・マツナガ上院議員、ノーマン・ヨシオ・ミネタおよびロバート・タケオ・マツイ下院議員も大きな力になりました。

ミネタ議員は、コレマツ氏宅で私の訪問を待っていました。

「私は、10歳のとき、カリフォルニア州のサンタ・アニタからさらにワイオミング州のハート・マウンテンで収容生活を送りました。連邦議会の議員でも戦時中、日系人が強制収容されたという事実すら知らない人が多く、私の経験を話しながら個々に説得するとともに、委員会の設

左より筆者、ノーマン・ミネタ下院議員、フレッド・コレマツ夫妻（1988年8月16日撮影）

置、法案の共同提案者の確保など、徐々に多数派工作を進めていきました。ちょうど米国憲法制定２００年記念にもあたり、憲法の理念を持ち出すことによって、かなり多くの同意が得られました」

このような力強い支えもあって、コレマツ事件の再審では、１９８３年11月10日、連邦地方裁判所でコレマツ氏が完全勝訴、またヒラバヤシ事件の再審において、１９８７年９月24日に連邦高等裁判所でヒラバヤシ氏が完全勝訴、政府側は上訴せず、ここに２人の名誉が回復されました。

このような名誉回復には、若い弁護士たちのボランティア活動、連邦議会議員たちのバックアップ、政府、議会、裁判所三権がそれぞれ犯したあやまちを認めた誠実さがあったわけです。私は、米国における民主主義の健全性に強く感銘した次第です。

なお、ジョー・バイデン大統領は、行政命令第９０６６号が発せられてから81年目の２０２３年２月19日、「誤った収容により日系人の家族を引き裂いた」と改めて謝罪し、“Nidoto Nai Yoni”（二度とないように）とローマ字を付して誓いました。

【追記】コレマツ氏は、１９９８年1月、ビル・クリントン大統領から民間人最高位とされる大統領自由勲章を授与され、誕生日の1月10日は、カリフォルニア州、ハワイ州、フロリダ州、ニューヨーク市で「コレマツ・デイ」とされています。

またヒラバヤシ氏は、２０１２年1月に死去してから4か月後に、バラク・オバマ大統領により、大統領自由勲章が授与されました。

そしてミネタ氏は、クリントン政権下で商務長官、ジョージ・W・ブッシュ大統領政権下で運輸長官を務め、大統領自由勲章（２００６年）のほかに、日本政府から２００７年に旭日大綬章を授けられています。２００１年11月には、ミネタの名前にちなみ「ノーマン・Y・ミネタ　サンノゼ空港」が発足しました。

第4章　日本国憲法成立過程研究の深化

（1）日本国憲法成立過程に関する著述

芦田小委員会の秘密議事録

私が日本国憲法成立過程との関連で出版にかかわった最初の著書は、森清監訳『憲法改正小委員会秘密議事録』（第一法規出版、１９８３年）です。この著書は「帝国憲法改正案委員小委員会」（いわゆる芦田小委員会）の英語版の翻訳です。なぜ帝国議会において日本語で行われた小委員会の議事録を英文から翻訳しなければならなかったのでしょうか。

芦田小委員会は、次章で詳説するように、いわゆる芦田修正が成立したきわめて重要な委員会です。同委員会は、1946（昭和21）年7月25日から8月20日まで13回にわたり、秘密会で開かれたのです。同委員会の速記録は、1956（昭和31）年5月10日の衆議院運営委員会の決定によって、国会議員と内閣に設置された憲法調査会委員にのみ閲覧が許可されました。この閲覧制限が解かれ、一般に公開されたのは、1995（平成7）年9月25日のことです。

なぜ49年もの長期間、秘密のままにされていたのでしょうか。実は公開しようという動きが、1955（昭和30）年と1980（昭和55）年にありました。55年時には社会党の方から公開を求めましたが、事務局などが消極的な姿勢を示し結局、翌年5月の運営委員会で①閲覧者は国会議員に限ること、②閲覧者は速記録の複写、公表または頒布などをしてはならないこと、③閲覧は議長が指定する場所で行うこと、とされました。

1980年には、自民党の森清・衆議院議員が速記録の公開を求める上申書を衆議院議長に提出。ところがこのとき、社会党は公開拒否の立場をとりました。公開されれば、連合国総司令部（GHQ）の関与があったことが明らかになること、同党の鈴木義男議員が非武装にやや懐疑的であったことが公になるのは「護憲・非武装中立」路線をとる社会党として望ましくないなどと判断したことによるものと言われています。

しかし、このような理由で長年、日本国憲法成立過程の重要な部分を暗部にとどめていたとすれば、その歴史的責任はきわめて重いと言わなければなりません。

小委員会における秘密議事録の英文速記録がマイクロ・フィッシュで国立国会図書館に存在

していることを知った私は、かねて懇意だった森議員にそのことを伝え、翻訳しようということになったのです。自民党政務調査会参与から北陸大学法学部教授となり、のちに『帝国憲法改正案議事録』（編著、国書刊行会、１９８６年）、『日本国憲法制定の経緯』（犬丸秀雄監修、共訳、第一法規出版、１９８９年）、『日本国憲法制定秘史』（共著、第一法規出版、１９９４年）などの著書を刊行した村川一郎氏と私との共訳、森清監訳の前記著書が発刊された次第です。

この翻訳書に関して、思わぬ事実が発覚しました。私は１９９５年6月、日本文による前記速記録を一般公開に先立って手にする機会があったので、読み比べたところ、日本文の速記録にはあるが、英文からの翻訳書にはない部分がいくつか出てきたのです。あるいは私たちが翻訳し忘れたのかと思って再度、読み返したのですが、見つかりませんでした。

１９９５年9月30日付の新聞報道によると、ＧＨＱによって発せられていたプレス・コードに反するのではないかと、日本側が自主規制していたのです。このプレス・コードは、日本で発行される出版物や放送されるラジオに対する検閲を指定したもので、そこには次の項目がありました。

「連合国最高司令官（ＳＣＡＰ）が日本国憲法を起草したことに対する批判、日本国憲法の起草にあたって、ＳＣＡＰが果たした役割についてのいっさいの言及、あるいは憲法起草にあたってＳＣＡＰが果たした役割についてのいっさいの批判」

日本文の速記録にあったＧＨＱが関与していることを示唆する発言は、英訳されなかったのです。英訳されなかった部分は、41か所におよびます。具体的に、①GHQの関与を示す発言、②将来の戦力保持を暗示するような発言、③皇室財産に関するGHQの意向に影響を与える発言などが自主規制の対象になっています。

①に関するもの＝「既ニ『マッカーサー』ノ方デ筆ヲ入レ、練ツタモノダカラ、之ヲ無視スルコトハ出来ナイト云フコトガ最近段々分カツテ参リマシタ」（第2回小委員会、笠井重治議員〈無所属倶楽部〉の発言）など。

②に関するもの＝「是ハ私自身ノ肝勘定《きもかんじょう》ダケカモ知レマセヌガ、将来国際連合等トノ関係ニ於キマシテ、第二項ノ戦力保持ナドト云フコトニ付キマシテハ色々考フベキ点ガ残ツテ居ルノデハナイカ……」（第5回小委員会、金森徳次郎・国務大臣の発言）など。

③に関するもの＝「先方ハ中々其ノ点ニ承諾ヲ肯《がえん》ジナイ、結局火曜日ノ夜ト記憶シマスガ、総理大臣ガ『マッカーサー』元帥ト直接話ヲシマシタ結果、其ノ目的ヲ貫徹スルコトガ困難デアルト云フ事情ガ分ツテ……」（第12回小委員会、皇室財産規定の修正についてGHQ側の強固な姿勢を説明する芦田均委員長の発言）など。

ほかに日本語の速記録には、GHQとの関係でデリケートな問題になると、しばしば「速記中止」の文字が見られます。

ＧＨＱから小委員会の秘密議事録全体の英訳を提出するように求められたのは、審議から約１年８か月が経過した１９４８年４月のことでした。当時、翻訳課長心得だった滝口紀男氏は、次のように振り返っています。

「衆議院事務総長に呼ばれ、『マッカーサーが議事録を読みたいと言っている。秘密会議録だが、マッカーサーの命令では仕方がない。課内にも内緒で、急いで翻訳してくれ』と言われた」（朝日新聞、１９９５年9月30日付）

こうして、膨大な秘密議事録が英訳されたわけですが、マッカーサーの憲法審議に対する並々ならぬ関心がうかがわれます。この点については、ＧＨＱ民政局でマッカーサーに毎日、新聞の切り抜きを届けたオズボーン・ハウゲ氏とのインタビューで後ほど取り上げます。

私は、ＧＨＱのこれほど強い干渉の事実を知って非常に驚き、この時期、終戦連絡中央事務局総務部長だった朝海浩一郎氏（のちに米国大使などを歴任、１９０６年生まれ）に、そのころの事情を尋ねると（１９８４年２月２日インタビュー）、以下のような証言を得ました。

「あなた（西）は、日本語の秘密速記録が英訳されていたことを知って驚いたと言われるが、そのような感じを持ったこと自体、私には意外でした。議会での審議などは、機微なことを含めて全部、英文で報告しなければならなかったのです。

占領というのは、非常に厳しいものです。向こうは、なんといっても血を流してきているわけですから。彼らの目的は、日本を再び立つこと能《あた》わざるようにすることにあったわけですからね。当時のことを研究するには、まずこのようなバックグラウンドを認識しておかなければなりません。なにしろ、外務省のトップはもちろん、課長級の人事でも、いちいちお伺いをたてなければならなかったのです。

憲法の押しつけ云々と言われますが、憲法を押しつけなければ、占領軍としての価値はなかったのではないでしょうか」

話がずいぶん膨らんでしまいました。おそらくこのような秘話は、ほとんどの国民が知らないのではないかと思って、つい長話になりました。

『日本国憲法成立過程の研究』の出版

1984（昭和59）年4月から1985年3月までの1年間、駒澤大学により在外研究の機会を得た折、日本国憲法の成立に直接、間接にかかわったできるかぎり多くの人たちにインタビューをしようという企画を立てました。1年間では収まりませんでしたが、インタビューに応じていただいた人、書簡などを通じて回答をいただいた日本人および米国人は50人近くにおよびます。インタビューなどを試みるにあたり、事前に綿密な調査が必要であり、私にとってもっとも濃密な時間帯になりました。

帰国後、三修社からの依頼により、収集した極秘資料やインタビューなどから得た新証言を挟み込み『ドキュメント日本国憲法』（1986年7月）を発行しました。日本国憲法の成立過程に関する2冊目にあたります。この書は、のちに増補して中央公論新社から中公文庫として『日本国憲法はこうして生まれた』（２０００年４月）が刊行されています。この文庫版には、参考文献として私が目を通した１２３冊（うち英書７冊）の参考文献が挙げられています。米国人へのインタビューは英語で行いましたので、１９８９年に英語版を出版しました（Osamu Nishi, *Ten Years Inside General Headquarters (GHQ) :How the original draft of the Japanese Constitution was drafted in 1946*, Seibundo）。

同じ１９８９年には、犬丸秀雄（防衛大学校名誉教授）監修、安田寛（防衛大学校教授）、村川一郎（自由民主党政務調査会参事）、西修（駒澤大学教授）、大越康夫（東京国際大学助教授）共訳による『日本国憲法制定の経緯――連合国総司令部の憲法文書による』（第一法規出版）が発刊されています。

この書は、ＧＨＱ民政局で日本国憲法の原案を作成したときの運営委員会の委員だったアルフレッド・Ｒ・ハッシー海軍中佐が所蔵していた、いわゆる「ハッシー文書」を翻訳、解説したものです。ハッシー氏は、いずれこれらの文書を著書として発表しようと思っていたようですが、１９６４年に死去、その後ハッシー未亡人によりミシガン大学アジア図書館に寄贈されました（現在は、そのマイクロ・フィルムが国立国会図書館に保存されている）。

犬丸秀雄教授は、１９７４年の秋にミシガン大学図書館でその文書に接し、非公開扱いであったにもかかわらず、同図書館の特別のはからいで憲法関係の資料をコピーして日本に持ち帰りました。犬丸教授を中心に上記共訳者がハッシー文書研究会を立ち上げて作成したのが、前記著書です。

実は、もう一人の運営委員、マイロ・E・ラウエル陸軍中佐が内閣に設置された憲法審査会会長の高柳賢三氏に「ラウエル文書」を寄贈しています。この文書は、高柳賢三（東京帝国大学教授、成蹊大学学長など歴任）、大友一郎（憲法調査会参事官、内閣法制局憲法資料調査室長など歴任）、田中英夫（東京大学教授）編著『日本国憲法制定の過程　I原文と翻訳』『日本国憲法制定の過程　II解説』（有斐閣、いずれも1972年）に所載されています。ハッシー氏、ラウエル氏の両人とも運営委員でしたから、文書に重複するところがありますが、独立した文書も多く、きわめて貴重な第一次資料として、両書をセットで検証することが不可欠です。

私は、日本国憲法成立過程研究の集大成というべき『日本国憲法成立過程の研究』を2004年に成文堂より発刊しました。「第1部　日本国憲法成立過程における極東委員会の役割と限界、第2部　憲法9条の成立経緯、第3部　日本国憲法の記述に関する連合国総司令部の検閲の実際」からなります。この書により、日本大学から「博士（法学）」が授与されました。

2017年5月、書庫代わりに使用しているマンションの押し入れに、インタビューした人たちとの会話を記録したテープ約30本と被インタビュー者らと交わした多くの書簡類があることに気づきました。これらを整理して出版することが絶対に必要であると感じました。けれども30数年前のテープを聞き返すと劣化が激しく、早送りや巻き戻し中に切れたり、もつれたりして全部をCD化するのにずいぶん時間がかかりました。また音声を文字化するのも大変な作業でした。特に米国人との英語による会話を英文で筆記し、それを翻訳するのに苦労しました。しかし、「歴史の証人たち」の声を残すのは、歴史的使命であると自らを奮い立たせ、『証言でつづる日本国憲法の成立経緯』（海竜社、２０１９年）をなんとか完成させました。全体が５１４頁からなります。

ＣＤは歴史的価値があると確信し、駒澤大学図書館に寄贈しました。外部への貸し出しはできませんが、その場でメモすることはできます。ある憲法学者が何日もかかり、ＣＤを聴いてメモしたという報告を受けています。

（2）日本国憲法成立関係者へのインタビュー

新たな統治者ダグラス・マッカーサー元帥の誕生

日本国憲法の成立経緯をどのように書けばよいか迷っています。通史的に記述しても、関係本が多く、私にもいくつかの著書があるので、あまり意義があるように思われません。ここでは、以下に掲載した「日本国憲法成立過程略年表」（**図2**）を参考にしつつ、私がインタビューした人たちの声をピックアップしてお届けいたします。元になっている著書は、前掲の『証言でつづる日本国憲法の成立経緯』です。この著書は絶版になっていますので、ミニミニ復刻版という位置付けになります。

なお、この図を作成するため、8畳間に総司令部・連合国側・日本国側および極東委員会側の資料を3列に並べて、確認して作業をしました。何日間もかかりました。

1945（昭和20）年8月30日午後2時15分、連合国最高司令官、ダグラス・マッカーサー元帥を乗せた「バターン号」が厚木《あつぎ》海軍基地に滑り込んできました。

機体のドアが開かれ、タラップの上にカーキ服に身を包み、サングラスをかけ、コーン・パイプをくわえた元帥の姿が現れました。写真用にしばしポーズをとったあと、ゆっくりタラップを降り、日本の大地に第一歩を踏みしめました。その自信に満ちた雄姿は、日本国民に強い印象を与えました。

その自信は、日本国統治のための絶大な権限に裏打ちされたものです。マッカーサー元帥が日本へ向かう前日の8月29日（一般に公表されたのは9月22日）に受け取った「降伏後における米国の対日方針」（「初期対日方針」）には、次の文言が入れられています。

「対日戦争において指導的役割を演じた他の諸国軍隊の占領への参加は歓迎され、かつ期待されるも、占領軍は米国の任命する最高司令官の権限下にあるものとする。（中略）天皇および日本国政府の権限は、降伏条項を実施し、かつ日本国の占領および管理の施行のため樹立された政策を実行するのに必要な一切の権力を有する最高司令官に従属するものとする」

そして、9月2日に東京湾に停泊する米国海軍旗艦《きかん》ミズーリ号の甲板上で降伏文書の調印式が行われた4日後の9月6日、米国国務・陸軍・海軍三省調整委員会（SWNCC＝スウインク）により起草され、大統領によって承認された文書「連合国最高司令官の権限に関するマッカーサーへの通達」が送られてきました。そこには、マッカーサー元帥の持つ絶大な権限が明記されています。

(1)天皇および日本国政府の国家統治の権限は、連合国最高司令官としての貴官に従属する。われわれと日本国との関係は、契約的基礎の上に立っているのではなく、無条件降伏を基礎とするものである。貴官の権限は最高であるから、貴官は、その範囲内に関しては日本国側からのいかなる異論も受けつけない。

(2) 貴官は、実力の行使を含む貴官が必要と認めるような措置をとることによって、貴官の発した命令を強制することができる。

この文書に明らかなように、マッカーサー元帥は、日本国統治の全権を掌握し、その権限を行使するため「実力の行使」をともなって「強制」することが許されたのです。かくして、新たな〝絶対君主〟が誕生しました。

図2 日本国憲法成立過程略年表

1945（昭和20）年

連合国総司令部（GHQ）・連合国側

- 7・26 「ポツダム宣言」（米・英・中）発出
- 8・8 ソ連、日ソ中立条約を一方的に破棄し、対日宣戦布告
- 8・14 マッカーサー元帥、連合国最高司令官に任命
- 8・29 マッカーサー元帥、「降伏後における米国の初期の対日方針」受領（発表は9・22）
- 8・30 マッカーサー元帥厚木到着
- 9・6 「連合国最高司令官の権限に関するマッカーサーへの通達」発出
- 9・10 「言論および新聞の自由に関する覚え書き」指令

日本国側

- 7・28 鈴木首相、「ポツダム宣言」に対する黙殺発言
- 8・6 広島に原子爆弾投下される
- 8・9 長崎に原子爆弾投下される
- 御前会議、「ポツダム宣言」の受諾を決定
- 8・14 終戦の詔書発布
- 8・15 天皇、終戦の詔勅放送（玉音放送）
- 8・17 鈴木内閣に代わり、東久邇宮内閣成立
- 9・2 降伏文書調印（ミズーリ号艦上）

極東委員会（FEC）側

- 8・21 米政府、極東諮問委員会（FEAC）付託条項を英・ソ・中国政府に送付

1945（昭和20）年

9・19 「日本国のための新聞準則に関する覚え書き」（「プレス・コード」）指令

9・22 「日本国のための放送準則に関する覚え書き」（「ラジオ・コード」）指令

10・4 GHQ、「自由の指令」発令

11・8 マッカーサー元帥、「日本占領および管理のための連合国最高司令官に対する降伏後における初期の基本的指令」受領

9・27 天皇、マッカーサー元帥と会見

10・4 近衛公、マッカーサー元帥を訪問（憲法改正の示唆を受ける）

10・9 東久邇宮内閣に代わり、幣原内閣成立

10・11 幣原首相、マッカーサー元帥を訪問（憲法改正の示唆を受ける）

10・27 憲法問題調査委員会、第一回総会

11・22 近衛公、「帝国憲法ノ改正ニ関シ考査シテ得タル要綱」奉答

11・24 内大臣府廃止、佐々木惣一、「帝国憲法改正ノ必要」奉答

12・26 憲法研究会、「憲法草案要綱」発表

10・30 FEAC、ワシントンで開催（ソ連不参加）

12・26 FEAC調査団委員、日本視察のためワシントンを出発（日本到着、46・1・9）

12・27 モスクワ三国外相会議（米・英・ソ）により極東委員会（FEC）をワシントンに、対日理事会を東京に設置する「極東委員会および連合国対日理事会付託条項」を発表

1946（昭和21）年

連合国総司令部（GHQ）・連合国側

1・11	マッカーサー元帥、「日本の統治体制の改革」受領
2・3	マッカーサー元帥、「マッカーサー・ノート」を民政局長ホイットニーに提示し、民政局で日本国憲法案（「総司令部案」または「マッカーサー草案」と呼ばれる）の作成を指示
2・13	総司令部、「総司令部案」を日本国政府に交付
3・6	マッカーサー元帥、「憲法改正草案要綱」に支持を声明

日本国側

2・1	毎日新聞、「憲法問題調査委員会試案」のスクープ記事を掲載
2・21	幣原首相、「総司令部案」に関し、マッカーサー元帥と質疑懇談
3・2	「総司令部案」を基礎にした改正案「三月二日案」を完成
3・4	「三月二日案」をGHQへ持参
3・6	GHQとの徹夜の共同作業を経て、政府、「憲法改正草案要綱」を発表
4・10	総選挙施行
4・17	政府、「憲法改正草案」を発表
4・22	枢密院、「憲法改正草案」の審議開始

極東委員会（FEC）側

1・9	FEAC委員、来日
1・30	マッカーサー元帥、FEAC委員と会談
1・31	FEAC委員、離日
2・26	FEC、ワシントンで第一回会合
3・20	FEC、「憲法草案」に関する政策決定を採択
4・5	対日理事会第一回会合

1946（昭和21）年
6・21 マッカーサー元帥、議会における討議の原則に関する声明を発表（自由、公正、非拘束の討議の必要性など）
5・3 極東国際軍事裁判開廷 5・22 幣原内閣に代わり、第一次吉田内閣成立 6・8 枢密院、「憲法改正草案」を可決 6・20 第90回帝国議会開会、政府、「帝国憲法改正案」を衆議院に提出 6・25 右改正案を衆議院本会議へ上程 6・28 衆議院、特別委員会第一回会議（7・23質疑終了） 7・25 衆議院小委員会第一回会合（8・20第十三回会合で終了） 8・24 「帝国憲法改正案」衆議院本会議で可決、貴族院に送付
5・13 FEC、「新しい日本国憲法作成のための基準」を政策決定 7・2 FEC、「新しい日本国憲法のための基本原則」を政策決定

1946（昭和21）年

連合国総司令部（GHQ）・連合国側

11・3　マッカーサー元帥、「日本国憲法」公布に際し声明

日本国側

8・26　貴族院本会議に上程
8・30　貴族院特別委員会に付託（9・26質疑終了）
9・28　貴族院小委員会第一回会合（10・2第四回会合で終了）
10・3　特別委員会、小委員会の修正案を可決
10・6　貴族院本会議で可決、衆議院に回付
10・7　衆議院本会議で可決
10・12　枢密院で再諮詢
10・29　枢密院本会議で可決
11・3　「日本国憲法」公布
12・1　憲法普及会（会長芦田均）設立（翌年12月解散）

極東委員会（FEC）側

10・17　FEC、「新しい日本国憲法の再審査のための規定」を政策決定

1947（昭和22）年	1948（昭和23）年	1949（昭和24）年
5・2　マッカーサー元帥、吉田首相に日章旗掲揚の許諾の書簡を発出	8・　GHQ、「日本国憲法」の再検討問題について鈴木法務総裁に申し入れ	1・27　マッカーサー元帥、「日本国憲法」を再検討することの不必要をFECに回答
3・30　FECの「新しい日本国憲法の再審査のための規定」が新聞紙上に発表 5・3　「日本国憲法」施行	8・14　政府、「日本国憲法」の再検討問題について衆参両院議長に申し入れ	5・3　「日本国憲法」の再検討期間が終了
		1・13　FEC、「日本国憲法」の再検討に関する情報提供をマッカーサー元帥に求める 5・5　FEC、「日本国憲法」の修正に関し、若干の疑義を呈する決定を採択

この略年表は、おもに憲法調査会『憲法制定の経過に関する小委員会報告書』（憲法調査会報告書付属文書第二号、昭和39年7月）所収の「日本国憲法制定経過年表」、高柳賢三・大友一郎・田中英夫編著『日本国憲法制定の過程　Ⅱ解説』（有斐閣、１９７２年）所収の「日本国憲法制定過程年表」、および国立国会図書館電子展示会『日本国憲法の誕生』所収の「年表」（２００２年1月17日閲覧）を参考にした。

それを象徴する写真が、９月29日の各新聞に公開されました（**写真①**）。元帥が軍服の上のボタンをはずし、両手を腰に当て、両足を少し開き、かなりリラックスした姿で写っています。一方、昭和天皇はモーニング姿でネクタイをきっちり締め、直立不動の姿勢をとっています。まさに統治者の交代を鮮明に告げています。

元帥と昭和天皇が会見したのは、９月27日のことです。そのときの未公開写真が残っています。産経新聞１９８９（平成元）年１月８日付には、他の２枚の未公開写真が掲載されています。１枚は、元帥が目をつぶっています（**写真②**）。もう１枚は元帥よりも広く天皇が足を開いています（**写真③**）。元帥側から２枚の写真にダメ出しがなされたわけです。権威と威厳を保つには絶対に公表してはならぬとされた２枚の写真は、興味をそそられる貴重な写真と言えるように思われます。

①昭和天皇（右）とマッカーサー元帥（左）
（1945 年９月27日撮影）［産経新聞社提供］

マッカーサーから最初に憲法改正の示唆を受けた近衛文麿

マッカーサー元帥が明治憲法を改正するように示唆したのは、１９４５（昭和20）年10月４日、皇族出身である東久邇宮稔彦《ひがしくにのみやなるひこ》内閣の副総理格と

③昭和天皇が左足を前に出しているもの［産経新聞社提供］

②マッカーサー元帥が目をつぶっているもの［産経新聞社提供］

して入閣していた近衛文麿《このえふみまろ》公爵に対してです。近衛公がマッカーサー元帥に現今の政府や議会につき意見を求めたところ、元帥は決然たる口調で、憲法の改正を第一に挙げました。

しかし、翌日の5日には東久邇宮内閣が総辞職し、近衛は内大臣府御用掛《ごようがかり》に任じられ、同職において憲法改正案の作成に着手しました。近衛は、恩師として尊敬していた京都帝国大学教授・佐々木惣一を内大臣府御用掛に任じさせ、協力を依頼しました。2人はそれぞれ「帝国憲法ノ改正ニ関シ考査シテ得タル要綱」（近衛案）と「帝国憲法改正ノ必要」（佐々木案）を昭和天皇に奉答しました。けれども、11月24日に内大臣府が廃止され、両案は憲法改正審議の中で顧みられることはありませんでした。

このあと近衛には悲運がおそいました。12月6日、GHQからA級戦争犯罪人として逮捕命令を受け取ったのです。近衛は12月16日、巣鴨刑務所への出頭当日の未明、白装束に身を包み、青酸カリをあおぎ、服毒自殺を遂げました。

私は、近衛公の側近中の側近で民報社社長兼主筆（のちに国際文化会館理事長などを歴任）だった松本重治《しげはる》氏（１８９９年生まれ）にインタビューしました（実施日１９８５年９月27日）。

西　近衛公の憲法改正に対する印象についてお話しいただけないでしょうか。

松本　近衛さんは非常に用心深い人で、何度も米国側の意図を探り、その本気度がわかり、憲法改正に着手したのです。

西　東久邇宮内閣のあとに発足した幣原喜重郎内閣のもとで、憲法担当の国務大臣だった松本烝治氏や東京帝国大学の憲法担当の宮澤俊義教授らから、憲法改正は内閣が行うべきで、内大臣府がやるべきでないという批判がありましたね。

松本　そうそう。宮澤君は私と東京帝国大学の同期で彼のことをよく知っているけれども、宮澤君は誤解していたね。明治憲法では天皇に憲法改正の発議権があるので、天皇の輔弼《ほひつ》機関たる内大臣府としてはそれに備えるべきであって、むしろ何もしないことは自らの責任問題になるのではないかと考えたのです。

西　近衛公が自らまとめた改正案と宮澤教授らが作成した憲法問題調査委員会（松本委員会）案を比較すると、近衛公の案の方が民主的だったと思います。たとえば、近衛案は「天皇の憲法上の大権を制限する主旨のもとに、議会が自律的に解散をすることができる」とか、「憲法改正のための国民投票を考究の必要あるべし」と書かれていますが、松本委員会案は、天皇の地位、権能について、明治憲法を基本的に変えていないというような。

松本　僕もそう思うね。近衛さんは、天皇は実際政治を行わない方がよいと考えていたが、天皇制をいかに維持していけばよいのかを真剣に考えて、憲法に反映させようとしたのです。

一方、内大臣府御用掛として憲法改正に取り組んだ京都帝国大学の佐々木惣一教授（1878年生まれ）は、弟子の大石義雄氏（佐々木教授のあとを継いで京都大学の国法学と憲法学の担当教授に就任）と磯崎辰五郎氏（のちに大阪大学法学部で行政法の担当教授）をともない、箱根の旅館で想を練りました。以下は、大石義雄教授（1903年生まれ）へのインタビューです（実施日1985年10月13日）。

西　大石先生は、箱根の旅館で佐々木惣一博士の助手としてお手伝いなさいましたが、博士から何か指示があったのでしょうか。また資料などを携行なさったのでしょうか。

大石　指示は特にない。何十年もいっしょに生活してきたわけだから、先生がどんな考えをお持ちか、またどんな態度でのぞまれるのか、すべてわかっていた。基本は日本がどうあるべきかということであって、独自の立場で書かれた。占領軍が何を考えているか、政府がどんな立場にあるかということはいっさい無関係。資料は何も携行していない。蓄積された憲法研究がすべてで、何かを持参して参考にするということはまったくなかった。

西　博士は、朝から晩まで没頭されたそうですね。わずか1か月くらいで明治憲法についての基本的な考察から、具体的に100か条にわたる改正案の提示など並大抵ではなかったと思います。

大石　そうです。先生は毎日3時間ほどしか寝ていなかったと思う。

西　新聞論調や宮澤俊義教授らは、憲法改正の作業は政府がやるべきであって、内大臣府はやるべきではないという意見でした。また大勢《たいせい》でもありました。そのことに関し、博士は何かご自分の意見を吐露されたでしょうか。

大石　それは非常に憤慨されましたよ。宮澤氏に対しては、東京帝国大学憲法担当教授なる者が法制に無知であると。ゆくゆくは憲法を変えるかどうかは勅命のもとで政府がやるとしても、その前に天皇が憲法改正を取り上げるかどうかを判断しなければならず、天皇ご自身が内大臣府に意見を問い、また天皇がお決めになるに際して内大臣府が補佐をして憲法を研究する必要があったわけで、佐々木先生の主張は実に堂々としたものでしたよ。

松本委員会の実相

東久邇宮内閣の辞職を受けて、1945年10月9日、幣原喜重郎内閣が誕生しました。翌々日の11日、幣原はマッカーサーを訪問、マッカーサーから「憲法の自由主義化」をうながされました。

幣原総理は同月13日、憲法問題調査委員会を設置。委員長には、商法学の大家で東京帝国大学教授の経歴を有する松本烝治・国務大臣が就任。そのことから、同委員会は松本委員会と呼ばれています。10月27日に第1回総会を開き、翌年2月2日まで7回の総会が開催されました。顧問には東京帝国大学で憲法学を講じていた美濃部達吉らが、また委員には宮澤俊義、東北帝国大学教授で憲法学担当の清宮四郎、九州帝国大学教授で憲法学担当の河村又介、法制局長官の楢橋渡《ならはしわたる》、法制局第一部長の入江俊郎、法制局第二部長の佐藤達夫らが、補助員には東京帝国大学講師の佐藤功らが任じられています。

第5回総会からは元内務次官の古井喜実氏（1903年生まれ）が嘱託として参画しました。以下は、古井氏へのインタビューです（実施日1985年8月16日）。

西　松本委員会の全体的雰囲気をどのように感じられたのでしょうか。

古井　一言でいえば、松本先生の一人舞台でした。委員会には、顧問として美濃部達吉・東京帝国大学教授、同名誉教授の野村淳治《じゅんじ》、学士院会員の清水澄《とおる》といった最高峰の学識者を、また委員として東京帝国大学の宮澤俊義、東北帝国大学の清宮四郎、九州帝国大学の河村又介といった現役の憲法学担当教授が参加していたのですが、これらの人たちを前にして一歩も引かぬ姿勢で持論を述べ、強いリーダーシップを発揮していました。

西　天皇制について、松本委員会は、明治憲法の1条から4条までを基本的に変えないで、せいぜいで3条の「天皇ハ神聖ニシテ侵スヘカラス」の「神聖」を「至尊」に変えるくらいだったのですが、みなさんも賛同なさったということでしょうか。

古井　松本先生は、個性のきわめて強い人でしたから、重要なことに関しては自分の考えを押し通すという面がかなりありました。信念を貫き、あとはバトン・タッチするというお考えだったのではないかと思います。ともあれ、松本先生は、頭脳明晰、議論は達者、鼻っ柱が強く、個性と自信の強い人だったですからね。結局、2月13日にはマッカーサー草案がどかっとくるわけでしょう。それまでの研究やら討論が完全に吹っ飛んだわけですね。

枢密院での審査

明治憲法56条に「枢密顧問ハ枢密院官制ノ定ムル所ニ依リ天皇ノ諮詢ニ応ヘ重要ノ国務ヲ審議ス」との条項がありました。この条項を受けて、枢密院官制6条2号には「憲法ノ改正又ハ憲法ニ附属スル法律ノ改正ニ関スル草案」について「会議ヲ開キ意見ヲ上奏シ勅裁ヲ請フヘシ」と規定されていました。

それゆえ、明治憲法の改正は、枢密院の審議に付されなければならなかったのです。枢密院が天皇から憲法改正につき正式に諮詢《しじゅん》（意見が求められること）があったのは、1946年4

月17日のことです。枢密院議長の鈴木貫太郎（元内閣総理大臣）、副議長の清水澄（帝国学士院会員）および書記官長の諸橋襄《のぼる》（内務官僚出身）が協議をして、13人からなる審査委員会を組織、同審査会は4月22日から5月15日まで8回の会議を開きました。また5月22日の吉田茂内閣成立にともない、同月29日から6月3日までに3回の、そして帝国議会での審議が終了していた10月19日と同月21日に2回の審査を行いました。

以下は、諸橋襄氏（１８９９年生まれ）へのインタビューです（実施日１９８５年９月16日）。

西　枢密院の審査の中で一番、大きな問題とされたのはどの部分でしょうか。

諸橋　みなさんが一番、関心を抱いたのは主権の所在ですね。後日、衆議院の審議段階で「主権が日本国民にある」と明確なかたちになりますが、枢密院に提出された政府案には天皇の地位は「日本国民の至高の総意に基く」と規定されていましたから、主権が天皇にあるままなのか、国民にあるようになったのか、あるいは国家にあるのかがはっきりしなかったわけです。

英文では、主権が国民にあることがはっきりしているのですが、政府としては言い出しにくかったのでしょうね。松本国務大臣は、主権が天皇にあるとは言えないし、かといって国民にあるとも言えない。そこで政治上の観念からみれば主権在民と言えるが、法律的には主権は法人としての国家にあると言われた。幣原総理は、天皇を中心とする国民全体が主権を持っていると言われ、それが政府見解になりました。

枢密院としては直したい点がいっぱいありました。しかし本質的な修正はいけないとされていたので、政府を困らしても悪いと考え、抑制しました。そこで、文章や語句としておかしい部分のみを指摘しました、

たとえば、9条2項の政府案は「その他の戦力の保持は、許されない。国の交戦権は、認められない」を「その他の戦力は、これを保持してはならない。国の交戦権は、これを認めない」に変えました。受動態を能動態にすることによって、積極的な意気込みがうかがえると思います。その他、3条にあった「内閣の補佐と同意」を「内閣の助言と承認」にするとか、読点(、)の打ち直しなど、30か所に手を入れました。その大半が、現行憲法に生かされています(**図3**)。

枢密院書記官長だった諸橋襄氏(1985年9月16日撮影)

西　私が第1回審査会で特に注意をひかれたのは、美濃部達吉顧問が、①憲法改正手続きを定めている明治憲法73条の規定は、ポツダム宣言および降伏文書の受諾により、無効になった、②憲法改正草案で廃止されることになっている枢密院および貴族院で審議することは手続き上、不可解で

ある、③草案前文には「日本国民が制定する」と書かれているが、「虚偽」であるとの理由を挙げ、政府はこの憲法改正案を撤回すべきだと述べた点です。そのときはどんな雰囲気だったでしょうか。

諸橋　あの美濃部さんの発言には、出席者全員があぜんとしました。美濃部さんは剛直で信念の人でしたから、緊急動議というかたちで発言されたのでしょう。結局、美濃部さんの発言に賛成する委員がおりませんでした。

西　第4回の審査会で、入江俊郎・法制局長官は、今後「捨て身」の態度でのぞむと述べています。当時、自衛権も自衛戦力の保持もすべて不可という空気が支配的だったのでしょうか。

諸橋　そういうことですね。野村吉三郎顧問は、陸軍大将の経歴を持つ立場から、吉田総理に対して、9条2項は削除されることを切望すると発言されましたね。潮恵之輔《うしおしげのすけ》委員長は、もう日本は竹やりで守るしかないと述べていました。

西　先生は枢密院書記官長の職をしりぞかれてから、貴族院議員になられました。私がもっとも知りたいのは、貴族院で突然、文民条項が提出されますね（**第5章**）。そのときはどんな雰囲気だったのでしょうか。

諸橋　率直に言って、何が何だかわからないという状況でした。もう現役の軍人がいないのになぜ？　という感じでした。無理やりに強制的に入れられたというのが、みなさんの声で

条文	修正前	修正後
55 Ⅲ	60日以内に議決しないときは	60日以内に、議決しないときは
56 Ⅰ	予算はさきに	予算は、さきに
57	国会の同意	国会の承認
58	これに関する証人の出頭、証言の供述及び記録の提出	これに関して証人の出頭及び証言竝びに記録の提出
61	内閣がこれを行う。	内閣に属する。
64 Ⅰ	国会の同意…。この同意については、	国会の承認…。この承認については
69 (3)	国会の同意	国会の承認
69 (4)	規準	基準
72	司法権は、すべて最高裁判所…下級裁判所がこれを行ふ。	すべての司法権は、最高裁判所…下級裁判所に属する。
73	権能	権限
78 Ⅱ	政治に関する犯罪、出版物に関する犯罪	政治犯罪、出版に関する犯罪
83 Ⅱ	事後に国会の同意	事後に国会の承認
84	皇室の経費…国会の同意を得	皇室の支出…国会の議決を経
86	内閣は次の年度に、	内閣は、次の年度に、

佐藤達夫著、佐藤功補訂『日本国憲法成立史　第三巻』（有斐閣、1994年）430～432頁より。＊漢用数字を算用数字に変えたりした。

図3　枢密院における修正箇所

条文	修正前	修正後
前文 第1段第3行	こゝに	ここに
同 第2段第5行	我らは、すべての国の国民がひとしく	我らは、すべての国の国民が、ひとしく
3	内閣の補佐と同意を必要とし、内閣がその	内閣の助言と承認を必要とし、内閣が、その
5	この場合には前条	この場合には、前条
7	内閣の補佐と同意により	内閣の助言と承認により
9 Ⅱ	その他の戦力の保持は、許されない。国の交戦権は、認められない。	その他の戦力は、これを保持してはならない。国の交戦権は、これを認めない。
15	損害その他に関する救済、公務員の罷免及び法律、命令又は規則の制定、廃止又は改正に関し	損害の救済、公務員の罷免、法律、命令又は規則の制定、廃止又はその他の事項に関し
22	両性の合意に基いてのみ	両性の合意のみに基いて
23	生活分野について、社会の福祉及び安寧竝びに	生活部面について、社会の福祉、生活の保障及び
31	理由を直ちに告げられず、又は	理由を直ちに告げられ、且つ、
32	国民が、	何人も、
34 Ⅱ	すべての証人に対して、審問する機会	すべての証人に対して審問する機会
36	又同一の犯罪について	又、同一の犯罪について
53 Ⅱ	両議院は、その会議	両議院は、各々その会議
54 Ⅰ	各々議長	各々その議長
54 Ⅱ	規則を定め、院内の秩序をみだした議員	規則を定め、又、院内の秩序をみだした議員

した。

マッカーサー草案の作成にかかわった人々

松本委員会の審議が大詰めを迎えていた2月1日、毎日新聞に「憲法問題調査委員会試案」と大書され、その大半の条項が引き写されていました。松本委員会の審議は厳重に秘密扱いとされていましたから、松本委員長をはじめ委員らがびっくり仰天したことは言うまでもありません。ただ新聞に掲載されたものは正規のものではなく、宮澤俊義委員が審議に備えて独自に作成したものでした。ただし、両者は本質的に異なるものではありません。

このスクープ記事はただちに英訳され、それを読んだマッカーサーは熟慮しました。これは明治憲法の焼き直しにすぎない、自分はとうてい受け入れることができないだけでなく、2月26日に発足することになっている極東委員会（**図4**）でも絶対に容認されないだろう。そう考えて2月3日、民政局長のコートニー・ホイットニー准将を呼び、民政局内で日本国憲法草案をつくるように命じました。民政局は、チャールズ・L・ケーディス次長（大佐）を運営委員長とする組織をつくり、4日から急ピッチで作業が進められ、同月13日、マッカーサー草案が日本側に提出されました。

私は、この組織図（**図5**）に載っているメンバーのうち、8人にインタビューしましたので、要点を略述します。本人の言葉を若干、補足したところもあります。紙数の関係上、私の質問は割愛します。

①チャールズ・L・ケーディス　民政局次長、運営委員長、コーネル大学卒業、ハーバード大学ロー・スクール修了、陸軍大佐、1906年生まれ。マッカーサー草案の作成だけでなく、その後の日本側との対応のすべてにあたり、キーパースン中のキーパースン。（インタビュー実施日1984年11月13日）

ケーディス　私としては、民政局で日本国憲法の草案づくりに乗り出すことはとてつもない挑戦であり、とても難しいものになると思いました。なぜなら、そのとき私たちの手もとには役に立ちそうな資料が乏しかったからです。

実は、日本側との折衝においてもっとも論議を呼んだのは、第9条ではありません。それは皇室の地位と権限、さらに皇室財産をめぐってでした。特に皇室財産については、世襲のものを除き、すべて国民と政府に帰属するようになりました。吉田茂総理はこれに強く反対し、われわれの民政局を通り越して、参謀第2部にまで出かけて行き、なんとか憲法の規定から削除しようとしました。結局マッカーサー元帥は、削除に同意しませんでした。

昨年（1983年）、日本国憲法に通じているアムハースト大学のレイ・ムーア教授から聞いて知ったのですが、制定から40年近くなろうというのに、日本国憲法はどこも改正されて

図4　極東委員会と連合国最高司令官との関係
（通常の政策決定過程）

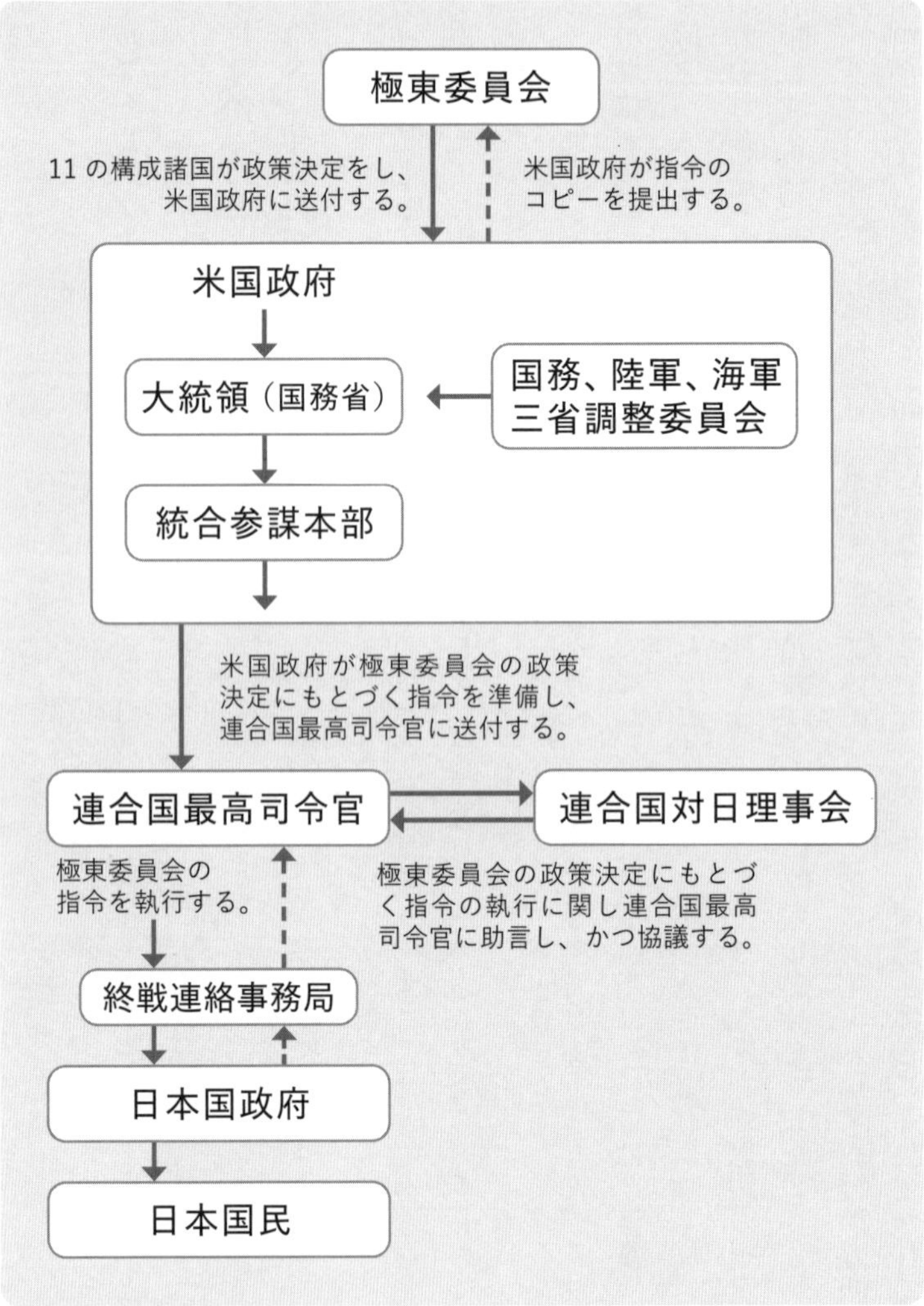

図5　日本国憲法草案起草のための民政局組織図

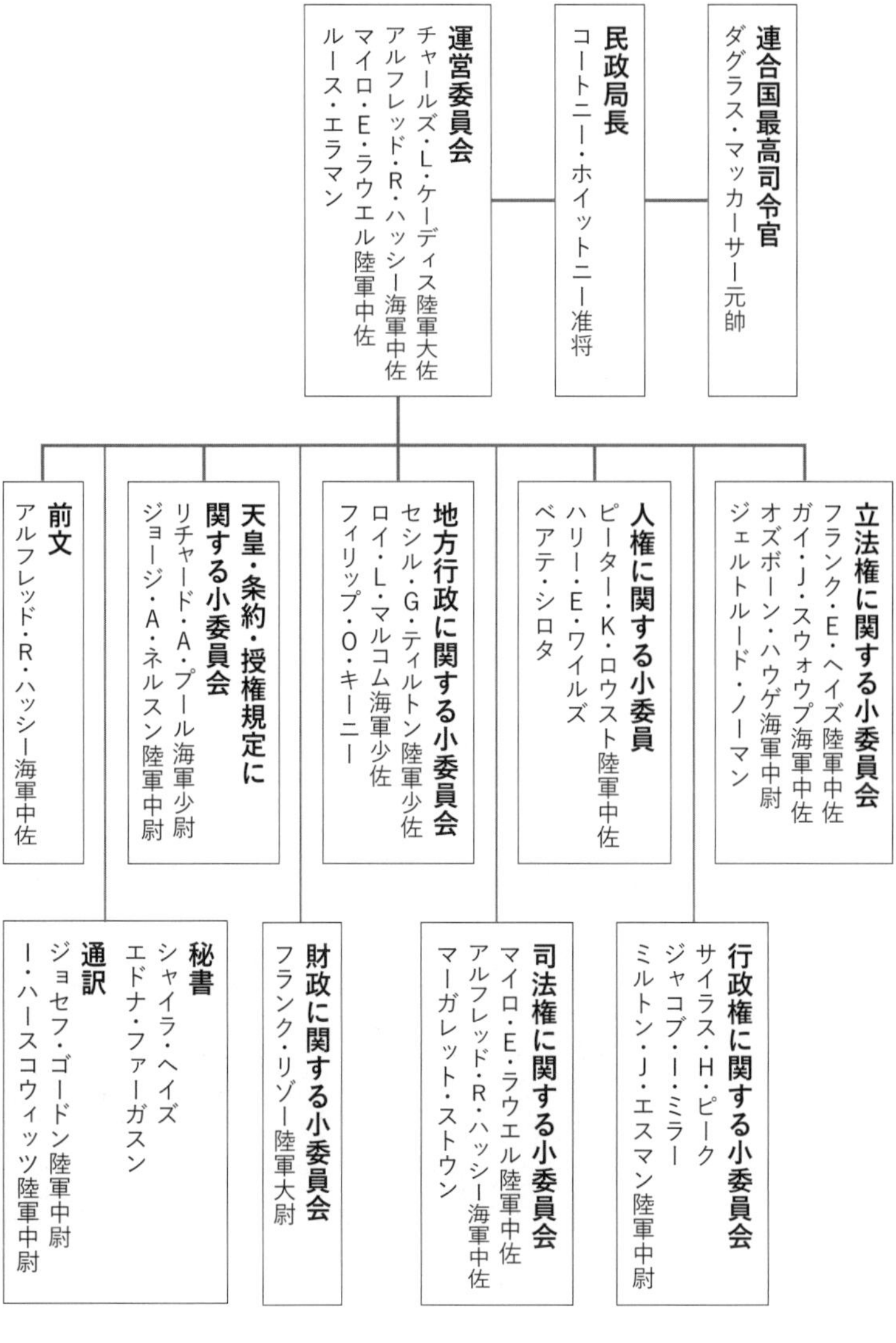

いないのですね。私は、もうどこかの条項が改正されているとばかり思っていました。

9条関連についてのケーディス氏の発言は、後述します（**第5章**）。

②**オズボーン・ハウゲ**　「立法権」の章を担当、セント・オラフ大学卒業、海軍中尉、１９１４年生まれ。（インタビュー実施日１９８４年６月16日）

ハウゲ　私の最初の仕事は、民政局の活動記録を残すことでした。私は週に７日、毎朝早くオフィスに出かけ、マッカーサー元帥のため、時事通信や共同通信のニュースを利用して、その日の主要な記事から約２頁分の概要を作成し、元帥が執務室へ入る前に机の上に用意しておきました。

運営委員会委員長だったチャールズ・L. ケーディス陸軍大佐（1984 年 11 月 13 日撮影）

元帥が特に興味を示したものの一つが、憲法改正に関する情報です。その当時、松本委員会が改正のための作業をしており、日本の新聞にそのつど記事が掲載されました。そこで私は、可能なかぎり、細大漏らさず元帥の目にとまるようにしたのです。元帥自身も、それらの記事を完全に訳すことを希望していました。そんなわけで、元帥は憲法問題については、早い時期から並々ならぬ関心を抱いていました。私たちもそれに応えるようにしました。

〝マッカーサー3原則〟と言われていますけれども、あれはあとで記録に残すために整理されたものではないでしょうか。私の記憶では、1院制にすることを含めて半ダースはあったと思います。私たちの小委員会でも1院制にすることに疑問が出ていました。日本側の要求によって2院制になりますが、元帥にとっては1院制にするかどうかは、基本的な問題ではなかったのです。

立法権に関する小委員会所属だったオズボーン・ハウゲ海軍中尉（1984年6月16日撮影）

③ベアテ・シロタ・ゴードン　「人権」の章を担当、5歳から10年間の滞日後に渡米、ミルズ

大学卒業、1923年生まれ。(インタビュー実施日1984年10月18日)

シロタ　私は、父親(注・レオ・シロタは東京音楽学校〈現在の東京藝術大学〉のピアノ科教授として招聘《しょうへい》されていた)の関係で5歳に来日しました。日本語に不自由はしませんでしたので、東京にあるあちらこちらの図書館から外国の憲法を集めてきました。一つの図書館で多くの憲法を借りると、私たちの行動が怪しまれると思ったからです。これらの資料は、民政局のメンバーに喜ばれ、参考にされました。

私は、人権の章の中でも特に女性の権利を書き上げました。日本は男尊女卑の社会だったので、男女平等にするため、かなり細かい条項を設定しました。また家庭は人類社会の基礎であること、非嫡《ひちゃくしゅつ》出子は嫡出子と同等の権利を有すること、養子縁組には両親の同意を必要とすること、長子相続は廃止されることなどの条項もつくりました。けれども、運営委員会との協

人権に関する小委員会所属だったベアテ・シロタ・ゴードン氏(1984年10月18日撮影)

議や日本側からの要請でかなり削られました。

私は、日本の人たちにぜひ知っていただきたい。私たちは私心を抱くことなく、日本国のためにどんな憲法がよいか、真剣に考えたということを。

④ミルトン・J・エスマン　「行政権」の章を担当、プリンストン大学大学院で政治学博士号取得、陸軍中尉、1918年生まれ。（インタビュー実施日1984年11月4日）

エスマン　日本国憲法草案の起草を命じられたとき、非常に興奮し挑戦的だと思いました。しかし同時に私は、不幸な出来事だと思いました。なぜなら米国の軍人や弁護士らによって作成された憲法は、正当性を持ち得ないと感じたからです。私は、このような大仕事を民政局で行うのは間違っていると上申《じょうしん》しましたが、なにしろ若輩で一介の陸軍中尉でしかありません。採用

行政権に関する小委員会所属だったミルトン・J. エスマン陸軍中尉（1984 年 11 月 4 日撮影）

されませんでした。そしてできあがった憲法草案をみると、どうみても日本語ではありませんでした。

私は、比較政治を学んできた者として、弱くて不安定な政府がファシズムを引き起こす要因になると考え、強い政府を組成するための憲法構造の必要性を唱えました。最初の数日間、若造が口を出しすぎたのか、上司から1週間、日光で休暇をとるように命じられました。ですから後半は、参加していません。

⑤リチャード・A・プール　「天皇」、「憲法改正」などの章を担当、ハーバーフォード大学卒業、海軍少尉、1919年生まれ。（インタビュー実施日1984年7月9日）

プール　私が「天皇」の章を担当したのは、たまたま誕生日が昭和天皇と同じく4月29日だったからです。

私たちの小委員会は、基本的には戦前の非常に強い権力を握っていた天皇の地位、あるいは陸軍大将の東条英機

天皇・条約・授権規定に関する小委員会所属だったリチャード・A.プール海軍少尉（1984年7月9日撮影）

がなしたように、天皇の名のもとにその権限が利用された天皇の地位を改めなければならないと考えました。私たちは、裕仁《ひろひと》天皇を守ろうとしました。天皇制は維持されなければならないと思っていたのです。

天皇について、強力な権限のある地位ではなく、かといって単なる装飾的な地位でもなく、意義のある役割を与えるような地位にしようというものでした。こうして生まれたのが、〝象徴〟という語です。

＊プール氏が憲法改正条項を困難にしたことについては、先述しました（**142頁**）。

⑥ジョージ・A・ネルスン　「天皇」、「憲法改正」などの章を担当、ロックフェラー財団研究員、陸軍中尉、1920年生まれ。（インタビュー実施日1985年3月23日）

ネルスン　私はあまり熱心な方ではありませんでしたが、〝象徴〟の語は、私が入れました。さまざまな分野で学者、評論家として英国で名声が高かったウォルター・バジョットの『英国憲法論』（初版は1867年）に〝儀礼的〟という意味で〝象徴〟の語が使われていたことを思い出したのです（注・同書には「英国王は目に見える統合の象徴（symbol）」と書かれている）。

民政局内では、ハッシー氏とティルトン氏は犬猿の仲でした。ハッシー氏は誠実でしたが、ティルトン氏はちょっとひどかったと思います。

ハウゲ氏やプール氏は誠実でしたが、やや視野の狭い面がありました。エスマン氏は、憲法のことをそれほどよく知っていたように思われません。ラウエル氏は物静かで、好感の持てる人物でした。スウォウプ氏は、私と同様、それほどやる気がなく、あまり役立つような仕事はしませんでした。リゾー氏はやる気満々で、信用できる人物と感じました。彼の妻は日本人です。運営委員会の秘書役だったミス・エラマンはとても有能でした。ハッシー氏とケーディス氏は自己の理念に忠実、ホイットニー氏とティルトン氏は自尊心が強く、マッカーサー元帥はその中間という存在でした。

なお局長のホイットニー氏は、その性格や知的水準において、私たちの間で尊敬されていませんでした。次長のケーディス大佐とは、何度か意見の衝突がありましたが、好意的で私たちの意見に耳を傾けてくれました。正直で、公平な人物でした。

⑦セシル・G・ティルトン　「地方行政」の章を担当、カリフォルニア大学で学士、修士、ハーバード大学ビジネス・スクールにて修士号取得、陸軍少佐、1901年生まれ。（インタビュー実施日1985年2月1日）

ティルトン　私は、ハワイ大学では講師として、またコネティカット大学では准教授として経営史を講じていました。サバティカル（長期有給休暇）で日本を訪れて1年間、北海道から九州まで旅行、中国、満州、朝鮮にも足を延ばしました。

「地方行政」の章は、私が志願しました。当時、日本は中央集権体制で内務省から派遣された役人たちは、中央でどう思われているかばかりを気にしていました。私が山口市長に会ったときのことをお話ししましょう。私は彼にどれほどの権限を持っているかを尋ねました。市長はおもむろに答えました。第一に自分は中央の手足であり、第二に私が命令できるのは次の三つである。一つは墨を、二つは紙を、そして三つは筆を用意させることである。私はそれまでの人生の中で、これほど哲学的な言葉を耳にしたことがありませんでした。

私はこのような体験をもとに、地方自治を強化するため、自治体に大きな権限を与える憲法草案をつくりました。しかしながら、あの愚かなハッシーが私たちの草案を全面的に書き改めたのです。私はハッシーをひどく嫌っていました。本当にいやでたまりませんでした。

地方行政権に関する小委員会所属だったセシル・G. ティルトン陸軍少佐（1985年2月1日撮影）

⑧フランク・リゾー　「財政」の章を担当、コーネル大学卒業、ニューヨーク大学大学院（経済学、財政学）、ジョージ・ワシントン大学大学院（政治学、国際関係論）修了、陸軍大尉、1903年生まれ。（インタビュー実施日1986年3月26日、中央区日本橋のリゾー氏のオフィスにて）

リゾー　あなたからハワイの自宅へ手紙をもらいましたが、のどの手術をしたりして、2年も待たせてしまいました。

そうですね、2月4日に民政局で日本国憲法の原案を作成するように命じられたときは、やはり何か重大で、大きな特別の任務を与えられたと感じました。歴史的な仕事であり、興奮しました。一生に一度の大仕事だと思いました。と同時に、私たちがその任務を行うように選抜されたことに誇りを感じ、また私たちはそれをやり遂げる知識と能力があると思いました。私についていえば、自信がありました。「財政」の章は、他の章とは違い、私だけが担当しました。

皇室財産に関して、米本国から送られてきた当初の日本降伏後の基本方針として「皇室財産は、占領の目的を遂行するために必要ないかなる措置からも免除されるべきではない」との項目がありました。明治憲法では、皇室財産は毎年自動的に国庫より支出され、将来増額を必要とする場合にかぎり、帝国議会の協賛を得ることとされていました（66条）。私は「皇室の収入は、すべて国庫に組み入れられなければならず、皇室の費用は、毎年度の予算に計上して、国会の議決を経なければならない」との条文にしました。

財政との関連で、国家と教会の分離は、憲法の基本です。歴史的に日本には二つの点で問題がありました。一つは個人の自由に政府が干渉したことです。二つは神道という特別の宗教を国家が支援したことです。そこで憲法には、特定の宗教のみならず、私立教育や慈善事業さえも、国が援助してはならないという規定を設けました。

以上の各人とのインタビューから、二点を指摘しておきたいと思います。

一点目は、巷間《こうかん》言われている素人の軍人集団ではなかったことです。民政局では軍服を着ていても高学歴者が多く、入隊前にはロー・スクール修了者は7人、博士号取得者は4人、大学で教歴経験者は4人、下院議員経験者1人というように、多士済々でした。

二点目は、日本国憲法を分析し、それなりの改善方法を見出した半面、日本国の歴史、伝統、文化にはうとく、日本国憲法らしさに欠けていたことです。

なお、中心人物のケーディス氏をはじめ、被インタビュー者の多くは約40年間にわたり日本国憲法がまったく改正されていなかったことを知りませんでした。彼らは、自分たちのつくった憲法は〝暫定憲法〟であり、日本人の手で〝恒久憲法〟がつくられているとばかり思っていたのです。

終戦連絡中央事務局の人々

ＧＨＱが日本を占領統治するにあたり、不可欠の課題は、英語で意思を疎通できる機関を設置することでした。そこで１９４５年８月26日には終戦連絡（終連）中央事務局が、９月７日に終連地方事務局が設けられ、ＧＨＱとの正式の折衝機関となりました。

終連中央事務局には、外務省の選り抜きのエリートが配属されました。連絡官は、単なる通訳ではありません。日本政府の立場を説明し、ＧＨＱの意向とすり合わせ、場合によっては相手の非合理性を衝き、交渉能力を発揮することが求められました。日本国憲法の成立過程において、この人たちの活躍はほとんど取り上げられていません。

私は、４人の元連絡官にインタビューしました。そのうち、島静一氏と山田久就《ひさなり》氏とのインタビューをお伝えします。他の朝海浩一郎氏については**１７１頁**で示しました。藤崎萬里《まさと》氏については**２５６頁**で紹介します。

①**島静一**　のちにイラク大使、エクアドル大使など、１９１４年生まれ。（インタビュー実施日１９８４年２月23日）

島　私は、国会での審議の英訳を次の日の朝に届けなければならなかったので、国会をいわば住処《すみか》としていました。法制局の佐藤達夫さんとか佐藤功さんなどからメモが渡され、私たちが翻訳したものを翌朝の6時ごろに民政局の郵便受けに入れるのです。私のパートナーは民政局で国会関係を担当していたジャスティン・ウィリアムズ氏で、不明な点があれば私に直接電話で聞いてきました。こんな日が連日連夜、続いたのです。

総司令部がかかわる法案は、一字一句、どんな細かい点も、総司令部の同意が必要でした。このやりとりは、私を通じて行われました。総司令部としては、草案を自分たちがつくっておいて、あとの修正は日本側に任せるということは、どう考えてもあり得ないですね。総司令部がマスト・ビル（must bill ＝総司令部の要求に従わなければならない法案）としたものは「これは命令である」と脅かされたものです。私たちは屈しませんでした。そこで妥協が成り立つわけです。

当時、われわれ日本人に「内なる弱み」があったことは反省しなければならないと思いますね。パージ（公職追放）のときなど、「自分はパージの対象になったけれども、あいつは俺よりもっと悪かった」という投書が来るわけです。他人を貶める投書がどんどん来ますから、芋づるでした。

②**山田久就**　のちにソ連大使、衆議院議員として環境庁長官など、1907年生まれ。（インタビュー実施日1984年3月14日）

山田　私が終連中央事務局政治部長になったのは１９４６年７月26日のことなので、憲法改正問題は一段落をしていて、私が注力したのは公職追放に関する事案です。総司令部は、パージの対象者として町内会長やひらの取締役を含めましたので、私は総司令部と大げんかをしました。総司令部との交渉を私に任せられ、全閣僚が待っている中、対象からはずすのに成功したことを報告し、喜ばれました。

私のパートナーは、ケーディス氏でした。彼は非常に頭の切れる、いい意味の官僚でしたよ。総司令部の政策を誠実に実行しようとした。しかしながら、人の言うことをじっとよく聞き、問答無用という態度をとらなかった。そして決断したら、実行に移すのが早かった。総司令部との話し合いの中で、ケーディス氏は、敵国であるこちら側の意見が正しいと思えば、部下を抑え込みました。そんなリーズナブルな（道理をわきまえた）男でしたよ。その点、日本が一時期、満州などで占領地行政をしたときにとっていた軍部の態度とずいぶん違いましたね。

山田氏は私の義父と懇意の間柄で、私たちの結婚式には妻側の主賓としてスピーチをいただきました。また「自他一如」「逢福」としたためた2枚の色紙を賜りました。

ひらがな・口語体の発案者

現在、日本国憲法が、もしかしたら大日本帝国憲法と同じように、カタカナ・文語体で書かれていたかもしれなかったと想像できる人は、皆無でしょう。ところが、当時、日本国憲法をひらがな・口語体にしたことは「文化革命」だったのです。

１９４６年4月17日、政府が「憲法改正草案」をひらがな・口語体で発表したことについて、毎日新聞は「画期的」であると表現、朝日新聞、読売報知新聞もその斬新さを特筆大書しています。

このひらがな・口語体の発案者は、31歳の若き法制局参事官・渡辺佳英《よしふさ》氏であり、この時期に「国民の国語運動連盟」を結成していた高名な小説家・山本有三（本名・山本勇造、『女の一生』『真実一路』『路傍の石』などの作者）の支援を受けて実現したのです。

渡辺氏にインタビューを試みたのは、１９８４年2月18日のことです。

渡辺　あのね、最初に僕の立場を申し上げておきたいのは、憲法問題について僕は発言しないようにしてきたのです。いろいろな見方、考え方があるし、自分の仕事は終わったわけですから。終わったことはすっぱり忘れようと思っているのです。

西　お立場はよくわかりました。評価ではなく、事実関係として鮮明に記憶なさっている部分について、お話しいただければと思います。

渡辺　鮮明に記憶に残っている部分は、憲法の条文をひらがな・口語体にしたことです。入江俊郎・法制局長官にこの案を持っていったら、最初は少ししぶっておられたが、その後やる気になられて、法制局長官として自ら原動力となって推進された。

なぜひらがな・口語体にしたかというと、3月6日、政府が発表したカタカナ・文語体の「憲法改正草案要綱」を読んでみて、非常にわかりにくく、これはいかんと思った。「要綱」は日本側の意見も取り入れられているが、大部分は米国製である。内容をいまさら変えることはできないが、形式上は日本がイニシアティブをとれるのではないか。憲法は、国民の一人ひとりに読んでもらわなければならないのだから、わかりやすく、いわば新聞と同じような書き方にした方がいいのではないかと考えたのです。

西　ひらがな・口語体にすることについて、閣議などで抵抗はなかったのですか。

渡辺　それが何もないのですよ。幣原総理、吉田外務大臣などみなさんが賛成でした。やはり変革を求める意識が閣僚クラスに共有されていたという気がするのですね。ただGHQは、書き方を変えることによって、内容もごまかすのではないかと反対の立場をとりました。そのあたりは、佐藤達夫さんが衝《しょう》にあたりました。

GHQは、松本委員会は保守的であるという印象を持っていましたから、教育するという意味もあって、一字一句やかましかった。GHQの方から何かを変えようという提案がありましたが、それは日本側の意思で変えたという形式をとりました。ですから、GHQとすべて打ち合わせずみでこの憲法ができあがったのです。

何分にも天下の一大事ですから、自分が発案したという人が10人くらい出てきました。昨年、私はＮＨＫで私が発案したことを思いきって話しました。

西　山本有三氏とコンタクトをとられましたね。

渡辺　山本先生のご自宅に2度ほどうかがいました。参考までに口語体で書いていただきたいとお願いし、前文と第1条から第9条までを書いてもらいました。それを参考にしましたが、ともあれ、われわれ法制局で全文を書き改める作業を終えたわけです。それを閣議決定し、お礼ということで山本先生のところへ報告にうかがいました。いわば山本先生とそのグループの方で口語体にしたというかっこうをつくったのです。政府が勝手にやったということになると困りますから。悪くいえば、山本先生などを利用したのですね。このことはこれまで広く発言してきませんでした。

衆議院の審議における共産党の徹底反対

１９４６年４月10日、戦後はじめての衆議院議員総選挙が施行されました。選挙結果は、以下のとおり。日本自由党１４１人、日本進歩党94人、日本社会党93人、日本協同党14人、日本共産党５人、諸派38人、無所属81人、合計４６６人。日本自由党と日本進歩党の連立内閣が組織されました。

第90回帝国議会の開院式が6月20日に挙行され、6月25日、「帝国憲法改正案」が衆議院に上程、論戦が展開されます。

衆議院の審議において、特筆されるべきは、共産党の徹底的反対と社会党の張り切りぶりです。共産党は、資本主義の打破と天皇制の廃止を掲げ、最初から最後まで政府案に絶対反対の姿勢をくずすことはありませんでした。一方、社会党は、新憲法に社会主義の理念を導入するために力を尽くしましたが、多数の支持を得ることができず、最終的には、次善の策として、政府案に賛成票を投じました。

6月24日、共産党書記長・徳田球一は、わが国の憲政史上初めての共産党議員による発言として注目される中、衆議院本会議で熱弁をふるいました。

憲法よりも食糧を、これがわが党のスローガンである。また労働者、農民、一般人民諸君の叫びであるのである。これを無視してかかる資本家、地主、官憲の権力を固定化し、民主的革命の発展を阻害せんとしている。この事実、これは実に重大なると思うのである。

しかもこの憲法は戦犯者として追放された松本国務相の起草によるものである。

全国民が真にわれわれの憲法としてこれを設定すべきかどうかについて、十分なる討議をなすにあらずんば、憲法として議会の壇上に提出することはまかりならぬのである。これ（帝国憲法改正案）に対してわれわれは断乎《だんこ》と反対する。

6月25日に衆議院へ上程されると、共産党の志賀義雄議員が、議事延期の動議を提出、この緊急動議は否決されましたが、6月28日には、同党の野坂参三議員は「これは憲法ではなくて、小説である。非常に危険な新しい神秘説だ」と評するなど、同党の強固な反対姿勢は止むことがありませんでした。

8月24日、衆議院本会議で採決の日を迎えました。野坂議員は「現在の日本にとって、これ（第2章、9条案）は一個の空文にすぎない。日本共産党は、一切を犠牲にして、わが民族の独立と繁栄のために奮闘する決意をもっているのであります。要するに当憲法第2章は、民族の独立を危うくする危険がある。それゆえにわが党は、民族独立のためにこの憲法に反対しなければならない」などの反対理由を挙げ、次の語で結びました。

「われわれの数は少数であります。この草案がここに可決されることは明らかであります。それゆえにわれわれは、当憲法が可決された後においても、将来当憲法の修正について努力するの権利を保留して私の反対演説を終るしだいであります」

こうして、採決時に共産党議員全員（柄沢《からさわ》とし子、志賀義雄、高倉輝《てる》、徳田球一、中西伊之助《補欠当選》、野坂参三）が反対投票したことは、言うまでもありません。

共産党は、6月29日、「日本人民共和国憲法（草案）」を発表しています。現行憲法の9条に相当する条項は、次のようなものです。

第5条　日本人民共和国はすべての平和愛好諸国と緊密に協力し、民主主義的国際平和機構に参加し、どんな侵略戦争をも支持せず、またこれに参加しない。

この条項は「侵略戦争」を支持せず、これには参加しないことを明記していますが、自衛戦争については「民族独立のために」可能であると読むのが適切と考えられます。

共産党は、政府提出の日本国憲法案のすべてに賛同しませんでした。現在、同党は「日本国憲法のすべての条文をまもる」と公言しています。同じ政党とは、とても思われません。共産党は、その基本的な変節について、国民に十分な説明をしていません。「将来、当憲法の修正について努力する権利の保留」は、どうなっているのでしょうか。

社会党の片山哲・書記長は、6月21日、本会議において、民主主義と平和主義を徹底させるためには、政府案を相当広範囲に修正しなければならないとして、「好むと好まざるとにかかわらず、時代の必然は社会主義に向かう。きわめて健全に、きわめて建設的に、きわめて平和的に、無血革命を中心といたしまして進むものであると考えなければならないのであります」と発言しました。

社会党にとって、「時代の必然は社会主義に向かう」との前提のもとに、新憲法にはできるかぎり、社会主義の条項を書き込もうと考えたのです。

7月6日の衆議院特別委員会では、加藤シヅエ議員は、女性の立場から、母性を保護するための規定、妊婦、出産および育児について特別の保護、夫が死亡または夫に遺棄された場合の母子の利益保護、寡婦《かふ》（亡くなった夫の妻）の生活保障規定の導入を訴えました。

7月25日から開かれた、いわゆる芦田小委員会に際して、同党は「社会党の憲法改正修正案」を作成。家庭生活の保護、高等教育の国家保障、一般的生存権の保障、労働の権利と義務、失業防止、国民の休息権、老年・疾病・廃疾・寡婦などの生活保護、公共の福祉のための財産権の制限および収用、耕作権の保障、土地独占の禁止、公職就任の機会均等の権利、公務（名誉職を含む）に就く義務、納税および公共の役務負担の義務など、詳細な修正条項を盛り込みました。

同党から小委員会に送り込まれた鈴木義男、森戸辰男、西尾末廣の各議員は、これらの導入の必要性を力説、「すべて国民は健康にして文化的水準に適する最小限度の生活を営む権利を有する」は、語句の小さな修正を経て、現行憲法25条に結実しました。

8月24日の衆議院本会議での最終日、社会党が提案したいくつかの修正案は「起立少数」で否決されました。すると、その後に登壇した片山書記長は、態度を一変させ賛成演説を行いました。この民主的憲法を利用して、将来の憲法改正を視野に入れつつ、社会主義化の実現を図ろうという判断があったとされています。

はたせるかな、憲法改正に熱心に取り組んだ社会党の2人の議員の次の言葉に、本音があらわれています。

森戸辰男議員　新憲法が民主主義の徹底、わけても経済的基本人権の規定においていまだ不十分であることを国民に訴へ、適当な時機を捉えてこれが改正を図るべきである。

原彪《ひょう》議員　われわれは資本主義的社会を改革して、社会主義的社会建設を念願し、この理念を新憲法の中に盛り込もうとしたものである。この主張が新憲法の中に取り入れられなかったことは、われわれとして大きな不満を感じるものである。

憲法改正のための帝国議会が閉会してから40年近く経って、衆議院で憲法改正に向き合った人たちはほとんど生存していませんでした。日本進歩党に所属していた原健三郎議員のほかに、社会党議員として芦田小委員会で積極的に発言していた森戸辰男氏にコンタクトすべく、3月19日付で手紙を出したのですが、同年5月28日に逝去されたとの報に接しました。

原健三郎氏（1907年生まれ）は、帝国議会では衆議院特別委員会委員として憲法改正審議に参画、その後2000年まで20期55年間、衆議院議員の地位にありました（憲政の神様・尾崎行雄の在籍63年間に次ぐ歴代2位）。私がインタビューした4か月後に衆議院議長に就任、そのユーモアを交えた独特のスタイルは〃ハラケン〃の愛称で親しまれていました。（1986年3月11日にインタビュー実施）

西　衆議院における全体の雰囲気として、お感じになったことを教えていただきたいのですが。

原　審議の途中から英文の憲法草案が出てきました。これはいったいどこから出てきたのか金森（徳次郎・憲法担当国務大臣）さんに聞いたら、しどろもどろではっきり答えることができなかった。しかし、その英文の憲法案がＧＨＱから出てきていることは歴然としていますからね。英文の憲法があって、それを日本側が訳した。この一事をみても「押しつけ憲法」であることは間違いない。

はじめのころは、金森さんは日本人がつくったものであると言っていたが、つじつまが合わなくなって、しどろもどろにならざるを得なかった。金森さんの身になってみたら、国会とＧＨＱとの板ばさみで大変だったと思いますよ。

西　そのような「押しつけの事実」を、当時の議員たちは共有していたのでしょうか。

原　そう。「初めに英文ありき」が証明されてしまい、みんなにわかってしまったわけです。

西　先生は、特別委員会において「英文と比較すると、そのまずさが非常にはっきりするのであります。英文で書かれた憲法は非常に流暢で意味がよくわかる。けだし名文であります。しかるにこの日本文のいわゆる憲法草案は、まことにお粗末で、中学生の英文和訳のごとき感のある個所が随所にあります。一言にしてつくせば、けだし悪文であります。私はこういう悪文の草案を後世に残すことをはなはだ恥辱とするものであります」とおっしゃっていますね。

原　誰が英文を日本文に翻訳したのか、急いだためか、非専門家だったのか私は知らないが、至るところでいかがわしいところがある。

私は米国の大学（オレゴン大学大学院）を出ていたので、日本文と英文の違いがわかったのです。総司令部との関係で、こんなことがありました。私が日本進歩党の渉外部長をやっていて、農地改革が問題になったとき、地主にとっては大変なことだった。そこで私は、地主の負担を緩和できないかと交渉に出かけたことがあるが、「マッカーサー元帥が承認したものだから修正できない」。この一言で決まりだった。

貴族院での議論

8月24日に衆議院で議決された「帝国憲法改正案」が、2日後の26日、貴族院本会議へ上程されました。

貴族院は、皇族、華族（公爵、侯爵、伯爵、子爵、男爵）および勅任《ちょくにん》議員（勅選議員、帝国学士院会員議員、多額納税者議員）で組織され、衆議院と様相を異にしているのに、このときの貴族院は、雰囲気をがらりと一変させていました。

なぜならば、憲法審議のため、公職追放された勅任議員の穴を埋めるべく、何人かの学識者が補充されたからです。東京帝国大学からは総長の南原繁《なんばらしげる》（政治哲学）をはじめ、高木八尺《やさか》（米国政治史）、高柳賢三（英米法）、牧野英一（刑事法）、宮澤俊義（憲法）、我妻栄《わがつまさかえ》（民法）、京都帝国大学からは佐々木惣一（憲法）、さらに慶應大学からは浅井清（憲法）といったそうそうたる法学者、政治学者が貴族院議員として参加したのです。

8月26日から30日まで開かれた本会議は、さながら〝大学の教場〟と化した感があります。佐々木氏が2日間にわたり約7時間の質疑をしたのに対し、金森国務大臣が約2時間もその答弁に費やしたという記録的な一幕がありました。

私は、子爵として貴族院議員だった水野勝邦《かつくに》氏（１９０４年生まれ）に話を聞きました。（インタビュー実施日１９８６年12月８日）

水野　私は、明治憲法の改正時、貴族院で最大会派たる研究会の常務委員の地位にありました。常務委員会で、研究会が憲法審議にのぞむ姿勢として、以下の４項目を申し合わせました。①占領軍の対日方針をできるだけはっきりと、誤解が起こらないように、国民に伝える。②日本人の信念や国民の気持ちを端的に米国側に伝えるように努力する。そのために一時的な反感が起きるかもしれないが、将来の両国のよい関係が生まれることを期待して、卑屈にならないこと。③占領軍の対日処理に進んで協力し、円滑な推進を図ること。④占領軍の人々に努めて接し、敗戦国として卑屈にならないように心がけ、意思の疎通に役立つようにすること。

私たちは、消滅が決定している貴族院議員として、いわば最後の職責を遺漏なく全うすることを申し合わせたのです。そして各議員が一致協力して、その責務を果たしたと考えています。

水野氏は、貴族院廃止後、研究会の後身団体である尚友倶楽部の理事を務めました。その立場から、参考までにということで、尚友倶楽部『貴族院における審議資料　橋本實斐委員メモ』（１９７３年）、尚友倶楽部『貴族院における日本国憲法審議』（１９７７年）、尚友倶楽部『貴族院の会派研究会史　昭和篇』（１９８２年）を恵贈、その後、霞会館『貴族院職員懐旧談集』（１９８７年）、霞会館『貴族院と華族』（１９８８年）、尚友倶楽部調査室編『尚友ブックレット【貴族院】憲法改正案特別委員会小委員会筆記要旨――日本国憲法制定史の一資料――』（１９９６年）を手に入れました。いずれも非売品です。今日では、貴族院についてはほとんど知られていません。これらの刊行物は、貴重な資料と言えます。

貴族院の審議で最大の出来事は、文民条項の導入でした。このことについては、次章で詳述します。

もう一つの重要な出来事は、貴族院閉会日の10月6日、二つの修正案が提出されたことです。一つは、高柳賢三氏と山田三良《さぶろう》氏（東京帝国大学国際私法担当教授）を発議者とするもので、天皇の国事行為中、大使・行使の任命を「認証」するのではなく、天皇の名で「任命」すること、批准書や外交文書を「認証」するのではなく、天皇の名で「発給」することに改めようというものです。もう一つは、牧野英一氏と田所美治《よしはる》氏（文部次官などを歴任）の発議により、憲法改正草案24条に「家族生活は、これを尊重する」を加えるものです。

しかし、前者は賛成72票、反対２２８票、後者は賛成１６５票、反対１３５票で改正に必要な3分の2に達しませんでした。

ここに貴族院の審議において発言した2人の見解を紹介しておきます。一人は東京帝国大学総長の南原繁氏で、成立経緯に基本的な問題があるとして、8月27日の本会議において、政府を鋭く追及しました。要旨を記します。

「私どもは、日本政府がこの憲法の改正に対して、最後まで自主自律的に、自らの責任をもってこれを決行することができなかったことをきわめて遺憾に感じ、国民の不幸、国民の恥辱とさえ感じておるのでございます。この草案は、あたかも何かの都合で始め、ひとまず英文でまとめておいて、それを日本文に訳したごとき印象を与えるのであります。占領治下の暫定憲法ならいざ知らず、これをそのまま独立国家たる日本の憲法として、我々が子孫後代に伝えるに足る形式をはたして持っておるかどうか、わが国の立法技術者にはたしてその人がなかったのかどうか、これに関し政府の措置に大なる遺憾はなかったのか。事はひとり文体とその構造に関する問題にとどまりませぬ。それはすべて精神と内容に関しても同様です」

もう一人は宮澤俊義氏です。10月1日に開かれた非公開の帝国憲法改正案特別委員小委員会で、次の発言をしています。

「憲法全体が自発的に出来ているものではない。指令されている事実は、やがて一般に知れることと思う。重大なことを失ったあとで頑張ったところで、そう得るところはなく、多少とも自主性をもってやったという自己欺瞞にすぎない」

南原氏は、サンフランシスコでの対日講和条約の締結にあたり全面講和を主張し、多数国講和を進める政府を批判して、吉田総理から「曲学阿世《きょくがくあせい》」（学を曲げ、世におもねること）と言われたことで知られています。一般にリベラルと目されてきた南原氏が、最初に英文ありきの日本国憲法を「国民の不幸、国民の恥辱とさえ感じる」と断じたのです。

宮澤氏は、東京大学の憲法担当教授として戦後の憲法学をリードし、自ら護憲の立場をとり、護憲勢力に多大の影響を与えてきました。その宮澤氏が歴史に残る会議で発したキーワードが「非自発的」「非自主的」「自己欺瞞」です。南原氏の「国民の不幸、国民の恥辱」とともに、記憶にとどめられるべき言説と言えましょう。

日本国憲法の〝保護観察期間〟

１９４６年10月17日、極東委員会で重大な政策決定が採択されました。以下のようなものです。

日本国民が、新憲法の施行後、同憲法を再検討する機会をもつために、また極東委員会が、新憲法はポツダム宣言その他の占領管理文書の条件を充足していることを確信するために、同憲法施行後1年以上2年以内に、国会によって再審査することを決定する。また極東委員会も、同一期間内に新憲法を再審査するであろう。極東委員会は、新憲法が日本国民の自由な意思の表現であるかどうかを決定するにあたり、国民投票その他の適当な手続きをとることを要求することができる。

要するに、極東委員会は、新憲法を暫定的なものととらえ、完成品になるには、施行後1年ないし2年の間に、国会、極東委員会、そして場合によっては国民投票による承認を得なければならないと考えたのです。いわば〝保護観察期間〟を設定したわけです。

なぜ極東委員会は、このような期間を設けたのでしょうか。極東委員会は、日本国憲法が連合国総司令部主導でつくられていくことを苦々しく思っていました。そこで極東委員会は、再審査により主導権を得ようと考えたのです。最後に一矢を報いたのです。

日本国憲法の成立について、1947（昭和22）年5月3日に施行されたことをもって、エンディングとしていますが、決してそうではありません。

極東委員会は、1949年1月、マッカーサーに対して、再審査のためのいかなる情報をも歓迎するという内容の文書を送付しました。これに対してマッカーサーは「新しい憲法は、次第に国民固有の誇りの源泉になってきている。私の意見が望まれるとすれば、現時点で憲法の再審査を日本国民に強制するためのいかなる行動も、連合国によってとられるべきではないということである」と返信、さらに同年3月、マッカーサーから極東委員会に対して、以下の文書が送られました。

「現時点で憲法を公的に再審査するということになれば、日本国憲法に対する信頼を損なうことになるし、日本の指導者たちは、この2年間でようやく獲得した憲法の安定性を完全にひっくり返してしまうことになるだろうと感じている」

極東委員会では施行から2年を経た1949年5月、憲法について若干の疑義を呈する決定を採択しましたが、それ以上にマッカーサーを深追いすることはしませんでした。いわば自然承認というかたちになったのです。

こうして2年間の〝保護観察期間〟は、ひっそりと解除されました。しかしこれによって、「日本国憲法」は外国勢力のくびきから完全に解放されたのです。

「押しつけ性」は否めない

以上の成立過程をいかに総括するか。私は2000（平成12）年2月24日に開催された衆議院憲法調査会において、最初の参考人として以下のように総括しました。

日本国が敗戦を認めたのは、昭和20年8月14日のことである。大日本帝国憲法改正の序曲は、このときから静かに奏でられたといえよう。敗戦国の当然の運命として待っていたのは、占領国からの数限りない指令であった。憲法改正の動きも、このような運命の中で進行していった。それは、マッカーサー連合国最高司令官の示唆で始まり、総司令部案の提示によって急転し、極東委員会の監視の下で展開し、マッカーサー元帥の承認によって、効力を発した。

憲法制定の全過程を鳥瞰してみると、連合国総司令部の作った舞台の上で、極東委員会の監視の中、日本国政府および国会議員らがそれぞれの役回りを演じていたように思われる。そして、米国紙、クリスチャン・サイエンス・モニター（1946年3月8日付）の次の記述などを引用して、「押しつけ性」は否めないことを論じました。

日本政府は近代民主制の最新式制度を全部取り入れたみごとな新憲法を発表した。しかしこれは全く価値なきものである。実際これは日本国民に対してのみならず、アメリカの新聞を賑わすために提供された美しい玩具であって、しかも罠となる恐れがある。

草案自体にはなんらの難点はないが、これをもって日本の憲法である、これにより日本は民主的な平和愛好国となるという主張は問題にならない。これは日本の憲法ではない――日本に対するアメリカの憲法である。

もちろん数千の日本自由主義者は憲法の字句を了解し、これを遵守せんとしているであろう。しかし日本の自らの経験からこの憲法を作り上げたのではない。この憲法の重要事項に日本の現実から生まれた思想は一つもない。

ただし、いわゆる松本委員会案が当時の世界の憲法動向に目を向け、広い視点から弾力的に対応しなかったことが、米国などからつけ入る隙を与えたという事実にも着目しなければなりません。

図6　インタビューなどに応じていただいた人たち

※かっこ内は、米国人については、出身校、総司令部案作成時におけるGHQでの階級、所属委員会、帰国後の地位など、日本人については、略歴を記載した。
＊印はインタビューの関連内容。

1984（昭和59）年	
1月26日	岩倉規夫（内閣官房会計課長、のちに初代国立公文書館館長） ＊松本委員会との関連
1月27日	藤崎萬里（外務省入省、終連中央事務局、のちに最高裁判所判事） ＊終連中央事務局での活動内容
2月2日	朝海浩一郎（外務省入省、終連中央事務局、のちに駐米国大使） ＊終連中央事務局での活動内容
2月18日	渡辺佳英（法制局参事官、のちに中小企業金融公庫総裁） ＊ひらがな・口語体のいきさつ
2月20日	幣原道太郎（幣原喜重郎総理大臣長男、獨協大学教授） ＊9条の発案者について
2月23日	島静一（外交科試験合格、終連中央事務局、駐イラク大使） ＊終連中央事務局での活動内容
3月1日	降旗徳弥（幣原喜重郎総理秘書官、国務大臣、電話にて） ＊9条の発案者について
3月5日	木内四郎（内閣副書記官長、国務大臣）　＊9条の発案者について
3月8日	増田甲子七（福島県知事、国務大臣）　＊9条の発案者について
3月14日	山田久就（外務省入省、終連中央事務局、国務大臣） ＊終連中央事務局での活動内容
3月20日	村田聖明（ニッポン・タイムズ社員、ジャパン・タイムズ常務） ＊9条の発案者について
3月23日	押谷富三（大阪府議、衆議院議員、政務次官） ＊9条の発案者について
3月24日	リチャード・B. フィン（ハーバード大学ロー・スクール、極東委員会米国代表団）　＊極東委員会との関係
4月3日	ロバート・E. ウォード（スタンフォード大学、海軍情報部、カリフォルニア大学で博士号、スタンフォード大学フーバー研究所所長） ＊「天皇の身体」との関係

9月27日	松本重治（近衛文麿ブレーン、国際文化会館理事長） ＊近衛文麿の活動内容
10月13日	大石義雄（佐々木惣一教授助手、京都大学教授） ＊佐々木惣一の活動内容

1986（昭和61）年	
1月28日	デイル・M. ヘレガース（日本国憲法成立過程の研究者、書簡にて） ＊意見交換
1月31日	奥野誠亮（内務官僚、国務大臣）　＊帝国議会の雰囲気 細川隆元（朝日新聞編集局長、社会党議員、政治評論家、電話にて） ＊帝国議会の雰囲気
2月7日	門司亮（日本社会党結成に参加、衆議院議員） ＊帝国議会の雰囲気
2月12日	竹本孫一（片山哲総理大臣秘書官、衆議院議員） ＊帝国議会の雰囲気 和田一仁（西尾末廣衆議院議員秘書、衆議院議員） ＊帝国議会の雰囲気
2月13日	佐藤玖美子（佐藤達夫長女、駒澤大学教授）　＊佐藤達夫の人柄 佐藤紀子（佐藤達夫次女、富山県高岡市長夫人、電話にて） ＊佐藤達夫の人柄
3月11日	原健三郎（衆議院議員、衆議院議長）　＊帝国議会での活動内容
3月26日	フランク・リゾー（ジョージ・ワシントン大学修士、陸軍大尉、財政に関する委員会）　＊GHQ民政局での憲法草案起草内容
4月28日	トーマス・L. ブレークモア（ケンブリッジ大学、国務省、GHQ法務部、電話にて）　＊GHQでの活動内容
12月8日	水野勝邦（貴族院議員、立正大学教授）　＊貴族院の雰囲気

1987（昭和62）年	
9月20日	ロバート・A. フィアリー（ハーバード大学、国務省極東局北東アジア部日本課　書簡にて）　＊マッカーサー草案の準備内容
期日無限定　中川融（外務省入省、国連大使、駒澤大学教授）　＊当時の外務省における雰囲気など／林修三（大蔵省入省、内閣法制局長官、駒澤大学教授）　＊当時の法制局における雰囲気など	

以上47人

4月6日	ハンス・H. ベアワルト(カリフォルニア大学、民政局公職追放課、帰国後カリフォルニア大学で博士号、カリフォルニア大学教授) ＊「戦争放棄」のとらえ方
4月～9月	セオドア・マクネリー（ウィスコンシン大学、GHQ 民間諜報局情報分析官、帰国後コロンビア大学で博士号取得、メリーランド大学教授） ＊私の受け入れ教授として、日本国憲法の成立過程全般
6月16日	オズボーン・ハウゲ（セント・オラフ大学、海軍中尉、立法権に関する委員会）＊GHQ民政局での憲法草案起草内容
7月9日	リチャード・A. プール（ハーバーフォード大学、海軍少尉、天皇等に関する委員会）＊GHQ民政局での憲法草案起草内容
7月26日	ジャスティン・ウィリアムズ（アイオワ大学で博士号、民政局立法課長） ＊GHQ民政局メンバーとしての所見
10月18日	ベアテ・シロタ・ゴードン（ミルズ大学、人権に関する委員会） ＊憲法草案に女性の権利条項を導入した背景
11月4日	ミルトン・J. エスマン(プリンストン大学で政治学博士、陸軍中尉、行政権に関する委員会）＊GHQ民政局での憲法草案起草内容
11月13日	チャールズ・L. ケーディス（ハーバード大学ロー・スクール、陸軍大佐、民政局次長、運営委員長）＊運営委員長としての全体的内容 ジョン・M. マキ（ワシントン大学、民政局〈46年2月～8月〉、帰国後ハーバード大学で博士号、マサチューセッツ大学教授） ＊GHQ での活動内容
11月28日	A（匿名希望）＊9条の和文英訳を担当

1985（昭和60）年	
2月1日	セシル・G. ティルトン(ハーバード大学ビジネス・スクール、陸軍少佐、地方行政に関する委員会）＊GHQ民政局での憲法草案起草内容
3月23日	ジョージ・A. ネルスン（ロックフェラー財団研究員、陸軍中尉、天皇等に関する委員会）＊GHQ民政局での憲法草案起草内容
8月6日	石黒武重（法制局長官、国務大臣）＊松本委員会との関係
8月16日	古井喜実（松本烝治委員会嘱託、国務大臣） ＊松本委員会との関係
8月23日	マーセル・グリリー（コロンビア大学、民間情報教育局から民政局へ移動）＊GHQ民政局での活動内容
9月16日	諸橋襄（枢密院書記官長、帝京大学法学部長） ＊枢密院での活動内容

コラム❷　日本国憲法成立秘話

①11条と97条が似ているワケ

日本国憲法の11条と97条の二つの条項は、非常によく似ています。

憲法11条　国民は、すべての基本的人権の享有を妨げられない。この憲法が国民に保障する基本的人権は、侵すことのできない永久の権利として、現在及び将来の国民に与へられる。

憲法97条　この憲法が日本国民に保障する基本的人権は、人類の多年にわたる自由獲得の努力の成果であつて、これらの権利は、過去幾多の試練に耐へ、現在及び将来の国民に対し、侵すことのできない永久の権利として信託されたものである。

実は97条の原案は、連合国総司令部（GHQ）で日本国憲法原案作成の責任者のコートニー・ホイットニー民政局長（准将）が自ら発意したのです。ホイットニーは、自分が発案した条項を誇らしく思い、民政局員に自慢していました。

ＧＨＱは日本側の要求をチェックする立場にありましたが、97条については、ＧＨＱ側からホイットニー局長の原案をなんとか入れてほしいと頼まれたのです。日本側との話し合いにより、当初の文言に手を入れて10章「最高法規」に導入されました。それゆえ、97条はホイットニー局長に花を持たせるためにできた条文なのです。

②「マッカーサー3原則」の真相

ＧＨＱでマッカーサー草案を作成するにあたり、その指針になったのが１９４６年２月３日に提示されたマッカーサー・ノートの「マッカーサー３原則」と言われるものです。

①天皇は国家元首の地位にあり、その権能は憲法にもとづくこと。
②戦争放棄条項。
③封建制度の廃止、予算の型はイギリスにならうこと。

③には違った二つの原則が入れられており、正確には４原則と言うべきです。

民政局で「国会」の章を担当したオズボーン・ハウゲ海軍中尉は、自分の記憶では１院制も原則の一つに入っており、合計半ダースはあったのではないかと私に語りました。上記の３原則は、マッカーサー草案作成のための運営委員長だったチャールズ・Ｌ・ケーディス陸軍大佐らが、のちに記憶にもとづいて作成したものです。

ケーディス氏が、ある日ホイットニー局長に原典を見せてほしいと言ったところ、「息子が引っ越しのときに失くした」がその答えでした。ホイットニーJr.が重要性に気づいていたら、史実を正確に残せたものを……。

③憲法の用字がひらがな・口語体になったが

日本国憲法が、ひらがな・口語体で書かれたことが「画期的」であったことは、本文で述べました。しかしながら、公布時に使われていた用字は、公布から78年になろうとする現在、非常に古くなっています。

たとえば、日本国憲法前文の前に記されている上諭《じょうゆ》（天皇が国民に下された言葉）の原文には「日本國民の總意」「樞密顧問官」「帝國議會」との語があります。市販の六法全書には、それぞれ「日本国民の総意」「枢密顧問官」「帝国議会」に改められています。これは改ざんではないでしょうか。

一方、ひらがなはそのままです。前文から拾うと「ないやうに」「努めてゐる」「思ふ」「法則に従ふ」「立たうとする」「誓ふ」などの表現があります。およそ現代では使われていません。また「よつて」「あつて」という具合になっており、促音（小さな「っ」）になっていません。

「日本国民は、日本国憲法に従わなければならない」と言われますが、日本国民は誰も「日本國憲法」の用字に従っていません。このことをどう考えたらいいのでしょうか。

④GHQは法制局人事にも干渉

本文にひらがな・口語体の発案者が若き法制局参事官・渡辺佳英だったことを述べました。渡辺氏の先輩として、宮内乾《みやうちいぬい》・法制局参事官がいました。宮内氏は、「頭脳明晰、なかなかの論客であり、軍人たちを向こうにまわして『陸軍大臣腹を切れ』とたんかをきったというような快男児で、法制局の至宝であるとともに役人仲間の名物男でもあった」（佐藤達夫『日本国憲法誕生記』中公文庫、１９９９年、傍点は佐藤）。

ＧＨＱに対しても、臆することなくずけずけと物を言いました。ＧＨＱは、宮内参事官を含む13人を指名して「法律職についてはならない」という部分的パージ（追放）を断行。長官の佐藤達夫と最新参の一人を除き、すべてＧＨＱの方針によって、他の役所への転出を強要しました。

法制局は、内閣の法解釈をつかさどる重要な役所です。ＧＨＱは、目障りな行動をする法制局の人事にまで干渉していたのです。宮内氏は転出後、目の前の業務処理に奔走していましたが、胸部疾患のため、憲法が施行された翌年の５月３日に不帰の人となりました。享年42。

⑤マッカーサー元帥の極東委員会および連合国対日理事会に対する批判

日本国憲法を成立させるには、本文で述べたように、ワシントンDCに設置された対日占領国11か国からなる極東委員会の同意を得る必要がありました。東京には、連合国最高司令官に助言・示唆することを任務とする連合国対日理事会が設置されました。同理事会は、米国、英連邦（オーストラリアが英国、オーストラリア、ニュージーランド、インドを代表して出席）、ソ連および中国（国民政府）で組織されました。マッカーサー元帥は、これらの機関とまったくそりが合いませんでした。

元帥の『回想録』には、以下の記述があります。

「極東委員会は、単なる討論会の域をほとんど出なかったし、その衛星機関たる連合国対日理事会からは、建設的な意見が出たことは一度もなかった。この機関がおこなった唯一のことは、じゃまをすることと、悪口をまき散らすことだった」

特に連合国対日理事会のメンバーだったソ連代表のグズマ・デレビヤンコ中将に対しては「脳なしで、粗野で無礼で知性がない。折りあるごとに私をののしり、暴言を吐く」と語っています。米ソの関係悪化は、こんなところにも影響をおよぼしていたのです。

コラム❸　インタビュー時の出来事

①ティルトン氏へのインタビュー

本文に書きましたように、GHQ民政局で日本国憲法草案を作成した8人にインタビューをしました。そのうち、ティルトン氏とのインタビューは忘れられません。

まず住居。私はアメリカ西海岸に面するサンフランシスコ郊外に住む知人宅で一泊し、東海岸側のメリーランドへ着いたのち、住所を調べ、また大陸を横断してティルトン宅を訪れたら、なんと知人宅から見えるほどの近距離。事前に十分な調査をしておけば、費用も安くあがり、時間もずいぶん短縮することができただろうと反省した次第です。

ティルトン氏はひとり暮らしで、ホテルへ泊まるのはもったいないから、わが家へ泊まれと言って、ホテルまで同行し交渉してくれました。夕方には近くのレストランへ行くことになったのですが、暗くなると目が見えなくなるというので（面会時は83～84歳）、私が運転することに。

ところが典型的なアメ車の中古車。現在の自動式とは違って、ブレーキとアクセルを調整しなければなりません。運転席に座っても、足がとどきません。アクセルを踏むと勢いよく発車、あわててブレーキを踏むと、身体が前につんのめりストップ。ティルトン氏から、しっかりしろと足を蹴飛ばされる始末。体を張った取材でした。

②ネルスン氏へのインタビュー

「天皇」の章などを担当したプール氏から、おなじ小委員会委員だったネルスン氏の住所を教えられました。ネルスン氏に手紙を出したところ、非常に辺鄙《へんぴ》なところなので、近くにホテルがなく、自宅に泊まるようにとの返信がありました。

事実、自宅へ着くには、フランスはパリのオルリー空港からペリグー空港までプロペラ機で約2時間のフライト、さらに自宅まで車で約1時間を要しました。築200年の古い館《やかた》にご夫人と2人で生活されていました。夕方には、コウモリがバタバタと旋回していました。

1泊して、翌日にインタビューを実施、終了後、36枚撮りのフィルムが切れていることに気づき（現在のデジカメやスマホなどは存在していなかった）、近所に写真屋がないかと尋ねたところ、「ない」との返事。せっかくフランスの片田舎まで来て写真を撮ることができないという失態を演じました。

また録音のテープを巻き戻したとき、暫時、声が切れてしまったという失敗もしました。その部分については、のちほど、手紙で回答をもらい、なんとかカバーしました。

第5章　憲法9条の正しい解釈への模索

日本国憲法9条の成立過程の研究

日本の憲法論議といえば、9条が中心になることが定番です。さて、9条を読んで、わが国は自衛のためならば戦力を保持することができるでしょうか。それとも、自衛隊は違憲の存在なのでしょうか。

ここで改めて日本国憲法第9条と、関連する第66条2項を見てみましょう。

〔日本国憲法〕

第2章　戦争の放棄

第9条　日本国民は、正義と秩序を基調とする国際平和を誠実に希求し、国権の発動たる戦争と、武力による威嚇又は武力の行使は、国際紛争を解決する手段としては、永久にこれを放棄する。

② 前項の目的を達するため、陸海空軍その他の戦力は、これを保持しない。国の交戦権は、これを認めない。

第66条② 内閣総理大臣その他の国務大臣は、文民でなければならない。

9条の解釈について、学説を細かくみると、次のように分類することができます。

A 自衛のための戦争を含め、いっさいの戦争を放棄し、またいかなる戦力の保持も認められない。

B 自衛のための戦争は放棄されておらず、自衛の手段としての戦力保持は禁じられていない。

C いっさいの戦争は認められないが、自衛権の発動としての武力行使は認められる。「戦力」の保持は認められないが、「武力」の保持は認められる。

D 自衛のための抗争は放棄していないが、陸海空軍その他の戦力の保持は認められない。「戦力」に至らない「必要最小限度の実力組織」によって、自衛権を行使することは可能である。

E　世論の変化などにより、憲法9条のもともとの意味が変わり、いまでは自衛力の保持は認められるようになった。

F　9条は、法的というよりも政治的な宣言としての意味を持つものである。

G　自衛隊は、憲法上厳密に解釈すれば違憲の存在であるが、国会を通過しているので、合法の存在とも言える。

なんだか目が回りそうですね。

政府は、Dの解釈をとっています。2014（平成26）年7月1日に限定的な集団的自衛権を認めたあとの現在の政府解釈を記します。

「憲法第9条は、我が国に対する武力攻撃が発生した場合のほか、我が国と密接な関係にある他国に対する武力攻撃が発生し、これにより我が国の存立が脅かされ、国民の生命、自由及び幸福追求の権利が根底から覆される明白な危機がある場合における我が国が主権国として持つ固有の権利まで否定する趣旨のものではなく、自衛のための必要最小限の実力を行使することは認められているところである。

同条第2項は、『戦力の保持』を禁止しているが、自衛権の行使を裏付ける自衛のための必要最小限度の実力を保持することまでも禁止する趣旨のものではなく、この限度を超える実力を保持することを禁止するものである。

我が国を防衛するための必要最小限度の実力組織としての自衛隊は、憲法に違反するものではない」（『憲法関係答弁例集（第9条・憲法解釈関係）』平成28年9月　内閣法制局　解説　駒澤大学名誉教授・西修、内外出版、２０１７年）。

しかし、この政府解釈には、たとえば次のような致命的な欠陥があります。

・いまや世界で有数の国防力を誇る自衛隊を「戦力ではない」と解釈していること。
・9条2項冒頭の「前項の目的を達するため」を、1項全体の目的、すなわち侵略のための戦争や武力による威嚇および武力行使を放棄することではなく、1項冒頭の「正義と秩序を基調とする国際平和を誠実に希求」するためと限定的にとらえていること。
・極東委員会の要求により、66条2項が導入された経緯についてまったく言及していないこと。

憲法9条を正しく解釈するには、9条はいかなる過程を経てできあがったのかを正確に知ることが不可欠です（**図7**）。以下で要点を説明します（詳しくは前掲『日本国憲法成立過程の研究』）。

第1段階・マッカーサー・ノート第2原則

１９４６年2月3日に提示された9条の原案たるマッカーサー・ノートの第2原則は、次の

図7　日本国憲法第9条導入の経緯

1946（昭和21）年

2月3日　「マッカーサー・ノート」（第2原則）「①国の主権的権利としての戦争は、廃止する。日本は、紛争を解決するための手段としての戦争、および自己の安全を保持するための手段としてさえも、戦争を放棄する。日本は、その防衛と保護を、いまや世界を動かしつつある崇高な理想に委ねる。②いかなる日本の陸海空軍も決して認められず、またいかなる交戦権も、日本軍隊に対して与えられない」。

2月4日～12日　総司令部で検討、戦争放棄条項を第1条に置くことも考えられたが、最終的に第8条に設定された。民政局次長のケーディス大佐が「自己の安全を保持するための手段としての戦争」の部分を削除、「自衛戦争の放棄」まで盛り込むのは「非現実的」と思ったから。また「戦争の廃止」に加えて「武力の威嚇または武力の行使の放棄」が加えられた。

2月13日　「総司令部案」（「マッカーサー草案」）が日本側に提示される。第8条「①国の主権的権利としての戦争は、廃止する。武力による威嚇または武力の行使は、他国との間の紛争を解決するための手段としては、永久に放棄する。②陸海空軍その他の戦力は、決して認められることはなく、また交戦権は、国家に対して決して与えられることはない」。

3月2日　「総司令部案」を基礎にした改正案「3月2日案」を作成、戦争放棄条項は第9条に位置づけられる。「総司令部案」では、「戦争の廃止」と「武力による威嚇または武力の行使の放棄」が二文に分けて規定されていたが、「戦争ヲ国権ノ発動ト認メ武力ノ威嚇又ハ行使ヲ他国トノ間ノ争議ノ解決ノ具トスルコトハ永久ニ廃止ス」と一文にまとめられる。

3月4日　「3月2日案」を総司令部へ提出。

3月6日　「憲法改正草案要綱」を発表。

4月17日　「憲法改正草案」を作成。ひらがな・口語体に。

6月25日　「帝国憲法改正案」を衆議院に上程。

8月1日　衆議院第7回小委員会でいわゆる芦田修正が成立する。1項冒頭に「日本国民は、正義と秩序を基調とする国際平和を誠実に希求し、」を、また2項に「前項の目的を達するため、」が追加される。

8月24日　衆議院本会議で芦田修正が可決される。

［西修著『日本国憲法成立過程の研究』（成文堂、2004年）を基に作成］

ようなものです。

「国の主権的権利としての戦争は、廃止する。日本は、紛争を解決するための手段としての戦争、および自己の安全を保持するための手段としてさえも、戦争を放棄する。日本は、その防衛と保護を、いまや世界を動かしつつある崇高な理想に委ねる。

いかなる日本の陸海空軍も決して認められず、またいかなる交戦権も、日本軍隊に対して与えられない」

ここで特に注目されるのは、マッカーサー元帥が戦争には「紛争を解決するための手段としての戦争」と、「自己の安全を保持するための手段としての戦争」の二種類あると考え、そのいずれも放棄しなければならないと明記していたことです。

実は、前者の「紛争を解決するための手段としての戦争」は、マッカーサー元帥の独創案ではありません。1928年の不戦条約（パリ不戦条約、または提唱者の名前をとってケロッグ・ブリアン条約とも言われる）1条に規定されていました。

不戦条約1条　締約国は、国際紛争を解決するために戦争に訴えることを非とし、かつその相互関係において国家の政策の手段としての戦争を放棄することをその人民の名において厳粛に宣言する。

この不戦条約は、1928年8月、米国、英国、日本など15か国の署名を得て発効し、最終的には63か国により締結されました。これらの締結国には「国際紛争を解決するための戦争」とは「侵略戦争」を意味し、「自衛戦争」は含まれないという共通認識がありました。

マッカーサー元帥も、当然そのことを知っていました。そのうえで「自己の安全を保持するための手段」としてさえも、戦争を禁じたのです。これによって、自衛のためであっても、戦争はできなくなったのです。

第2段階・ケーディス大佐の修正

総司令部民政局においてこのマッカーサー・ノート第2原則に修正を加えたのが、先述した運営委員長のケーディス大佐です。ケーディス大佐は、次のように修正しました。

「国の主権的権利としての戦争は、廃止する。武力による威嚇または武力の行使は、他国との間の紛争を解決するための手段としては、永久に放棄する。

陸海空軍その他の戦力は、決して認められることはなく、また交戦権は、国家に対して決して与えられることはない」

この修正の特色は、マッカーサー・ノートにあった「および自己の安全を保持するための手段としてさえも」の部分を削除したことと、「武力による威嚇または武力の行使」を加えたことにあります。

以下は、先述した1984年11月13日の私とケーディス氏との問答です。

西　あなたは、マッカーサー・ノート第2原則に定められていた自衛戦争を含む全面的な戦争放棄を、侵略的な戦争のみを放棄する部分的な戦争放棄に変更なさったということですが、事実でしょうか。

ケーディス　そのとおりです。私は、マッカーサー・ノートが書かれていた〝黄色い紙〟の「自己の安全を保持するための手段としてさえも、戦争を放棄する」という文言を削除しました。私は、どの国家にも「自己保存の権利」があると思っていました。日本は、他国の軍隊に上陸された場合、自らを防衛することは当然できるはずです。ただ座して死を待ったり、侵略者にわがもの顔でのし歩かせる必要はないわけでしょう。

西　あなたが削除した「自衛戦争の放棄」は、もともとマッカーサー・ノートにありました。それは、マッカーサー元帥自ら、あるいは元帥の指示によっ

チャールズ・L.ケーディス夫妻と筆者（中央）（1984年11月撮影）

て書かれたものです。あなたが削除したことについて、元帥はどのような反応を示したのでしょうか。

ケーディス　私は、一介の大佐です。ファイブ・スターズの元帥に直接にものが言える立場にありません。ホイットニー将軍が間に入っています。その後、私の削除どおりに進んできましたので、元帥の承認を得たものと判断しました。

西　あなたはマッカーサー・ノート第2原則をみて、1928年の不戦条約（ケロッグ・ブリアン条約）を思い浮かべられたそうですが、この条約は侵略戦争を放棄しているけれども、自衛戦争は放棄していませんね。

ケーディス　はい。その条約が1928年に署名されたとき、私は深い印象を受けました。そのとき私はロー・スクールに在籍していましたが、「これで平和の時代がやって来る」と思ったものです（笑い）。マッカーサー・ノートには「いかなる日本の陸海空軍も決して認められない」と書かれていました。私はそれに「その他の戦力」という字句をつけ加えたのです。ですから、ケロッグ・ブリアン条約より進んだものになりました。

西　「その他の戦力」にどんな意味をもたせようとなさったのですか。

ケーディス　政府の兵器製造工場あるいは他国に対し戦争を遂行するときに使用されうる軍需工場のための施設という意味で加えたのです。ところが金森徳次郎・憲法担当国務大臣は「戦争はその他の戦力なくしては遂行されえないから、9条2項の効果は、防衛戦争さえ行うことができないものである」と結論付けました。

西　あなたは、「戦争」のみならず、「武力による威嚇または武力の行使」も放棄するように明記されました。それはどうしてですか。

ケーディス　たしかケロッグ・ブリアン条約か国連憲章にそのような表現があったように思います。当時それを見ることができず、いまも持ち合わせていませんので確認することができません。

※国連憲章2条4項　すべての加盟国は、その国際関係において、武力による威嚇または武力の行使を、いかなる国の領土保全または政治的独立に対するものも、また、国際連合の目的と両立しない他のいかなる方法によるものも慎まなければならない。

西　「国の交戦権」をどのように考えていらしたのでしょう。

ケーディス　その用語の意味は、わかりませんでした。いまでもわかりません。芦田均氏が例の芦田修正を持参したとき、私は即座にOKしましたが、もしも「国の交戦権」の語を削除したいという申し入れがあったら、それにもOKしていたでしょう。

第3段階・芦田修正

芦田修正とは、帝国議会に設置された衆議院帝国憲法改正案委員小委員会（非公開）で、委員長の芦田均《ひとし》（のちに内閣総理大臣）が加えた修正のことを言います。政府は、1946年6月25日、衆議院へ次の帝国憲法改正案を上程しました。

「国の主権の発動たる戦争と、武力による威嚇又は武力の行使は、他国との間の紛争の解決の手段としては、永久にこれを抛棄する。

陸海空軍その他の戦力は、これを保持してはならない。国の交戦権は、これを認めない」

この政府案が、8月1日の第7回小委員会で重大な修正を受けました。それが芦田修正と言われるものです。そしてこの芦田修正は、衆議院本会議および貴族院本会議で可決され、本章の冒頭に掲げた現行の9条そのものになったのです。

芦田修正のポイントは、1項に「日本国民は、正義と秩序を基調とする国際平和を誠実に希求し、」の語を導入したことと、2項冒頭に「前項の目的を達するため、」を追加したことです。特に解釈上、重大な意味を持つのは2項冒頭の字句です。なぜならば、「前項の目的」とは何かをはっきりさせる必要があるからです。

この点について、芦田氏は日本国憲法が公布された1946年11月3日付で『新憲法解釈』（ダイヤモンド社）を刊行しています。次のように書かれています。

「第9条の規定が戦争と武力行使と武力による威嚇を放棄したことは、国際紛争の解決手段たる場合であつて、これを実際の場合に適用すれば、侵略戦争といふことになる。従つて自衛のための戦争と武力行使はこの条項によつて放棄されたのではない。又侵略に対して制裁を加へる場合の戦争もこの条文の適用以外である。これ等の場合には戦争そのものが国際法の上から適法と認められてゐるのであつて、1928年の不戦条約や国際連合憲章に於ても明白にこのことを規定してゐるのである」

また、芦田氏は1957（昭和32）年12月5日、内閣に設けられた憲法調査会で証言しています。

「私は第九条の二項が原案のままではわが国の防衛力を奪う結果となることを憂慮いたしたのであります。それかといってGHQはどんな形をもってしても戦力の保持を認めるという意向がないという判断をしておりました。そして第二項の冒頭に『前項の目的を達するため』という修正を提議した際にもあまり多くを述べなかったのであります。特定の場合に武力を用いるがごときことばを使えば当時の情勢においてはかえって逆効果を生むと信じておりました。修正の辞句はまことに明確を欠くものでありますが、しかし私は一つの含蓄をもってこの修正を提案いたしたのであります。『前項の目的を達するため』という辞句をそう入することによって原案では無条件に戦力を保有しないとあったものが一定の条件の下に武力を持たないということになります。日本は無条件に武力を捨てるものでないことは明白であります。これだけは何人も認めざるを得ないと思うのです。そうするとこの修正によって原案は本質的に影響されるのであって、したがって、この修正があっても第九条の内容には変化がないという議論は明らかに誤りであります」

芦田均氏は、東京帝国大学法学部仏法科を卒業後、高等文官試験外交科に合格、ロシア、フランス、トルコ、ベルギーの各国で外交官として精力的に活躍しました。その間、1929年には東京帝国大学から法学博士を授与され、翌年、その成果が『君府海峡通行制度史論』（巌松堂書店）とのタイトルで出版されています。一方で生来の文学好きで、夏目漱石門下生の安倍能成《よししげ》（文部大臣、学習院院長などを歴任）、小宮豊隆（ドイツ文学者、文芸評論家）、谷崎潤一郎（小説家）らとともに新しい文学活動に参加していました。そのような豊かな国際感覚と学識を有していたことから、上記の言説には傾聴すべき意義があると考えられます。

他方で芦田氏の言説はいわば後付けの理屈であって、当初は自衛戦争の放棄を考えていたとする見方もあります。いずれが芦田氏の本音であったか。ここで詮索するよりも、この芦田修正が与えたＧＨＱの雰囲気の変化、とりわけ極東委員会に非常に大きな影響を与えたという事実を知ることが肝要です（**260頁「第4段階・文民条項の導入」**参照）。

この芦田修正について、これを受け入れたケーディス氏の思いを紹介しましょう（前記インタビューの続き）。

西　提出された芦田修正をご覧になって、あなたは躊躇《ちゅうちょ》することなく「よろしい」と判断されたわけですが、芦田氏の反応などをお聞かせいただけませんか。

ケーディス　芦田氏が一人の補佐官を連れて、私を訪れました。私は一人で会いましたが、修正にOKと返答したとき、芦田氏は「この修正について、マッカーサー元帥に聞かなくてもよいのか、ホイットニー局長と相談しなくてもよいのか」と尋ねました。私は「その必要がない」と答えたところ、芦田氏は非常に驚いていました。この修正は、GHQの基本原則から逸脱しておらず、私に与えられている枠内で処理できると考えたからです。

西　それはあなた一人の考えだったのでしょうか。たとえば運営委員だったマイロ・ラウエル中佐やアルフレッド・ハッシー中佐はどのように判断されていたのでしょうか。

ケーディス　私一人の判断です。ラウエル中佐やハッシー中佐とは何の相談もしていません。ただこのころ、同僚のサイラス・ピーク博士がホイットニー局長に「この修正により日本はディフェンス・フォース（防衛力）を持つことができるのではないか」と問いかけたのに対し、局長が「それはグッド・アイデアであると思わないか」と答えていますね。

西　あなたは「基本原則」とおっしゃいましたが、芦田修正を容認なさった「基本原則」とはどんなものだったのでしょうか。

ケーディス　繰り返すことになりますが、私が9条の原案（マッカーサー・ノート第2原則）から、「自己の安全を保持するための手段としてさえも、戦争を放棄」の部分を削除したとき、これで日本は防衛力を持つことが可能になり、また国連の加盟国にもなることができると思いました。ところが、幣原喜重郎首相は国会で、日本は義務を果たすことができないから、無条件でメンバー国になることができないだろうと述べました。私は、日本は国連の加盟国になるべきだし、したがって芦田修正がある種の軍隊を持つことを可能にしても、他国に対して戦争をしかけるのではなくて、侵略を撃退し、あるいは反乱を抑えることを目的とするかぎり、「基本原則」に違反しないと思ったのです。

西　実は、芦田氏が小委員会で修正案を提出したとき、のちの芦田発言と違って、絶対的な平和主義条項であるかのような発言もみられるのです。

ケーディス　私は、その小委員会のことも、あなたが指摘した内容のことも知りません。ただ、金森大臣自身の立場も明瞭だったとは言いがたかったですからね。「われわれは自衛権を持っている。しかし、陸海空軍その他の戦力を持つことができない。とすれば、どうしてわれわれ自身を守ることができるか」というようなものでした。この問題は、すべての人が直面したディレンマだったのです。私の答えは、日本が攻撃された場合、準軍隊で日本を防衛することができるというものでした。憲法には「侵略戦争の放棄」も「防衛力の保持」についても特記されていないので、自衛権の行使ができるかどうかという点に問題のあることは知っています。私には、たとえ憲法に何も書かれていなくても、日本は自衛することができるし、またそれは憲法に合致していることは明白に思えるのですがね。

西　総括すると、あなたは9条について、自衛戦争の遂行も、自衛戦力の保持も合憲であると解釈していたということですね。

ケーディス　そのとおりです。もう一つ、つけ加えておきたいことがあります。それは貴族院で前文の修正がなされたことです。6月に帝国議会へ提出された政府案の前文の一節には「我らの安全と生存をあげて、平和を愛する世界の諸国民の公正と信義に委ねようと決意した」とあり、他力本願色が強かったのですが、貴族院で「あげて」が削除され、他力本願色がかなり薄められました。私の説の正当性が高まったのではないかと思います。

この芦田修正とケーディス氏との関係について、私が1984年1月27日、最高裁判所裁判官室にてインタビューした藤崎萬里《まさと》氏の証言をお伝えします。藤崎氏は終連中央事務局政治部政治課員（のちにオランダ大使や最高裁判所判事などを歴任、1914年生まれ）として、おもに憲法の作成にあたり法制局部長、次長として日本側のキーパースンだった佐藤達夫氏の通訳として活躍しました。

西　総司令部との折衝において、憲法関連で特にご記憶の点があればお聞かせいただけないでしょうか。

藤崎　一番記憶にあるのは、芦田修正に関する英訳ですね。修正によって9条2項の冒頭に「前項の目的を達するため」の語句が入れられましたね。英語は最初、To this end になっていたのです（注・For the above purpose の誤りと思われる）。この点について、ケーディス氏が難色を示しました。後日、総司令部から呼び出され、佐藤さんといっしょに行ったところ、日本語で正確に翻訳したらどうなるのかと尋ねられました。そこで逐語訳をすれば、In order to accomplish the aim of the preceding paragraph になると説明したら、「ああ、それでは問題ない」ということで、さっと通ったんですよ（注・この英訳は現行憲法の英文と同じ）。

あとで佐藤さんと、どうしてこの英訳なら通ったのか話しました。憶測ですが、GHQ内部では、はじめ自衛戦力も持てないという考え方があったのだけれども、のちに自衛のためならば戦力を持てるという解釈が出てきて、そういう意見が優勢になったのかなと感じました。向こうはそうは明言しませんでしたし、またこちらから突っ込んで質問しませんでした。やぶへびになると困りますから。

西　そうすると、先生の感触では、先方は「自衛のための戦力は持ち得る」というような解釈になってきていたということでしょうか。

藤崎　はい。芦田さん自身が「自衛のためなら戦力を持ち得る」という解釈をとっていたわけですから、言わず語らずだったのではないでしょうか。

以上をまとめると、ケーディス氏は芦田氏が修正案を持ってきたとき、即座にＯＫを出したと言っているのに対し、藤崎氏は最初、ケーディス氏は難色を示していたというような違いはあるものの、総司令部では芦田修正があったころ、ホイットニー局長を含め、自衛戦力の保持は可能であるという雰囲気になっていたことです。

にもかかわらず、政府にはそのような姿勢はまったくありませんでした。ここでは、6月28日の衆議院本会議で共産党を代表して質疑を行った野坂参三議員と吉田茂首相との質疑応答を再現します。

野坂参三　戦争放棄条項には、戦争一般の放棄ということが書かれてありますが、戦争にはわれわれの考えでは、二つの種類の戦争がある。二つの性質の戦争がある。一つは正しくない不正の戦争である。これは日本の帝国主義者が満州事変以後に起こしたあの戦争、他国征服、侵略の戦争である。これは正しくない。同時に侵略された国が自国を護るための戦争は、われわれは正しい戦争と言って差支えないと思う。この意味において過去の戦争において中国あるいは英米その他の連合国、これは防衛的な戦争である。これは正しい戦争であると言って差支えないと思う。

いったいこの戦争放棄に戦争一般の放棄ということなしに、われわれはこれを侵略戦争の放棄、こうするのがもっと的確ではないか、この問題についてわれわれ共産党はこういうふうに主張している。日本国はすべての平和愛好諸国と緊密に協力し、民主主義的平和機構に参加し、いかなる侵略戦争をも支持せず、またこれに参加しない、私はこういう風な条項がもっと的確ではないかと思う。

吉田茂首相　戦争放棄に関する憲法草案の条項におきまして、国家正当防衛権による戦争は正当なりとせらるるようであるが、私はかくのごときことを認むることが有害であると思うのであります。近年の戦争は多く国家防衛権の名において行われたることは顕著な事実であります。ゆえに正当防衛権を認むることがたまたま戦争を誘発する所以であると思うのであります。また交戦権放棄に関する草案の条項に関するところは、国際平和団体の樹立にあるのであります。国際平和団体の樹立によって、あらゆる侵略を目的とする戦争を防止しようとするのであります。

しかしながら正当防衛による戦争がもしありとするならば、その前提において侵略を目的とする戦争を目的とした国があることを前提としなければならぬのであります。ゆえに正当防衛、国家の防衛権による戦争を認むるということは、たまたま戦争を誘発する有害な考えであるのみならず、もし平和団体が、国際団体が樹立されたる場合におきましては、正当防衛権を認むるということそれ自身が有害であると思うのであります。ご意見のごときは有害無益の議論と私は思います。

この答弁は、吉田が共産党嫌いであったことから、やや感情的な面が見られるようです。この6月の時点で法制局が作成した「想定問答集」には、次のように書かれています。

問　第九条と自衛戦争との関係如何《いかん》

答　抑々《そもそも》本条第一項は、国策の具としての積極的な侵略戦争の禁止に重点を置いたものでありまして、国の自衛権そのものには触れて居りませんが、本条第二項によつて一切の軍備を持ち得ず、又交戦権も認められて居ないのでありますから、自衛権の発動としても本格的な戦争は行ひ得ぬこと丶なり、又何等かの形に於て自衛戦争的な反攻を行つてもそれは交戦権を伴ひ得ぬのである。従つて第二項により自衛戦争も実際上行ひ得ぬと云ふ結果となると存じます。

（本条第一項に、已むを得ず受動的に行ふ自衛戦争は除外すると云ふ様な趣旨を例外的に規定することは、自衛権の美名に隠れて侵略戦争を起こす余地を残す虞《おそれ》があると考へ、徹底せる平和主義の立場からこれを採らなかつたのであります）。

政府答弁のテキストというべき「想定問答集」に「徹底せる平和主義の立場から自衛戦争は除外する」と明示されています。吉田首相の答弁は、この枠から出ていません。そして芦田修正があっても、政府の解釈は変わることがありませんでした。

第4段階・文民条項の導入

文民条項とは、現行憲法66条2項「内閣総理大臣その他の国務大臣は、文民でなければならない」を指します。いったいこの条項はどのような経緯で導入されたのか、その導入と憲法9条、とりわけ芦田修正といかなる関係があるのか（**図8**）。結論を先にいえば、不可分の関係にあります。

文民条項については、極東委員会における7月2日に政策決定した「新しい日本国憲法のための基本原則」で「内閣総理大臣および国務大臣は、立法府に対して連帯して責任を負う内閣を組織し、そのすべてがシビリアンでなければならず……」の規定を入れるように決定されていました。

この決定は、8月19日、マッカーサー元帥より日本国政府に伝えられました。しかし日本国政府の回答は、シビリアンズの語の導入は不要であるというものでした。そのいきさつについて「外交文書」（極秘、21・8・19）を引きます。

> 日本は既に第9条により戦争を全面的に抛棄して居り、かくの如き規定を恒久的なるべき憲法の条項中に設けることは不適当である、と云うことで、白洲（終連中央事務局次長）からウィトニー代将にその旨申入れたところ、この点はマ元帥の責任において原提案より削除することになった。

こうして日本国政府は、一件落着したものとばかり思っていました。ところが、想像外の展開をみることになります。約1か月後の9月24日、ホイットニー民政局長とケーディス次長が吉田首相を訪れ、ふたたびシビリアン（文民）条項の導入を持ち出したのです。しかも今度は「総司令部は極東委員会の要求を取りつぐだけ」といい、有無を言わせぬ態度に変わっていたのです。いったい8月19日から9月24日の間に何が起こったのでしょう。この謎解きをきちんとしている憲法書は、私が調べた限りありません。

芦田修正を受け取った極東委員会で、この問題に火をつけたのはソ連です。ソ連代表は、9月19日、国民主権の明確化、最高裁判所裁判官の選任方法などとともに、シビリアン条項の導入を提案しました。この提案が翌20日、日本国憲法および法律改革を審査する第3委員会で討議され、次の声明が発表されました。

当委員会は「すべての大臣はシビリアンでなければならない」とするソ連の提案について、注意深い考慮を払った。この条項は、極東委員会が（7月2日の）政策声明3b項で特に設定していた原則である。日本国憲法の初期の草案には、軍隊の保持の全面的禁止が含まれていたことにかんがみ、当委員会は、草案の中に入れるよう以前には勧告していなかった。しかしながら当委員会は、草案9条2項が衆議院で修正され、日本語の案文は、いまや1項で定められた以外の目的であれば、軍隊の保持が認められると日本国民によって解釈されうるようになったことに気づいた。もしそのようになれば、帝国憲法がそうであるように、内閣

図8　日本国憲法への文民条項導入の経緯

1946（昭和21）年

1月11日　「日本の統治体制の改革」（SWNCC228文書）をマッカーサー元帥が受領、「国務大臣または内閣閣僚は、すべての場合に、シビリアンでなければならない」。

7月2日　「新しい日本国憲法のための基本原則」（極東委員会の政策決定）「内閣総理大臣および国務大臣のすべては、シビリアンでなければならない」。

8月19日　マッカーサー元帥が吉田首相に対し、極東委員会の基本原則を説明し、シビリアン条項の導入を求めるも、日本国政府はこれを拒否、総司令部も了承。

8月24日　衆議院本会議で芦田修正を含む憲法改正案が可決される。

9月19日　極東委員会第26回会議で、ソ連より「すべての大臣は、シビリアンでなければならない」を入れるよう提案。

9月20日　極東委員会第3委員会が、シビリアン条項を入れるよう要請。

9月22日　米国陸軍次官補ピーターセンより、アメリカ太平洋陸軍最高司令官（マッカーサー元帥）に至急電。

9月24日　ホイットニー民政局長が吉田首相に対し、シビリアン条項の追加を強く要請。日本側は困惑するも、導入せざるを得ないと判断。

9月26日　貴族院にて、織田信恒議員がシビリアン条項導入のための質疑。これに対して金森徳次郎国務相が応諾。

9月28日～10月2日　貴族院小委員会にて審議。最終的にシビリアンを「文民」と訳し、現行のごとき文言に決定。「内閣総理大臣その他の国務大臣は、文民でなければならない」（第66条2項）

10月6日　貴族院本会議で小委員会の修正案を可決。

［西修著『日本国憲法成立過程の研究』（成文堂、2004年）を基に作成］

に軍人を含めることが可能になろう。それゆえ当委員会は、極東委員会が合衆国に対して、この懸念を最高司令官に伝えるように求めること、および日本国民は、彼らの憲法に内閣総理大臣を含むすべての国務大臣はシビリアンでなければならないといった条項を入れなければならないと主張すべきことを勧告する。

ここにおいて、第3委員会は芦田修正の意味を見抜き、1項で定められた以外の目的、すなわち自衛のためであれば軍隊の保持が可能となり、軍人が生まれ、軍人が大臣になることを懸念したのです。

はたせるかな、21日の極東委員会第27回会議で、各国代表からさまざまな見解が表明されています。

中国代表　私は、すべての閣僚がシビリアンであるべきかどうかの問題は憲法9条と密接に関係していると思う。もしわれわれが修正された条項のみを解釈しようとすれば、常識は、われわれにつぎのことを告げるであろう。すなわち、当該条項の厳密な意味に従えば、日本国は、そこに掲げられている以外の目的、つまり戦争目的や国際紛争解決のための威嚇としての軍事力の行使を放棄すること以外の目的であれば、軍隊の保持は認められることになろう。

マッコイ議長（米国）　新奇で、かつ興味ある指摘であり、自分が知るかぎり、以前に考慮されてこなかった。
米国代表　米国は、この問題を再検討したが、見解を保留する。
英国代表　非常にさまざまな方法で解釈されうる文書の典型的な事例である。あいまいさが残る非常に悪い起草である。
カナダ代表　この憲法草案が通過したのちに、公的に承認された陸軍大将、海軍大将その他の将軍が存在することは、まったくありうることであり、すべての大臣がシビリアンでなければならないという規定があれば、将軍が閣僚に任命される可能性の問題は起こりえない。また将来のある時点で、適正な措置を通じて憲法9条が削除されたとしても、日本国民がシビリアン条項を削除すべきか残すべきかという決定に直面することは価値のあることである。われわれは、すべての閣僚がシビリアンでなければならないという特別の規定を憲法の中に入れることを真剣に考えるべきであり、私はまったく好ましいということを強く主張したい。
オーストラリア代表　わが政府は、9条そのものを日本国憲法に入れることに賛成していなかった。なぜならば、日本国民は将来、9条をまじめに考えないだろうし、占領期間が終わったらただちに、軍隊の保有を可能にする憲法改正を行い、陸軍大臣および海軍大臣のポストを設け、そこに将官をすえる可能性を秘めているからである。シビリアン条項を憲法に入れるように議論することは、ますます強くなってきている。

ソ連代表　より重要なことは、ある種の軍隊を創設しながら、これは完全に日本国憲法内で正当なのだと称して、日本国民をあざむくことである。これこそが主要な危険であると私は思う。国会議員（原文はthe members of the Diet）がすべてシビリアンでなければならないという文言を憲法に挿入すればよいだけのことであって、そうしない心理的、精神的意味を理解することができない。

オランダ代表　私は当面、9条修正の意味について、連合国最高司令官に問い合わせるという米国政府の立場に賛成したい。

ニュージーランド代表　われわれは、憲法9条の修正が極東委員会によって定められた要件に、実際合致しているかどうかを問うべきであると思う。極東委員会では、すべての閣僚はシビリアンでなければならないことを実際、作成しているではないか。

これらの発言のうち、特に注目されるのは、中国代表が芦田修正によって国際紛争を解決する手段として以外の目的であれば、すなわち自衛の目的であれば、軍隊の保持を可能であると解釈することは〝常識〟であると述べている点です。残念ながら、日本国政府も憲法学者の多数も、このような〝常識〟を持ち合わせていません。

ともあれ、これら各国代表の見解から、次の2点において完全な共通認識があったことが理解できます。

①　9条の修正により、自衛のためならば、軍隊（戦力）を持ち得るとの解釈が可能になったこと。

②　内閣閣僚がシビリアンでなければならないという規定を憲法に入れるべきこと。

強調しておきたいのは、極東委員会における討議の中で芦田修正そのものに反対の言説がなかったということです。自衛のためならば軍隊を持ち得るという芦田修正を受け入れ、軍隊が設置されたときの「歯止め」として、シビリアン条項の導入が必然であると考えていたことです。

さて、極東委員会のこのような状況を知った米国陸軍次官補のピーターセンは、9月22日、マッカーサー元帥に宛てて至急電を発しました。

「合衆国としては、シビリアン大臣制の導入に関し、極東委員会で賛成の行動を阻止することができたであろうけれども、おそらく貴官も承知のように、2、3か月前、憲法が施行されてから1年以上2年以内に、憲法を再審査するという意思を述べた文書が提出された。極東委員会の委員は、再審査の期間中にシビリアン大臣制を持ち出すことは疑いないであろう。もし貴官がこの修正（シビリアン条項の導入）の実現を可能にするのにそれほど困難を伴わないとすれば、そうすることを真剣に考慮すべきものと本官は信ずる」

ここに「2、3か月前の文書」は、その後、10月17日、「新しい日本国憲法の再審査のための規定」として正式に政策決定されました。その内容は、既述しましたが（**227頁**）、簡略に言えば、この憲法が施行されてから1年以上2年以内に、極東委員会が再審査するというものです。

もし、シビリアン条項の導入という極東委員会の決定を無視したら、憲法施行後1年以上2年以内に極東委員会がこの問題を持ち出すことは必至です。それゆえ、マッカーサー元帥は、9月24日にホイットニー局長とケーディス次長を吉田首相のもとへ遣わせたのです。ホイットニー局長もケーディス次長も、極東委員会でどんな議論があったのかを知りませんでした。いわば子供の使いだったのです。

これで8月19日から9月24日までの空白期間が埋まりました。なぜか憲法書には、この間に行われていた極東委員会での審議の模様が記されていません。この部分に触れると、9条は戦力保持を可能にするという多数説と反対の結論に達せざるを得ないからでしょうか。既成概念を廃し、事実関係を真摯に直視しなければなりません。

第5段階・貴族院での討議

吉田首相が受け取った文書には、憲法に普通選挙制とシビリアン条項の導入が記載されていました。政府は、前者については問題なく受け入れましたが、後者に関しては意味をはかりかねました。政府は、極東委員会での熱論を知る由もありません。

英文は、"The Prime Minister and all Ministers of State shall be civilians."となっていました。政府は"civilians"の訳語に苦労し、当時、問題になっていた公職追放との関連から、9月27日、「内閣総理大臣その他の国務大臣は、武官の経歴を有しない者でなければならない」("The Prime Minister and other Ministers of State shall be persons without professional careers as military or naval officers,")と修正する案文を作成し、総司令部へ携行しました。

総司令部では、ケーディス大佐が「この問題は、衆議院における芦田修正の解釈との関係で極東委員会から申し入れられたものと推測される」と発言しました。残されている文書(「憲法改正案第十五条及び第六十六条の修正に関しケーディス大佐との会談の件」昭21・9・27)には、こう書かれています。

「第九条の衆議院の修正がことの起りであると言ふケーディス大佐の説明は言懸りに過ぎないと思はれる。若《も》し果《はた》して然《しか》りとすれば、先方は最初から、第九条自体を問題にして来るであらうし、又第六十六条の修正を当方対策の様な形で承認する筈はない訳である」

ここにおいて、政府は極東委員会で何が問題にされたのか、まったく理解していなかったことが明白に示されています。ケーディス氏の推測は、決して言いがかりではありません。たしかに政府が、もし自衛戦力を持てるという解釈が発端であるとすれば、極東委員会はそのことを問題にしたはずだという疑問を抱くのはもっともです。けれども、先述したように、9条の修正そのものには反対しないで、修正によって憲法上、自衛のための軍隊の保持が可能になったと判断して、ミリタリー・コントロールを避けるべく、シビリアン条項の導入に執拗にこだわったのです。政府の推測とは違って、極東委員会は芦田修正そのものを受け入れていたのです。極東委員会の委員の誰からも、9条の修正に反対する意見が出ていません。

政府はこの事実を知らなかったがゆえに、いかなる目的のためであっても軍隊（戦力）を保持できないという誤った解釈をとり続けたのです。ここにこそ、9条解釈の根源的な問題点が存在するのです。

政府の上記案文は、貴族院へ提出されました。同院の帝国憲法改正案特別委員会に設けられた小委員会において、過去の職歴を問うことが排除されました。そのいきさつを小委員会委員だった宮澤俊義氏が説明しています。

「そもそも英語でシヴィリヤンというのは軍人以外の人の意味で、武官の職歴を有する者でも、武官を退けば、シヴィリヤンなのである。だから、『国務大臣はシヴィリヤンでなければならない』という規定を入れろと注文されたのに対し、『国務大臣は武官の経歴を有しない者でなければならない』と定めるのは、注文された範囲より以上に出て国務大臣になる資格を制限しようとするものである。総司令部の注文に応じて行う修正である以上、その注文の範囲だけ修正すればいいので、それ以上におよぶ必要はない。政府の意見のように定めることは、必要でないばかりでなく、妥当でもない。過去に武官の経歴を有する者は全部国務大臣になれないとすると、兵学校や士官学校を出て少し職業軍人（武官）を勤めた人たちがみな非文民ということで、国務大臣になる資格を失ってしまう。総司令部から注文もないのに、そこまで国務大臣になる資格を制限するのは妥当ではない。こう考えて、小委員会は、総司令部から注文されないことまでお先まわりするのはやめて、注文されたことだけを規定しよう、という結論におちついた」（佐藤達夫著、佐藤功補訂『日本国憲法成立史　第四巻』有斐閣、1994年）

当時、シビリアンに相当する日本語はありませんでした。そこで小委員会では、シビリアンをどう訳するかについて、各委員からいろいろな訳語が提示されました。「平人」「凡人」「文臣」「文化人」「文人」「文民」「民人」「平和業務者」などが提起され、最終的に「文民」の語が採択されたという次第です。私としては、このとき「凡人」が残れば、愉快だったと思いますが(笑)。

10月2日には、佐藤法制局次長がケーディス民政局次長に電話を入れ、了承を得ました。そして10月3日の特別委員会において、「内閣総理大臣その他の国務大臣は、文民でなければならない」の条項案が確定したのです。

この特別委員会における条項案が10月6日の貴族院本会議で可決され、翌7日に衆議院へ回付されました。しかし、回付を受けた衆議院本会議では、貴族院によって修正された条項案についていっさいの審議がなされず、ただちに採決に付されました。ここに10月8日付の「官報号外　衆議院議事速記録第五十四号」を引用します。

議長（山崎猛君） ただちに採決いたします。本案の貴族院の修正に同意の諸君の起立を求めます。

（賛成者起立）

議長（山崎猛君） 五名を除き、その他の議員は全員起立。よって三分の二以上の多数をもって貴族院の修正に同意するに決しました（拍手）。これをもって帝国憲法改正案は確定いたしました。

ここに重大な問題があります。衆議院では、文民条項の導入を含む貴族院の修正については、1分たりとも審議されませんでした。それゆえ、文民条項に関しては、衆議院の意思がまったく反映されていないのです。日本国憲法の成立過程のいびつさがここにも如実にあらわれています。

帝国憲法改正案は、その後、10月12日に枢密院に諮詢され、同月29日、枢密院本会議で可決、ここにすべての手続きが終了しました。

政府は現在、66条2項の「文民」を以下のように解釈しています。

① 自衛官は、文民に当たらない。

② 元自衛官は、文民に当たる。
③ 旧職業軍人の経歴を有する者であって、軍国主義的思想に深く染まっていると考えられるものは、文民に当たらない。

ここに①と②は問題ありませんが、③は誰がどんな基準で「軍国主義的思想に深く染まっていると考えられるもの」を判定するのか、解釈上の疑義が残されています。もっとも、いまや大臣に適格の「元職業軍人」は存在しないので、実際上の問題は起こり得ませんが。政府は、この「文民」の解釈には相当悩んだようで、佐藤達夫氏は「修正の問題として、一番いやだったのは文民の問題であった」と本音を吐露しています（佐藤達夫『日本国憲法誕生記』中公文庫、1999年）。

文民条項導入に関する学説の動向

私は、9条解釈が文民条項の導入経緯と密接不可分の関係にあることを長年にわたって唱えてきました。しかし、憲法の学界では顧みられてきたとは言えません。前記の佐藤達夫著、佐藤功補訂の著書で、佐藤功教授は、私が書いた「連合国側は自衛力を容認――憲法制定過程に新事実」（『This is 読売』1992年3月号）中、前記極東委員会での議論の大要を紹介しています。この著書は、憲法学者の必読書です。しかし、そこに触れられている私の9条解釈と文民条項との不可分性については、注目されたとは言えません。

獨協大学の古関彰一教授（憲法学）は、文民条項の導入は9条の修正により、軍隊の保有が可能であるという解釈の余地が生まれないようにするための「だめ押し」と解します（古関彰一『新憲法の誕生』中央公論社、1989年、『日本国憲法の誕生　増補改訂版』岩波現代文庫、2017年）。しかし、何度も述べたように、極東委員会はまさに「軍隊の保有が可能であるという解釈」をしたのです。

青山学院大学の佐々木高雄教授（憲法学）は、私の「歯止め」説と古関教授の「だめ押し」説とを比較し、古関教授の説は「強引すぎると評さなければならない。自衛隊の存在を正当化しないために、資料の意味をねじ曲げた例だと、いえるように思う」と述べ、私の説の方が「正当」であると評価しています（佐々木高雄『戦争放棄条項の成立経緯』成文堂、1997年）。

この点について、2000年1月に設置された衆議院憲法調査会において、3人の政治学者は、芦田修正とシビリアン条項との密接な関係に言及しています。村田晃嗣《こうじ》・広島大学総合科学部助教授（のちに同志社大学法学部教授、同大学長など）は、同年3月9日に開かれた憲法調査会で次のように述べています。

「極東委員会は、憲法九条を読めば日本が再軍備できるというふうに解釈したこと、これが第一点。これは非常に大事なことであります。もう一つ非常に大事なことは、そのように解釈したにもかかわらず、極東委員会もGHQも、芦田修正を取り除けとは要求していないわけです。

そうではなくて、もしそうなれば再軍備の可能性があって、将来日本が文民条項を入れろというふうに極東委員会もGHQも要求したのであって、芦田修正をチャラにしようというふうには、当時国際社会は要請していなかったわけでございます」（衆議院憲法調査会議録第四号）

また、4月6日には、北岡伸一・東京大学法学部教授（のちに国連代表部次席大使など）が、「極東委員会は、芦田修正により再軍備の可能性があると考えたため、文民条項を要求した」と述べ、4月20日の調査会において、五百旗頭真《いおきべまこと》・神戸大学大学院法学研究科教授（のちに防衛大学校長など）は、

「極東委員会は、芦田修正により、日本が自衛、国連の安全保障活動への参加という形での軍事活動が可能であると考えたからこそ、文民条項の挿入を要求してきた」

と発言しています（衆憲資『日本国憲法の制定経緯等に関する参考人の発言の要点』衆議院憲法調査会事務局、2000年5月）。

これらの政治学者は、多くの憲法学者ががんじがらめになっている狭い学説に拘泥《こうでい》されることなく、全体としての客観的事実にもとづいて、広い視野から9条の解釈を試みています。

先述した米国における日本国憲法成立過程研究の第一人者、メリーランド大学のセオドア・マクネリー教授は「極東委員会は、芦田修正の結果として、再軍備の可能性を理解していた。極東委員会は、シビリアン・コントロールを確保するために、すべての国務大臣がシビリアンでなければならないという規定の挿入を求めた」と喝破《かっぱ》しています（Theodore McNelly, *The*

Origins of Japan's Democratic Constitution, University Press of America, 2000)。

最近、発信力の高い若手政治学者の岩田温《あつし》氏は「私は様々の憲法解釈を読んできたが、（文民条項の導入との関係を重視する）西修の議論が最も腑に落ちる」との評価を下しています（月刊『正論』2023年6月号）。

私が文民条項導入のワケを知りたいと思ったのは、単純な理由からです。「文民」とは「非軍人」のことである、とすれば「軍人」の存在が前提とされているはずだ、いったいなぜ「文民」なる語が憲法に入れられたか、そのいきさつを知りたい。そう思って米国国立公文書館（ワシントンDC）、ワシントン国立記録センター（メリーランド州スートランド）、マッカーサー記念館（バージニア州ノーフォーク）、英国国立公文書館（ロンドン）を渉猟《しょうりょう》しました。その結果、極東委員会での議論がキーポイントになると確信したのです。

なお、日本国憲法の成立経緯について、上記のほかにメリーランド大学のマッケルデン図書館、プリンストン大学のマッド図書館（ダレス文庫）、イリノイ州のシカゴ郊外にあるノースウェスト大学のチャールズ・ディーリング図書館（コールグローブ文庫）、スタンフォード大学のフーバー研究所で資料を収集しました。

僭越ながら、憲法学者に告げたい。

「極東委員会での議論を精読して、9条解釈論を展開せよ！」

コラム❹　憲法9条の発案者は誰か？

①幣原喜重郎発案説への反論

憲法9条は誰が発案したのか。当初、9条の発案者は、マッカーサー元帥であると考えられていました。ところが、元帥が1951年5月5日の上院軍事・外交合同委員会で、同条は首相だった幣原喜重郎が発案者だったと証言しました。自らの『マッカーサー回想記』にも詳述しています（津島一夫訳、朝日新聞社、1964年）。

幣原自身も、自著『外交五十年』（読売新聞社、1951年）で自ら発案したと書いています。

しかしながら、幣原が9条を発案したことは絶対にあり得ないと主張するのは、近くにいた吉田茂・外務大臣、松本烝治《じょうじ》・帝国憲法改正担当国務大臣や芦田均・厚生大臣らです。幣原の著書は、本心を伝えたものでないと確言しています。

松本は、いわゆる松本委員会の審議を踏まえて、自分がGHQへ提出した憲法改正案についての説明書には軍の保持規定があり、提出に際しては幣原首相をはじめ、全閣僚が同意していた。それゆえ、軍の不保持を前提にしていた9条を首相から発案したとは考えられないと明言しています。

②マッカーサー発案説

村田聖明《きよあき》氏（1922年生まれ。ジャパン・タイムズ取締役主筆など歴任）へのインタビュー（1984年3月20日）。

「私がジャパン・タイムズの記者時代、1950年にGHQ民政局から*Political Reorientation of Japan, September 1945 to September 1948, 2 vols.* という報告書が刊行されました。その当時、日本に3冊しかないと言われていました。日本の政治体制について非常に詳しく分析されており、1950年11月3日の日本国憲法公布記念日に照準を合わせて、9条の原典であるマッカーサー・ノート第2原則のことを記事にしようと思いました。

報告書は公開されているので、問題はないと思ったのですが、念のためGHQ民政局に持参したところ、対応したある少佐から、『この自衛戦争をも放棄するというアイデアは、幣原総理からマッカーサー元帥に表明されたものである』を書き加えるように指示されました。1950年6月25日には朝鮮戦争が勃発し、マッカーサーが非戦条項を発案したということになると、マッカーサーの責任が問われることになるかもしれない。そのことを民政局が心配していたのです。私は、このことを含め、マッカーサーが発案したのだと思っています」

③幣原・マッカーサー共同発案説

幣原内閣の副書記官長として幣原総理に仕えた木内四郎氏（1896年生まれ）は、幣原・マッカーサー共同発案説を唱えます。

木内四郎氏へのインタビュー（1984年3月5日）。

「あなたに話しておきたいのは、あの当時、天皇制をどう維持していくかがすべてで、幣原先生の頭の中にはそのことしかなかった。結局、まがりなりにも天皇が憲法上、存置することになり、幣原先生も、マッカーサー元帥も喜びました。

幣原総理は、そのときの心境をわざわざ私のために『日本国憲法第九条注釈』と銘打ち、掛け軸をくださった。総理をおやめになる1946年5月22日の直前にいただいたものです。外交政策などにおいて、武力が絶対ではないことを詩に託されていた。総理が徹底的な平和論者であったことは、ご存じのとおりです。

幣原発案説を強く否定する立場がありますが、私はこの立場を支持できません。総理のご令息の道太郎君は、おやじが発案するはずはないと語っていますが、はずはないのではなく、あるのです。幣原総理は、9条は非常によくまとまったといって喜んでおられた。マッカーサー元帥も喜んでいた。両者が相談して決めたということですね」

④幣原道太郎氏の見解

私が幣原喜重郎総理の長男、幣原道太郎氏（1903年生まれ）にインタビューしたのは、

1984年2月20日のことです。道太郎氏は、父親が9条の発案者でないことを固く信じ、その思いをできるかぎり多くの人に伝えることを天命と感じているように私には思われました。

「私は巷間、第9条が父の発案によるものだと言われていることに対しては、絶対あり得ないと確信しています。父が望んでいた国際平和は、世界が同時に戦争放棄と戦力の不保持を宣明し、実施することにより、可能になるというものです。いわば〝世界万邦同時的、双務的戦争放棄〟が、父の宿願だったのです。

私がある論稿に書いたものが私の偽らざる気持ちです。

〈占領下の総理として可能性の限界を超え、新憲法を日本人の自家製と思ひ込ますマッカーサーの企てに抗する術《すべ》もなく、転嫁された全責任を一身に負い、無念と諦観を真実への沈黙に託し、心にもなき言辞に余韻を籠め、一縷《いちる》期待を国家の将来に寄せた屈辱、愛憐の宰相としての幣原を〝平和憲法〟生みの親として讃えるが、これこそ幣原を誤解するものであり、幣原を冒とくするものである〉」

第6章　憲法論議の指標

（1）世界の憲法動向

各国憲法の制定年と改正の実際

私は近年、世界の憲法に関連する著書を刊行するときには、世界の憲法動向を知る三つの表を作成してきました。世界の新憲法の制定や改正状況をフォローするのは、非常に労力を要する作業ですが、他の憲法書では扱われておらず、私にしかできないのだと自らを奮い立たせ、努力してきました。以下に**図9・10・12**を掲げ、概説します。

図9は、世界最古の現行憲法たる米国憲法（1787年9月起草、1788年6月発効）から、

1940年代の最後に制定されたインド憲法（1949年11月制定、1950年1月施行）に至るまでの19か国を取り上げ、その制定年と改正の実際を表示したものです。また主要国であるフランスと2000年になって施行されたスイスとフィンランドも参考として掲示しました。

図9から何よりも注目されるのは、日本国憲法が世界の189にのぼる成典化憲法国中、古い方から14番目にあたり、しかも現在に至るまで無改正だということです。一瞥すればわかるとおり、このような憲法はほかに存在しません。**図9**に掲げたすべての国は、何度も手直しをしています。

私は、ノルウェー憲法の改正状況を調査したとき、ある本に400回以上の改正を経験したと書かれていました。実際を知りたくて、ノルウェー大使館に問い合わせのメールを送りました。

しばらくして、司法省から返信がありました。答えは、「私たちもわかりません」。担当の司法省でさえ、憲法改正数を知らなかったことに非常に驚きました。1か条でも改正しようとすれば、天地がひっくり返るほどの大騒ぎとなるわが国となんと大きな違いでしょうか。

しかしながら、驚く方がおかしいと言えます。憲法も時代の産物です。時代が変われば憲法も変わるのは当然というのが、世界の憲法常識と言えます。憲法を「不磨の大典」視してきた日本こそが異様、異例、異常なのです。もっとも国によっては統治者の恣意により、本来の立憲主義にもとづく憲法のありようから逸脱する改正がなされることがあるので、改正の内容を

図9　各国憲法の制定年（～1940 年代）と改正の実際

（2024 年 3 月現在）

国名	制定年	改正の実際
アメリカ	1787 年	1992 年 5 月までに 18 回、27 か条の追補
ノルウエー	1814 年	頻繁（400 回以上とも。近年改正 2014 年〈大改正〉、2023 年5月）
ベルギー	1831 年	頻繁(1994 年2月以降 2017 年 10 月までに 30 回)
ルクセンブルク	1868 年	1919 年 5 月から 2016 年 10 月までに 36 回改正
オーストラリア	1901 年	1977 年 7 月までに 8 回改正
メキシコ	1917 年	2023 年 9 月末までに 255 回改正
オーストリア	1920 年	頻繁（近年改正 2022 年、2023 年）
リヒテンシュタイン	1921 年	2018 年末までに 35 回改正
ラトビア	1922 年	2018 年 10 月までに 15 回改正
レバノン	1926 年	2004 年 9 月までに 11 回改正
アイルランド	1937 年	2019 年 6 月までに38回改正
アイスランド	1944 年	2013 年 7 月までに 7 回改正
インドネシア	1945 年	1959 年に復活、2002 年8月までに 4 回改正（のべ 71 か条 ）
日本	**1946 年**	**無改正**
中華民国（台湾）	1947 年	2022 年 11 月までに 7 回改正（その他 1 回は無効判決）
イタリア	1947 年	2022 年 11 月までに 20 回改正 (20 年 9 月の改正は国会議員の大幅減)
ドイツ	1949 年	2022 年 12 月までに 68 回改正
コスタリカ	1949 年	頻繁（近年改正 20 年）
インド	1949 年	2023 年 9 月までに 106 回改正

［参考］＊フランス（1958 年）　2008 年 7 月までに 24 回改正。2008 年 7 月の改正は全条文の約半分の 47 か条におよぶ大幅なもの。2024 年 3 月の改正で中絶の自由を明記。

＊スイスでは、2000 年 1 月 1 日に新憲法が施行され、2022 年 9 月までに 35 回改正。旧憲法は 1874 年に制定、1999 年までに約 140 回改正。

＊フィンランドは 2000 年 3 月 1 日に新憲法を施行、2018 年 10 月までに 4 回改正。

＊日本国憲法は、世界の成典化憲法保有 189 か国中、古い方から 14 番目、無改正。

＊非成典化憲法国＝イギリス、ニュージーランド、サウジアラビア、イスラエル、サンマリノ、バチカン

＊恒久憲法未制定国＝リビア

見きわめることが大切です。

「憲法を時代に合わせるのではなく、時代を憲法に合わせるべきだ」という人々がいます。倒錯した考え方と言わなければなりません。戦争直後の焼け野原の時代につくられた憲法に合わせろというのは、悪い冗談以外の何物でもありません。「何が何でも護憲」は、さすがに現在、多くの賛同者を得ていません。施行から77年も経てば、さまざまの点で支障を来します。

私は、2022年11月3日付で刊行した『吾輩は後期高齢者の日本国憲法である』（産経新聞出版）の「序」で、日本国憲法にこう語らせています。

吾輩は、施行されてから2022（令和4）年5月3日で75歳を迎えた。人間にたとえると後期高齢者の仲間入りをしたわけである。人間、75歳ともなるとどこかを治療しているであろう。けれども、吾輩は一度も治療（改正）されていない。75年間、数限りない法令の上に君臨してきたが、さすがにくたびれた。節々が痛む。自ら矛盾を感じることが年齢を重ねるごとに多くなってきた。

「お前は世界でも非常によい憲法なのだから、修繕の必要はない」という人びとがいる。そんなおだてに乗りたくはない。吾輩なりに生い立ちの背景や世界の憲法などを知り、いくつもの修繕すべき点のあることが自覚できるようになった。

「お前を修繕したいのだが、なかなかその時期が来ない。かといって、このままでは時代に適合できないので、解釈でしのぐしかない」。こんなふうに告げられ、何度かだましの解釈テクニックがもちいられてきた。そんなだましには、もうつきあいたくない。

吾輩を再生させてほしい。これが本音だ。

図9の中でノルウェー以外で改正数の多い国は、メキシコ、インド、ドイツになります。これら3国は連邦制国家です。連邦制国家の憲法は、概して頻繁に改正されます。なぜならば、連邦制国家の憲法は、連邦（中央政府）と州（州政府）との関係が詳しく規定されており、両政府の所轄事項に変更があれば、憲法改正に結びつくからです。

それゆえ、たとえばドイツの憲法改正について、憲法改正の本質を問うものではない、他の国では法律の改正で済むものが多く、比較の対象にはならないという見解が述べられることがあります。しかし、同国憲法は制定当初、国防、国家緊急事態条項を設定していませんでしたが、1954年と56年に国防軍の創設、18歳以上の男子に対する兵役の義務規定などが新設され、また1968年には国家緊急事態（防衛事態）対処のために20数か条にわたる詳細な規定が導入されました。さらに2020年10月、COVID-19（2019年に発生した新型コロナウイルス感染症の名前）が憲法の中に編入されました。

なお、イタリアでは、2020年9月に議員定数を大幅に削減する憲法改正案が国民投票で採択。これにより、下院議員が600人から400人に、上院議員が315人から200人（プラス従来どおりの終身議員6人）に削減されました。国会議員が自ら身を切るこの憲法改正案は、約70％の国民の支持を得ました。

ここにインドの初代首相、ジャワハーラル・ネルーの言辞をお伝えします。

「もし諸君がこの憲法を抹殺したいというのであれば、憲法を本当に神聖で不可侵のものにすればよい。変更されず、静止状態にある憲法があるとすれば、その憲法は、それがよいものだからではなく、その使用が過去のものになってしまったからである。生きるべき憲法は、成長しなければならない、適合しなければならない、変化し得るものでなければならない」

平和条項の態様と採用国

図10は、平和条項の態様と採用国を示すものです。17の項目に分類しました。このうち、いくつかについて略説します。

③の「内政不干渉」は、かつて他国の内政に干渉し、武力を行使した歴史があったことに対する反省として、平和を支える重要な要素の一つと言えます。しかしながら、それを盾にして国内での民族弾圧を継続し、それに対する批判を「内政干渉」として排除している国があります。

1982年12月に採択された中国憲法の前文には「主権と領土保全の相互尊重、相互不可侵、内政不干渉、平等互恵および平和共存の5原則」を堅持することを明記しています。けれども、

図10　平和条項の態様と採用国

（2023年8月末現在）

①	平和政策の推進（平和を国家目標に設定している国などを含む）	アルバニア、インドネシア、クウェートなど
②	国際協和（国連憲章、世界人権宣言の遵守、平和的共存などを含む）	ハンガリー、スリランカ、マダガスカルなど
③	内政不干渉	ブラジル、カタール、中国など
④	非同盟政策	アンゴラ、モザンビーク、ナミビアなど
⑤	中立政策	オーストリア、スイス、トルクメニスタンなど
⑥	軍縮	バングラデシュ、カーボベルデ、東ティモールなど
⑦	国際組織への国家権力の一部委譲	デンマーク、ドイツ、コンゴ民主共和国など
⑧	国際紛争の平和的解決	ポルトガル、アルジェリア、ブータンなど
⑨	侵略ないし征服戦争の否認	フランス、韓国、キルギスなど
⑩	テロ行為の排除	スペイン、ブラジル、チリなど
⑪	国際紛争を解決する手段としての戦争放棄	イタリア、アゼルバイジャン、エクアドル、ボリビア、**日本**
⑫	国家政策を遂行する手段としての戦争放棄	フィリピン
⑬	外国軍隊の通過禁止・外国軍事基地の非設置	ベルギー、ウクライナ、フィリピンなど
⑭	核兵器（生物兵器、化学兵器も含む）の禁止・排除	カンボジア、コロンビア、パラオなど
⑮	（自衛以外の）軍隊の不保持	コスタリカ、パナマ
⑯	軍隊の行動に対する規制（シビリアン・コントロールを含む）	パプアニューギニア、南アフリカ、ソマリアなど
⑰	戦争の宣伝（煽動）行為の禁止	クロアチア、リトアニア、タジキスタンなど

＊1項目でも規定のある成典化憲法国　189か国中162か国（85.7%）

同国のウイグル族への弾圧は「地獄の様子」（インターナショナル・アムネスティ報告書）であり、チベット族の文化も完全に破壊しています。近年は「台湾は中華人民共和国の神聖な領土の一部である」との前文の一節を実現するべく、台湾を武力で併合することを公言し、それに対する外部からの反対行動を「内政干渉である」と唱えています。

また同国は、欧米諸国が人権侵害、非民主的体制のゆえに、支援を躊躇している諸国に対して、「内政不干渉」のもとに積極的に経済支援を実施し、勢力圏の拡大を図っています。本来の平和条項たる「内政不干渉の原則」が中国共産党政府によって、都合よく解釈されている現状を看過することはできません。

⑦の「国際組織への国家権力の一部委譲」について、従来、国家主権は絶対に譲り渡すことのできない最高の権限とされてきました。しかし、第二次世界大戦後、平和的な国際組織のために国家権力の一部委譲を定める憲法が出てきました。その最初は１９４６年のフランス憲法で、前文には「フランスは、相互主義の留保のもとに、平和の組織と防衛に必要な主権の制限に同意する」との規定が設けられました。この規定は、１９５８年の現行憲法前文に組み込まれています。

その後、１９４７年のイタリア憲法11条に「イタリアは、他国と同等の条件において、諸国家間に平和と正義を確保する国際組織に必要な主権の制限に同意する」との規定が盛り込まれました。

また、１９４９年のドイツ憲法24条1項と2項には以下の規定があります。

① 連邦は、法律により、その主権的権利を国際機関に委譲することができる。

② 連邦は、ヨーロッパおよび世界諸国家間に平和的、永続的な平和をもたらし、かつ確保する主権的権利の制約に同意する。

このような規定は、１９５０年代以降のヨーロッパ諸国の諸憲法に伝搬し、１９５３年のデンマーク憲法20条、１９７５年のギリシャ憲法28条、１９７８年のスペイン憲法93条、１９９７年のポーランド憲法90条、１９９８年のアルバニア憲法2条などにも設定されています。

また２００６年のコンゴ民主共和国憲法２１７条には、同国が「アフリカの統合を促進するために、主権の一部委譲を含む条約または協定を締結することができる」との規定があります。

⑪について、この文言が日本国憲法9条1項に導入されていることは、ご存じのとおりです。

そして同文言が、１９２８年の不戦条約に由来するものであることを述べました（**２４６頁**）。

同じ規定方式が、以下の憲法に見られます。

イタリア憲法（１９４７年）11条「イタリアは、他の国民の自由を侵害する手段および国際紛争を解決する手段としての戦争を放棄する」

アゼルバイジャン憲法（1995年）9条「アゼルバイジャン共和国は、他国の独立を侵害する手段として、および国際紛争を解決する手段としての戦争を否認する」
エクアドル憲法（2008年）416条「エクアドルは、国際紛争を平和的に解決することを奨励し、国際紛争を解決するために武力の威嚇および武力の行使を否認する」
ボリビア憲法（2009年）10条「ボリビアは、国家間の相違および紛争を解決する手段として、あらゆる侵略戦争を否認する」

わが国の憲法学者の中には、9条1項の文言をもって、軍隊の放棄を意味すると解釈している向きがあります。この点、上述したような同じ規定を持つすべての国の憲法には、軍隊の設置条項があります（イタリア憲法52条、アゼルバイジャン憲法9条、エクアドル憲法158条、ボリビア憲法242〜250条）。このことは「国際紛争を解決する手段としての戦争放棄」が軍隊の放棄に結びつかないことを意味します。ここにもわが国の憲法学者の〝井の中の蛙〟的現象が露呈されています。

⑬についてですが、まずベルギー憲法とウクライナ憲法の規定を掲げます。

ベルギー憲法（1831年）185条「いかなる外国の軍隊も、法律にもとづかなければ、ベルギー国の兵役につき、領土を占拠し、または通行することができない」

ウクライナ憲法（1996年）17条「外国の軍事基地の設置は、ウクライナ領土では認められない」

ウクライナ憲法は続く18条では、「ウクライナの対外的な政治的行動は、国際法の一般的に承認された原則と規範に従い、国際社会の成員との平和的で相互互恵的な協力を維持することによって、国の利益と安全を確保することを目的とする」との規定を置いています。

しかし、ウクライナは、このような憲法の規定にもかかわらず、2014年3月には同国の領土だったクリミア半島がロシアの領土に一方的に併合され、2022年2月のロシアによる全面侵攻により、領土がはく奪されています。これに対して、ウクライナが領土奪還に向けて応戦していることはご存じのとおりです。憲法の規定が、国際法上違法な侵略によって維持されないこともあり得ることを意味しています。その意味で、平和の維持には国防の充実と他国との安全保障関係維持が重要であることが改めて認識されます。

フィリピンには、長年にわたり米国の軍事基地が存在していました。ところが、1987年2月、コラソン・アキノ大統領のもとで制定された憲法18条25節には、以下の規定が設けられました。

「軍事基地に関するアメリカ合衆国とフィリピン共和国との間で締結された協定が、1991年に期限を満了したのち、外国の軍事基地、軍隊または軍事施設は、認められないものとする。

ただし上院によって正当な手続きにより承認された条約および国会が要求したときに、その目的のために行われる国民投票で国民の投票の過半数により承認され、かつ他の締結国により条約として承認されたときは、この限りでない」

この規定にもとづき、米国の軍事基地の存廃をめぐって上院で審議された結果、米国の軍事基地の継続が否決され、米国は1992年末までにクラーク空軍基地とスービック海軍基地を撤収しました。その間隙を縫って中国は、南シナ海へ進出、1995年にはフィリピン領土だったミスチーフ礁を占拠、同じく2012年からはスカーボロ礁を自国の支配下に組み入れ、軍事基地化が進められています。

このような状況下で、2014年4月、米国のバラク・オバマ大統領がフィリピンを訪問、両国との間で新たな軍事協定を結びました。フィリピン最高裁判所は、2016年1月、この軍事協定を合憲と判決しました。

2016年7月、フィリピンが中国の南シナ海での領有権主張や人工島の建設などは国際法違反であると申し立てた事案で、オランダのハーグに所在する常設仲裁裁判所は、中国の主張には法的根拠がないとの判決を下しました。これに対して中国政府は、同判決を「紙くず」であると無視し続けています。

ロドリゴ・ドゥテルテ前大統領は、中国の経済的な支援の見返りに、中国との友好関係を進め、2021年5月には、中国政府に同調し、前記判決を「ただの紙切れ」とさえ発言しました。しかし、2022年6月に17代大統領に就任したフェルディナンド・マルコス氏は「フィリピンの領土は1インチも渡さない」と繰り返し発言、安全保障面で米国寄りの立場を鮮明にしています。

岸田文雄首相は、2023年11月3日、同国を訪問、マルコス大統領との会談において、わが国で同年4月に創設された「政府安全保障能力強化支援」を初めて適用し、沿岸監視レーダーなどの無償供与で合意、また自衛隊とフィリピン軍の相互往来をスムーズにする「円滑化協定」の交渉に向けても合意しました。日本政府内にはフィリピンを英国、オーストラリアと同様の「準同盟国」に格上げする動きが見られます。フィリピンもこれを歓迎しています。

他方でマルコス大統領は、2023年1月に訪中し、習近平《しゅうきんぺい》国家主席と会談、「包括的協力関係の強化」を唱え、中国との軋轢《あつれき》を抑える態度を示しました。

ともあれ、フィリピン憲法の外国軍基地否認規定が、かえって地域の不安定化を招来させたという事実を認識する必要があると考えます。

この平和条項について、私が調査した最初は1981年4月のことです。国立国会図書館調査立法考査局から発行されている『レファレンス』（1981年8〜10月号）に「世界各国憲法における国防・軍事・平和主義規定」と題して発表しました。当時、入手することができた成典化憲法国は154か国で、平和条項は61か国（39・6％）の憲法にあるとされています。ただし、このときの平和条項は定義を設定していなかったので、参考として述べるにとどめます。

図 11　平和条項調査の履歴

調査年月	成典化憲法国	平和条項導入国	割合(%)	掲載書
1999 年1月	178	124	69.7	『日本国憲法を考える』(文藝春秋、1999 年)
2005 年12月	182	150	82.4	『世界地図でわかる日本国憲法』(講談社、2008 年)
2009 年6月	187	156	83.4	『現代世界の憲法動向』(成文堂、2011 年)
2015 年12月	189	159	84.1	『世界の憲法を知ろう』(海竜社、2016 年)
2019 年8月	189	161	85.2	『憲法の正論』(産経新聞出版、2019 年)

なお、154か国中、87か国(56・5%)に国防・兵役の義務規定がありました。

平和条項として17の項目に分類して発表した最初は、1999年3月に刊行された『日本国憲法を考える』(文藝春秋、1999年)からです。ある程度の間隔をあけて調査した過去の結果を**図11**に報告します。2005年の調査時から80%代になり、徐々に増加しています。

1990年以降に制定された憲法の態様

図12は、1990年2月に制定されたナミビア憲法以降、2020年11月に制定されたアルジェリア憲法までに新しく制定された105か国の憲法について、新しい権利、平和・国家緊急事態対処条項など九つの項目を立て、それぞれに該当する各国憲法を摘示したものです。

この表を見て、まず驚かされることは、189か国の成典化憲法国中、30年間で半数以上の諸国で新憲法を制定していることです。

ただし、チュニジアでは、新憲法が2022年7月25日の国民投票によって採択されましたが、ネットなどに全条文があがっていないので、ここでは2014年1月の憲法を対象にしています。なお、新憲法は現職のカイス・サイード大統領に大きな権限を与えています。それに対する抗議もあって、投票率はわずか30・5％にすぎず、結果は賛成94・6％。反対5・4％でした。


さて、**図12**の九つの項目のうち、平和条項を除いて、日本国憲法に規定されていないものばかりです。注目されるのは、いずれの項目も60％を超える国家で採択されていることです。

これは近年の世界の憲法動向を知るうえで参考になると考えます。1990年代以降に制定された諸国の新憲法のうち、九つの項目に設定して発表した最初が2011年2月に刊行した『現代世界の憲法動向』（成文堂）であることは、既述しました（書籍内では10項目）。ここではそのときのデータを含め、三つの時期に行った結果を整理します（**図13**）。

この**図12**と**図13**（のちに再調査し、ごくわずかの採用国数を増減した）の4回の調査を比較して、以下の特色があると言えます。

❶ 環境の権利・保護・義務規定は、いまや95・2％というきわめて高い比率で組み入れられている。

図12　1990年代から2020年代までに制定された105か国の憲法の9項目の導入数と割合

（2023年8月末現在）

項　目	条項導入国数	割合（%）	おもな導入国
❶ 環境の権利・保護・義務	100	95.2	ナミビア、コロンビア、フィンランド
❷ プライバシーの権利	88	83.8	ポーランド、ウクライナ、アンドラ
❸ 知る権利	76	72.4	アルバニア、キルギス、ボリビア
❹ 家族の保護	88	83.8	カンボジア、ブータン、アルゼンチン
❺ 政党	92	87.6	スロバキア、モロッコ、コロンビア
❻ 国民投票（憲法改正を含まず）	94	89.5	スイス、ペルー、フィンランド
❼ 平和	104	99.0	東ティモール、コソボ、イラク
❽ 憲法裁判所	67	63.8	ハンガリー、ジョージア、モンゴル
❾ 国家緊急事態対処	105	100	スイス、フィンランド、ロシア

＊多くの国に国防・兵役の義務規定あり

図13　1990年代から2010年代までに制定された93～104か国の憲法の9項目の導入数と割合の調査履歴

項　目	調査履歴		
	(1) 2008年12月末 対象93か国	(2) 2015年12月末 対象103か国	(3) 2019年8月末 対象104か国
	導入国数割合	導入国数割合	導入国数割合
❶ 環境の権利・保護・義務	81 87.1%	92 89.3%	99 95.2%
❷ プライバシーの権利	75 80.6%	86 83.5%	87 83.7%
❸ 知る権利	45 48.4%	58 56.3%	75 72.1%
❹ 家族の保護	77 82.8%	88 85.4%	87 83.7%
❺ 政党	84 90.3%	92 89.3%	92 88.5%
❻ 国民投票（憲法改正を含まず）	64 68.9%	71 68.9%	93 89.4%
❼ 平和	91 97.8%	101 98.1%	102 98.1%
❽ 憲法裁判所	58 62.4%	65 63.1%	66 63.5%
❾ 国家緊急事態対処	93 100%	103 100%	104 100%

[掲載書]
(1)『現代世界の憲法動向』（成文堂、2011年）
(2)『世界の憲法を知ろう』（海竜社、2016年）
(3)『憲法の正論』（産経新聞出版、2019年）

❷ プライバシーの権利は、いずれの調査においても80％を上回っている。
❸ 知る権利は、２００８年と２０１５年の調査では50％前後であったが、２０１９年と２０２３年の調査で70％台になっている。
❹ 家族の保護は、いずれの調査においても80％を超えている。
❺ 政党条項は　コンスタントに約90％の憲法に編入されている。
❻ 国民投票（憲法改正を含まず）の導入は、２０１９年８月末日の調査で飛躍的に多くなっている。
❼ 平和条項は、２００８年のモルディブ憲法と２０１３年のフィジー憲法に導入されていないとしていたが、再調査の結果、フィジー憲法のみとなった。
❽ 憲法裁判所の設置は、いずれの調査においても60％を超えている。
❾ 国家緊急事態対処条項は、いずれの調査にあっても、すべての国の憲法に導入されている。

上記の項目中、❼の平和条項については先述（**286頁**）したので、他の項目につき略述します。

環境の権利・保護・義務

環境問題が国際社会で課題とされたのは、1972年6月5日からスウェーデンのストックホルムで開催された国連人間環境会議においてです（6月5日は「世界環境デイ」とされ、わが国では「環境の日」とされています）。

同会議で発せられた「人間環境宣言」の前文には、次のように刻まれました。

「人は環境の創造物であると同時に、環境の形成者でもある。（中略）いまやわれわれは、世界中で環境への影響にいっそうの思慮深い注意を払いながら、行動しなければならない。無知・無関心であるならば、われわれは、われわれの生命と福祉が依存する地球上の環境に対し、重大かつ取り返しのつかない害を与えることになる。逆に十分な知識と懸命な行動をもってするならば、われわれは、われわれ自身と子孫のため、人類の必要と希望にそった環境でより良い生活を達成することができる」

そして、同宣言は天然資源の保護（第2原則）、野生生物の保護（第4原則）とともに、第26原則で「人とその環境は、核兵器その他すべての大量破壊兵器手段の影響から免れなければならない。各国は、関連する国際的機関において、このような兵器の除去と完全なる廃棄について、すみやかに合意に達するように努めなければならない」と定めています。

このように、環境保護の一環として核兵器その他の大量破壊兵器の廃絶が謳われたことは、特筆すべき現象と言えます。

この影響を受けたと思われるのが、1990年に南アフリカ共和国から独立し、同共和国のイ憲法です。

北西部に位置するナミビアの90年憲法、1991年のコロンビア憲法、1992年のパラグア

ナミビア憲法95条　国は、とりわけ次の事項に関する政策を採択することにより、国民の福祉を積極的に推進し、維持していかなければならない。
⑫　生態系、基本的な生態的進化、ナミビアの生物学的多様性の保持、現在および将来のすべてのナミビア人のために正当と認められうる形での自然資源の活用。特に政府は、ナミビア領土内に外国の核および有毒の廃棄物を投棄しまたは再利用することに対し、措置を講じなければならない。

1991年のコロンビア憲法81条および1992年のパラグアイ憲法8条には、環境保護のために核兵器のみならず、生物兵器および化学兵器の製造、ならびに持ち込みを禁止する規定を置いています。

1990年以降に制定された諸国憲法のうち、環境の権利・保護・義務規定を分類すれば、以下のようになります。

（i）快適な環境で生活する国民の権利であると設定している国　スロベニア（1991年、

72条）、モンゴル（1992年、16条）、チェコ（1992年、35条）など。
（ii）国民の権利であると同時に義務であると定めている国　マリ（1992年、15条）、ギニア（2010年、16条）、ブルキナファソ（1991年、29条）など。
（iii）国民の権利というよりも、むしろ環境保護を国民の義務としている国　ラオス（1991年、19条）、ベトナム（1992年、43条）、ウズベキスタン（1992年、55条）など。
（iv）環境保護を国の義務または責務としている国　クロアチア（1990年、69条）、ブルガリア（1991年、14条）、フィンランド（1999年、20条）など。

新憲法ではなく、憲法を改正して環境条項を憲法に導入した事例として、フランスとドイツおよびイタリアの事例を挙げておきます。

フランスでは、2004年2月に「環境憲章」が制定されました。同憲章は、環境が「人類の共有財産である」（前文）との基本認識を示し、「各人は、均衡のとれるかつ健康が尊重される環境のなかで生きる権利を有する」（1条）、「何人も、環境の保全および改善に関与する権利を有する」（2条）などの規定が盛り込まれています。2005年3月には憲法を改正して、前文に従来の1789年の人権宣言および国民主権の原理への忠誠に加えて、新たに「環境憲章に定められている権利と義務への忠誠を厳粛に宣言すること」が導入されました。

ドイツにおいては、１９９４年10月の第42回改正と２００２年７月の第50回改正により、次の条項が追加されました。

「国は、将来の世代に対して責任を果たすためにも、憲法秩序の枠内で立法を通じて、また法律および法の規準に従い、執行権および裁判を通じて、自然的生存基盤および動物を保護する」（20ａ条）

このうち「および動物を保護する」の文言は、第50回改正で加えられたものです。わずかこれだけの文言を加えるために憲法改正がなされることは、わが国では考えられないことですね。いったいどちらの憲法改正観が正常なのか、考えさせられます。

イタリア憲法は、２０２２年２月、９条に定められている国の景観などの保護規定に加え、「共和国は、環境、生物多様性および生態系を保護する。また将来世代の利益のために、国法は、動物を保護する方法および手段を規定するものとする」との条項を新設し、また41条が「法律は、公的および私的な経済活動が社会的および環境の目的のために向けられ、調整されるようにするために、適切な計画と統制を定める」と改正されました。

現在の世界は、地球温暖化、オゾン層の破壊、海洋汚染、森林減少、砂漠化、野生生物の激減など深刻な環境問題に直面しています。これらは、国際社会全体で考えていかなければならない枢要な課題になっています。このような共通認識のもとに、いまや環境条項は憲法の必置条項になっているのです。

プライバシーの権利

現代は、ＡＩ（人工知能）時代と言われています。ビッグ・データの解析から、私たちの身の回りのもの、たとえば医療診断、自動運転車、棋士との対戦などさまざまの分野で利用されています。

けれども使い方によっては、監視社会の構築などによるプライバシーの侵害など凶器にもなり得ます。中国の新疆《しんきょう》ウイグル自治区では、店で何かを買うにしても、商品の内側にＱＲコードが貼られています。また街頭のあちらこちらに設置されている大量の監視カメラで常時、顔認証が行われています。この顔認証とたえず携行を義務付けられているＩＤカードとは連携しているので、誰が、いつ、どこで、何をしているのか、すべて当局によって把握されています。

日本ウイグル協会会長のレテプ・アフメット氏によれば、ＡＩによる監視システムだけでなく、３００万人超と指摘される大規模な強制収容、強制労働、不妊手術の強制、親子の強制的引き離し、ウイグル人宅に１００万人規模で政府職員を寝泊させるなど想像を絶する監視が常態化しています（産経新聞、２０２３年11月20日付）。

チベットについては、ダライ・ラマ法王日本・東アジア代表部事務所代表のツェワン・ギャルポ・アリヤ氏は、中国政府が公文書や報道機関に対して中国国内から「チベット」という文字を抹殺して「西蔵《せいぞう》」と書き改めるように命じ、チベットの学校を閉鎖、チベットの子供たちを中国共産党が運営する寄宿学校へ強制入学させ、チベット人のDNA採取が続いていると述べています（月刊『正論』２０２３年12月号）。個人のプライバシーが完全に存在しない社会と化しています。

我々の周囲においても、インターネットの発達によって、特にSNS上で個人情報が実名で挙げられ、誹謗《ひぼう》・中傷が半永久的に残るという事象が見られます。元交際相手への仕返しとしてのいわゆる「リベンジ・ポルノ」が近時、問題になっています。名指しされた人は、誹謗・中傷に耐えられず、自殺に追い込まれる深刻な事態が発生しています。

こうした実態をみると、プライバシーの権利の重要性が認識されるでしょう。プライバシーの保護は、法律事項というよりも、憲法事項と考えるべきでしょう。

このプライバシーの権利は、当初「ひとりで放っておいてほしい権利」とされていましたが、現代では「自らのプライバシーをコントロールする権利」ととらえられています。

プライバシーの権利が国際社会で認知されたのは、１９４８年の「世界人権宣言」においてです。同宣言12条は「何人も、自己の私事、家族、家庭もしくは通信に対して、ほしいままに干渉され、または名誉および信用に対して、攻撃を受けることはない。人はすべてこのような干渉または攻撃に対して、法の保護を受ける権利を有する」と規定しています。

この規定は、１９６６年に国連総会で定められた「国際人権規約（自由権規約）」17条に踏襲され、地域条約である「欧州人権条約」（１９５０年）８条および「米州人権条約」（１９６９年）

11条にも、ほとんど同一文書が引き写されました。

ここでは、1999年のスイス憲法13条、1997年のポーランド憲法47条および1996年のウクライナ憲法33条を掲げます。

スイス憲法13条

① 何人も、私生活、家族生活、住居、親書、郵便および電気通信におけるプライバシーの権利を有する。

② 何人も、その自己に関するデータの誤用に対して保護される権利を有する。

スイスでは、すでに1874年の旧憲法時代から、連邦最高裁判所は多くの事案で「自己情報決定権」という言葉を用いて、プライバシーの権利を保護してきました。

ポーランド憲法47条

何人も、私事および家族生活、名誉および名声につき法的保護を受ける権利ならびに個人的生活につき自己決定をする権利を有する。

ウクライナ憲法32条

① 何人も、ウクライナ憲法に定められている場合を除き、自己および家族生活の干渉に服することはない。

② 自己の承諾なしに個人情報の収集、保管、使用および流布することは、法律で定められている場合ならびに国の安全、福祉および人権の利益に資する場合のみを除き、認められない。

③ すべての市民は、法律で保護されている国家機密その他秘密とされていない自己の情報につき、国家権力、地方政府諸機関において、検証する権利を有する。

④ 何人も、自己および家族の一員に関する誤った情報の収集、保管、使用および流布によってこうむった物質的、精神的損害につき請求する権利の法的保護を保障される。

プライバシーの保護は「人間の尊厳」を支える重要な方策です。80%以上の国で憲法条項として位置付けられている重さを感じます。

知る権利

ここに「知る権利」を「国民が公機関の得ている情報にアクセスし、または情報を取得する権利」ととらえることにします。この権利は、表現の自由およびプライバシーの権利と重なります。

なぜならば、自らの思想や意思を外部にむかって表現するには、情報が必要です。近年、国家が肥大化し、国家に多くの情報が集中する傾向が見られることから、国家の得ている情報を国民も共有することが求められます。また国家が取得した個人のプライバシー情報について、当該個人が公機関に対して情報開示を要求する権利が与えられなければならないからです。

公文書の情報開示に関する法律が世界で最初に制定されたのは、スウェーデンにおいてです。同国では1776年12月に「著述および出版の自由に関する勅令」が制定され、出版の自由はすべての通信、文書の交換を含むこと（6条）、公文書への自由なアクセスが認められなければならないことなどが定められました（もっとも、君主制を疑問視する執筆は許されない〈2条〉などの制約が付されていた）。この勅令はその後、何度かの改正を経て1949年の「出版の自由に関する法律」に結実し、現在ではスウェーデンの「憲法」に組み込まれています。

ちなみにスウェーデンの憲法は、出版の自由に関する法律のほかに統治法（1974年）、王位継承法（1810年）、および表現の自由に関する基本法（1991年）の四つの基本法で構成されています。

以下で、1997年のポーランド憲法51条と1998年11月に制定されたアルバニア憲法23条を示します。

ポーランド憲法51条

①何人も、法律にもとづくのでなければ、自己に関する情報を開示する義務を負わない。
②公機関は、法により支配される民主的国家において必要とされるもの以外の市民についての情報を入手し、収集し、またはこれにアクセスさせてはならない。
③何人も、自己に関する公文書およびデータの収集にアクセスする権利を有する。このような権利に対する制限は、制定法で定めることができる。
④何人も、誤った情報もしくは不完全な情報、または制定法に反する方法によって収集された情報の訂正もしくは削除を要求する権利を有する。
⑤情報の収集または情報に対するアクセスの原則および手続きは、制定法で定める。

アルバニア憲法23条

①情報に対する権利は、これを保障する。
②何人も、法律に従い、国家機関の行為および国家機関の職務を行使する人物の行為について、情報を得る権利を有する。
③何人も、選挙された集合体の会議を追跡する機会が与えられる。

ここでは、国家機関で職務を遂行している人物の行為についても、アクセスする権利が与えられています。

わが国では、これら三つの権利は「新しい人権」と言われ、憲法13条の「幸福追求」権のなかに包摂《ほうせつ》されると考えられています。

日本国憲法13条

すべて国民は、個人として尊重される。生命、自由及び幸福追求に対する国民の権利については、公共の福祉に反しない限り、立法その他の国政の上で、最大の尊重を必要とする。

この「幸福追求権」として、プライバシーの権利、環境権、日照権、静穏権、眺望権、入浜権、嫌煙権、健康権、情報権、アクセス権、平和的生存権など多数の権利が挙げられます（芦部信喜著、高橋和之補訂『憲法　第八版』岩波書店、２０２３年）。憲法に明記されている具体的な権利以外は、なんでも「幸福追求権」に詰め込んでいるようで、いわば魔法の条項のように感じられます。

環境権、プライバシー権、アクセス権は、それぞれの重要性に照らし、多くの国と同じように、憲法にそれぞれ明記する方が望ましいのではないでしょうか。

家族の保護

家族の保護は、1948年の世界人権宣言16条3項および1966年の国際人権規約（自由権規約）23条1項に「家族は、社会の自然的かつ基礎的な単位であって、国および社会の保護を受ける」という同文の規定があります。

マッカーサー草案23条には「家族は、人類社会の基礎であり、その伝統は、よきにつけあしきにつけ国全体に浸透する」との条項がありました。しかし、このような条項は憲法の条文としてそぐわないという日本側の主張によって、憲法の中には入れられませんでした。

日本国憲法24条は、以下のように定めています。

「婚姻は、両性の合意のみに基いて成立し、夫婦が同等の権利を有することを基本として、相互の協力により、維持されなければならない。②配偶者の選択、財産権、相続、住居の選定、離婚並びに婚姻及び家族に関するその他の事項に関しては、法律は、個人の尊厳と両性の本質的平等に立脚して、制定されなければならない」

この条項のキーワードは「個人の尊厳と両性の本質的平等」です。そこには、人間社会における家族の位置付けが明記されていません。東京大学法学部憲法学担当の教授だった樋口陽一氏は、憲法24条を「家族解体の論理をも含意したものと意味づけられるであろう」と述べています（樋口陽一『国法学』有斐閣、2004年）。はたしてそのような条項のままでいいのでしょうか。

家族に関する詳細な規定は、１９４７年のイタリア憲法に見られます。

「共和国は、婚姻にもとづく自然的共同体としての家族の権利を認める」（29条1項）

「婚姻は、家族の一体性を保障するために法律で定める制限のもとに、配偶者相互の倫理的および法的平等にもとづき、規律される」（同条2項）

「共和国は、経済的および他の措置により、家族の形成およびそれに必要な任務の遂行を助成する。大家族に対しては、特別の配慮を行う」（31条1項）

「共和国は、母性、児童および青少年を保護し、この目的のために必要な施設に対して助成を行う」（31条2項）

「勤労者は、自らの勤労の量と質に比例した報酬を受ける権利を有する。この報酬は、いかなる場合にも、勤労者とその家族に自由で尊厳ある生活を保障するに足りるものでなければならない」（36条1項）

イタリアにあっては「自然的共同体としての家族」、「家族の一体性」、「家族への配慮」、とりわけ大家族および勤労者家族にも配慮した規定が取りそろえられています。

家族条項の大切さは国際的に広く認識され、１９９０年以降に制定された諸国憲法には80％を超える比率で反映されているのです。

りませんでした。

政党の設立・活動

啓蒙思想家で慶應義塾を創設し、現在も流通している1万円札の肖像画の福沢諭吉（1835〜1901年）が1862年に英国を訪問したとき、政党がどんなものなのか、まったくわからない。

「党派には保守党と自由党と徒党のようなものがあって、双方負けず劣らず鎬《しのぎ》をけずって争っているという。なんのことだ、太平無事の天下に政治上のけんかをしているという。サアわからない。コリャたいへんなことだ、何をしているのかしらん。少しも考えのつこうはずがない。あの人とこの人とは敵だなんというて、同じテーブルで酒を飲んで飯を食っている。少しもわからない」（福沢諭吉『新版　福翁自伝』角川ソフィア文庫、2008年）

160年以上前に福沢諭吉が訪英したころとは違い、いまや政党の存在を知らない者はいないし、政党は政治を動かす中心の存在であることは誰もが知っています。のみならず、1990年以降につくられた憲法の90％近くに政党条項が編入されています。

政党と憲法との関係について、ドイツの公法学者・ハインリッヒ・トリーペルは、著書『国家憲法と政党』（1927年）において、①国家が政党を敵視していた時代、②国家が政党を無視していた時代、③政党が国家によって容認・合法化された時代を経て、④政党が憲法に編入される時代になっていると指摘しました。

政党を憲法に編入する場合、1949年のドイツ憲法21条と1958年のフランス憲法4条がサンプルとされていると言ってよいと思われます。

①　政党の設立は自由であること。

②　政党の役割を明記していること（ドイツ憲法は「国民の政治的意思の形成に協力する」ことを挙げ、フランス憲法は「選挙での意思表明に協力する」を挙げている）。

③　政党活動の規制を明示していること（ドイツ憲法「政党の内部秩序の民主化、資金の明確化、自由で民主的な基本秩序を侵害し、国家の存立を危うくするものであってはならない」、フランス憲法「国民主権と民主主義の原理を尊重しなければならない」）。

1990年代の憲法動向について、一つの特色が見られます。それは社会主義憲法体制の崩壊を受け、非社会主義憲法体制へと変容した国家において、全体主義への忌避姿勢が表れていることです。ポーランドの例を引きます。

ポーランドでは、1976年に1952年憲法を大々的に改正しました。そのもっとも重要なポイントは、同国を「社会主義国家」とすること（1条）と、ポーランド統一労働者党を「社会主義建設における指導的勢力である」（3条1項）と明記したことです。6条では、ソ連邦その他の社会主義諸国との友好関係の強化規定を導入するなど、同国を社会主義化する方途が示されていました。

しかし1989年6月、東欧諸国内ではじめて非共産党内閣が生まれました。現行の1997年憲法は11条で政党設立の自由を定め、13条に以下の文言が入れられました。

「政党の綱領が、ナチズム、ファシズムおよび共産主義の全体主義的方法および活動方式にもとづく政党その他の組織、ならびにその綱領または活動方式が人道的もしくは民族的憎悪および権力を獲得しもしくは国家政策に影響を行使するために、暴力の行使を容認し、またはその組織もしくは構成員を秘密にしている政党その他の組織は、禁止される」

ここに、かつて同国が依拠していた共産主義をナチスおよびファシズムと同列に置き、断罪している点が注目されます。

政党条項を取り入れている圧倒的多数の憲法が政党設立の自由を認めていますが、中国（1982年憲法1条）、北朝鮮（1998年憲法11条）、ラオス（1991年憲法3条）、ベトナム（1992年憲法4条）およびキューバ（2019年憲法5条）は、1党支配体制を明記しています。

国民投票

ここでいう国民投票（レファレンダム）とは、憲法改正を除く立法や政策の作成・実施にあたり、直接に国民の意思を問うためのものを対象にしています。

この国民投票は、長年スイスで行われています。同国の1848年憲法74条には、満20歳以上の国民に対して国民投票の権利を与え、また憲法改正について5万人以上の有権者に国民発案（イニシアティブ）の権利を付与していました。

同国の現行憲法（1999年）は、憲法の改正に際して10万人以上の有権者による国民発案を認めています（138条、139条）。また憲法の改正、集団的安全保障のための組織または超国家的共同体への加盟などは必ず国民投票に付され（義務的国民投票―140条）、連邦法律、特定の連邦決議、特定の国際条約については5万人の有権者または八つの州が公布から100日以内に要求したときに国民投票が行われます（任意的国民投票―141条）。

同国連邦官房の資料によれば、1848年から2023年9月5日までに憲法改正を含む国民投票が実施された数は**図14**のようになります。国民の政治意識がおのずと高まり、国民の多くは政治に一《いっ》家言《かげん》持っていると言われます。もっとも、**コラム1**（**116頁**）で紹介したように、些細な事案でも憲法改正あるいは法律の制定などが問われる傾向にあり、国民に飽きがきているとも言われています。

2023年6月18日には、3

図14　スイスにおける国民投票の回数

1848～1880年	22回
1881～1890年	12回
1891～1900年	24回
1901～1910年	12回
1911～1920年	14回
1921～1930年	27回
1931～1940年	22回
1941～1950年	21回
1951～1960年	40回
1961～1970年	29回
1971～1980年	81回
1981～1990年	64回
1991～2000年	105回
2001～2010年	80回
2011～2020年	84回
2021～2023年	27回
合計	**664回**

件について国民投票が行われました。

①新型のコロナウィルス（COVID-19）法の改正
賛成61・94%、反対38・06%、投票率42・49%

②気候保護の目標、革新およびエネルギー安全保障の強化に関する連邦法
賛成59・07%、反対40・93%、投票率42・54%

③大企業の特別課税に関するOECD／G20（経済協力開発機構／グループ・オブ・トゥエンティ）のプロジェクトの実施
賛成78・45%、反対21・55%、投票率42・37%

多くの国の憲法は、国民投票の対象を限定していませんが、1993年のペルー憲法32条は、憲法の全部または一部改正のほか、法律の効力を有する規則の承認、地方の条例および分権の過程にかかわる事項は国民投票の対象であると指定し、他方で人権の抑圧または縮小、租税、予算または国際協約にかかわる事項を国民投票の対象にしてはならないというように国民投票の対象となり得る事項を仕分けしている国があります。

また1996年のウクライナ憲法73条は、領土の変更に際しては、必ず国民投票に付さなければならないと定めています。しかし、先述したごとく2014年3月の自国領土クリミアに

対するロシアの武力による併合、2022年2月のウクライナ本土へのロシアの全面侵攻など外部的要因により、憲法が正常に機能しない状況に直面しています。

参考までに、世界の国民投票制度を詳しく分析したフィンランドのマルック・スクシという公法学者は、1989年現在の160か国の憲法を調査した結果、憲法改正に国民投票を求める国が56か国、通常の立法にも国民投票制を導入している国が25か国、領土の併合・国境の変更などに国民投票を課している国が16か国、政策の決定に関連して国民投票に問うことができるとしている国が35か国あると述べ、この傾向は1970年代中期から1980年代末期にかけて増加の傾向があると指摘しています（Markku Suksi, *Bringing in the People : A Comparison of Constitutional Forms and Practices of the Referendum*, Martinus Nijhoff Publishers, 1993）。

この増加傾向はいっそう進み、1990年代以降に制定された憲法中、約90％におよぶ憲法に採択されるようになっています。このような増加の背後には、国民の政治的参加意識の高まり、政党政治の限界（政党が国民の意思を十分に汲み上げていない）などがあると考えられます。なお、政治指導者が自らの考えを実現するため恣意的に国民投票を利用する可能性があることに留意する必要があります。

フランス第5共和政の生みの親、シャルル・ド・ゴール大統領は、大統領への直接選挙制度の導入（1962年）など3度の国民投票で国民の支持を得ました。しかし4度目の地方制度と上院の改革をめぐる国民投票では、これらの改革案に対する賛否よりも、自らを信任するか否かの信任投票に訴えました。結局、国民投票で否決され、辞任しました。

フランスは民主主義国家として、国民投票で有権者に圧力はかけられませんでしたが、国家権力が特定の個人または少数者の手にゆだねられている専制主義体制をとる国々にあって、あらかじめ反対者を弾圧・排除するなど自己に有利な状況をつくったうえで形だけの国民投票を実施している諸国もあります。

憲法裁判所

日本国憲法81条は「最高裁判所は、一切の法律、命令、規則又は処分が憲法に適合するかしないかを決定する権限を有する終審裁判所である」と規定しています。

憲法は国の最高法規ですから、憲法の規定に違反する法律（国会で制定）、政令（政府が定める命令）、条例（地方議会が議決）などの条項は無効とされます。わが国では、その最終判断を下す役割を担っているのが最高裁判所です。

ここで、法令などが制定された段階でその合・違憲性の判断が可能か（抽象的違憲審査または憲法裁判所型）、あるいは何か具体的事件が起き、それが法令違反であるとして処罰されたときなどに当該法令の合・違憲性が判断されるのか（具体的違憲審査または司法裁判所型）という問題があります。

1950（昭和25）年8月に自衛隊の前身である警察予備隊が設置されたとき、当時の社会党左派は、その無効性を最高裁判所へ訴えました。最高裁判所は、１９５２年10月８日、以下の判決を下しました。

「わが現行の制度の下においては、特定の者の具体的な法律関係につき紛争の存する場合においてのみ裁判所にその判断を求めることができるのであり、裁判所がかような具体的事件を離れて抽象的に法律命令等の合憲性を判断する権限を有するとの見解には、憲法上及び法令上何等の根拠も存しない」

最高裁判所は、法令ができた時点ではその合・違憲判断をせず、何らかの具体的な紛争事象が起きてはじめて関連法令の合・違憲判断を判断できるとの解釈を示したわけです。そしてこの判断のもとで、わが国の違憲審査制が実施されています。

これに対して、法令ができた時点で抽象的にその合・違憲性の判断を示すことができるのが、憲法裁判所です。この憲法裁判所は、１９２０年のオーストリア憲法をもって嚆矢《こうし》とします。同憲法は、オーストリア出身の高名な公法学者、ハンス・ケルゼン（１８８１～１９７３年）により作成され、憲法裁判所が組み込まれました。彼が１９１２年から１９３０年まで住んだ家の跡にオーストリア政府が建てた記念碑には「ハンス・ケルゼン　オーストリア憲法裁判所の創造者にして、純粋法学の創設者」の語が刻まれているそうです。

このオーストリアで創設された憲法裁判所が、第二次世界大戦後、イタリア憲法、ドイツ憲法、フランス憲法などに継承され、１９９０年代に制定された憲法の60％以上に採択されています。

ここでは、ハンガリーの憲法裁判所について体験したことをお話しします。同国では、1989年10月18日に採択された「暫定憲法」（1949年憲法の全面的改正）で憲法裁判所の設置を定め、1990年1月1日より始動しました。

同憲法は、次のような規定を設けました。

①憲法裁判所は憲法の合憲性を審査する。
②憲法裁判所は憲法違反として判示した制定法その他の法規範を無効とする。
③何人も制定法により特定された事案において、憲法裁判所に訴えを提起する権利を有する。

ここに「何人」に対しても憲法裁判所に訴える権利を認めたことが、大きな失敗となったのです。私が1991年6月、ブダペストに旧知の憲法裁判所チーフ・ディレクターのガボール・ハルマイ博士を訪ねたところ、濫訴《らんそ》が目立つということでした。具体的な事件が起こらなくても訴えることができるので、裁判官などを引退した弁護士の中には、法令を矯《た》めつ眇《すが》めつ、少しでも違憲の疑いがあれば提訴することを趣味にしている者もいるそうで、私がもらったデータでは、1990年の1年間だけで1625件もの提訴があり、憲法裁判所の悲鳴が聞こえそうでした。

同国では、2011年4月に新しい基本法（憲法）が制定されました。憲法裁判所裁判官は15人の裁判官で組織され、国会（1院制）が総議員の3分の2以上の多数により12年間の任期で選出します。憲法裁判所裁判官は政党員になってはならず、また政治的活動をしてはならないことが特記されています（24条8項）。

憲法裁判所は、抽象的違憲審査のみならず、具体的違憲審査も行います。旧憲法にあった「何人も」の提訴権は削除されています。憲法裁判所には、違憲審査権のほかに国民投票の命令に関する国会の議決にかかわる審査、大統領の罷免《ひめん》、国家機関間の争訟の解決、憲法に違反して活動している「教会」の認定の撤回に関する意見付与、国会、その常任委員会、大統領、政府または基本権擁護官の要求にもとづく憲法解釈などの権限が与えられています。

一方で憲法裁判所は、国の債務が国内総生産の半分を超えている期間において、生命および人間の尊厳に対する権利、個人データの保護に対する権利、思想・良心・信教の自由に対する権利またはハンガリー国籍に関する権利との関連を除き、予算、税法などの財政法の憲法適合性の審査をすることができません。

わが国が採用している司法裁判所型では、具体的事件が提起されるまでは裁判所の判断が下されませんので、もし違憲判断が下されれば、法令が制定されてから違憲判断がなされるまでの期間、違憲行為が行われていたことになります。

一方、憲法裁判所型では、具体的事件に遭遇していないので、具体性を欠く判決が下されるおそれがあります。ともあれ今日、１９９０年以降に制定された憲法中、３分の２近くの63・8％で憲法裁判所が採択されている事実を認識する必要があります。

国家緊急事態対処

私は、国家緊急事態対処条項を「外部からの武力攻撃、内乱、組織的なテロ攻撃、重大なサイバー攻撃、経済的な大恐慌、大規模な自然災害、深刻な流行性の疫病など、平時の統治体制では対処できないような国家の非常時にあって、国家がその存立と国民の生命および憲法秩序を守るために特別の緊急措置を講じることを定める条項」と定義付けます（参照、拙著『知って楽しい世界の憲法』海竜社、２０２１年）。

１９６６年の国際人権規約（自由権規約）４条には、以下の規定があります。

［国際人権規約（自由権規約）４条］

①　国民の生存を脅かす公の緊急事態の場合において、その緊急事態の存在が公式に宣言されているときは、この規約の締約国は、事態の緊急性が真に必要とする限度において、この規約にもとづく義務に違反する措置をとることができる。ただし、その措置は、当該締約国が国際法にもとづき負う他の義務に抵触してはならず、また人種、皮膚の色、性、言語、宗教または社会的出身のみを理由とする差別を含んではならない。

②　上記の規定は、第6条（生命に対する権利の保障）、第7条（拷問または残虐な刑罰の禁止）、第8条1項および2項（奴隷的状態の禁止）、第11条（契約の義務不履行による拘禁の禁止）、第15条（遡及《そきゅう》処罰の禁止）、第16条（法律の前に人として認められる権利の保障）、ならびに第18条（思想、良心および宗教の自由の保障）の規定に違反することを許すものではない。

③　義務に違反する措置をとる権利を行使するこの規約の締約国は、違反した規定および違反するに至った理由を、国際連合事務総長を通じてこの規約の他の締結国にただちに通知する。さらに、違反が終了する日に、同事務長を通じてその旨を通知する。

各国が緊急事態に対応する措置をとることを是認し、さらに「真に必要とする限度において」、条件つきで規約にもとづく義務に違反する措置を講じることを認めています。

図12・13で見たとおり、いずれの調査においても、1990年以降に制定されたすべての国の憲法に国家緊急事態対処条項があります。いまや憲法と国家緊急事態対処条項とは不可分の関係にあることが証明されています。

ここに、3人の学者の言葉を紹介しておきます。1人目は、ドイツ出身で米国のハーバード大学で教鞭を執った著名な政治学者、カール・フリードリッヒ氏です。

「緊急事態に対処できない国家は、遅かれ早かれ、崩壊を余儀なくされる。憲法上の士気《モラール》を危険にして、それゆえ憲法秩序を危険にするという理由から、このような緊急権に反対する論者はいない」(Carl Friedrich, *Constitutional Government and Democracy*, Ginn, 4th edition, 1968)

2人目は、ドイツの高名な公法学者、コンラート・ヘッセ氏です。

「憲法は、平常時においてだけでなく、緊急事態および危機的状況においても真価を発揮すべきものである。憲法がそうした状況を克服するための何らの配慮もしていなければ、責任ある機関には、決定的瞬間において、憲法を無視する以外にとりうる手段は残っていないのである」(コンラート・ヘッセ著、初宿正典・赤坂幸一訳『ドイツ憲法の基本的特質』成文堂、2006年)

そして3人目は、当時における国家緊急権研究の第一人者、立命館大学教授(京都帝国大学教授のとき公職追放された)大西芳雄氏です。

「憲法にも法律にも非常事態に対する何らの措置も予定しない国は、一見、立憲主義の原則に忠実であるかの如く見えて、実は、その反対物に顛落《てんらく》する危険性をふくむものと言ってよかろう」(日本公法学会『公法研究』第十七号、有斐閣、1957年)

1957年という、わが国で国家緊急権を論じることがタブー視されていた時期の言説として刮目《かつもく》に値します。

日本国憲法になぜ緊急事態条項が入れられなかったのでしょうか。実は、1946年2月13日のマッカーサー草案を受けて、日本側が3月4日に連合国総司令部(GHQ)へ持参した日本国憲法案(3月2日案)76条には、緊急事態条項がありました。

76条（3月2日案）　衆議院ノ解散其ノ他ノ事由ニ因リ国会ヲ召集スルコト能《あた》ハザル場合ニ於テ公共ノ安全ヲ保持スル為特ニ緊急ノ必要アルトキハ、内閣ハ事後ニ於テ国会ノ協賛ヲ得ルコトヲ条件トシテ法律又ハ予算ニ代ルベキ閣令ヲ制定スルコトヲ得。

けれども、4日から5日にかけて行われた徹夜の折衝において、GHQ側は憲法に明記されていなくても、行政府にはエマージェンシー・パワー（emergency power）が認められており、それによって対応すれば十分だという見解を示しました。エマージェンシー・パワーとは、国家に緊急事態が発生すれば、憲法や法律で明白に禁じられていないかぎり、必要なあらゆる措置をとることができるという英米法系に基礎を置く考え方です。

しかし、このような考え方は、憲法や法律に明記されていることしかできないという明治憲法以来とってきたわが国の法体系（大陸法系）とは異なります。そこで日本側はしつこく談じ込み、なんとか54条に参議院の緊急集会の規定を導入することができました。

日本国憲法54条

①　衆議院が解散されたときは、解散の日から四十日以内に、衆議院議員の総選挙を行ひ、その選挙の日から三十日以内に、国会を召集しなければならない。

②　衆議院が解散されたときは、参議院は、同時に閉会となる。但し、内閣は、国に緊急の

必要があるときは、参議院の緊急集会を求めることができる。

③　前項但書の緊急集会において採られた措置は、臨時のものであつて、次の国会開会の後十日以内に、衆議院の同意がない場合には、その効力を失ふ。

この条項は、衆議院が解散されたときには、最長70日以内に次の国会を召集しなければならず、その期間内において国に緊急の必要があるときは、内閣によって参議院の緊急集会が召集されること、そして緊急集会でとられた措置は、次の国会が開会されてから10日以内に衆議院の同意がなければ効力を失うことを定めています。

それゆえ、参議院の緊急集会は、衆議院が解散されているときにかぎり召集され、衆議院の総選挙の実施を前提としていることから、あくまで暫定的で「平時の制度」というべきであって、「有事の制度」ではありません。

立憲民主党は、参議院の緊急集会は衆議院の閉会中であっても、また70日を超えてでも開催が可能であると無理に拡大解釈し、参議院の緊急集会を「有事の制度」であると位置付けていますが、許容できるものではありません。

以下では、国家緊急事態対処条項のうち、感染症と国会議員の任期延長にかかわる各国の憲法規定を概観します。

２０１９年12月初旬に中国湖北省の武漢市で発生したコロナウイルスは、その後、さまざまの変異株を生み出し、世界中を一大パニックに陥れました。

私は、各国憲法に国家緊急事態対処条項との関連で「感染症」がどのように扱われているのかを調査しました。対象となる用語は、「パンデミック（世界的に感染する感染症）」、「エピデミック（一定の地域に予想を超えて発生する感染症）」および「エンデミック（特定の地域に発生する特有の風土病）」です。

調査結果は、次のとおりです。

（1）感染症を戦争や内乱、大規模な自然災害などとともに「国家緊急事態」の中に含めている憲法＝トルコ（1982年、119条）、ネパール（2015年、273条）、エルサルバドル（1983年、29条）、ウズベキスタン（1992年、93条）など18か国

（2）感染症を予防し撲滅することを国家・公的機関の責任・義務としている憲法＝アルジェリア（2020年、65条）、ポーランド（1997年、68条）など8か国

（3）感染症の危険を除去または防止するために人権を制約できるとしている国

①移動の自由の制約＝ドイツ（1949年、11条）、ブラジル（1988年、231条）

②住居の不可侵の制約＝ドイツ（13条）、ルーマニア（1991年、27条）など7か国

③集会・デモの自由の制約＝スウェーデン（1974年、24条）

（4）感染症などによって選挙が実施されない場合の措置＝キプロス（1960年、39条、こ

の場合には選挙が翌週に実施される）

武漢市で発生したコロナウイルスは、またたく間にわが国にも襲来し、多数の人命が失われました。このような状況の中で、２０２０年1月28日、日本維新の会の馬場伸幸・幹事長（当時）は、衆議院予算委員会で「新型コロナウイルスの問題は、まさしく（憲法改正論議の）非常にいいお手本ではないかというふうに思うんです」と言及、また伊吹文明・元衆議院議長は同月30日、「憲法改正論議における緊急事態条項の一つの事例になるのではないか」と発言しました。

これに対して、立憲民主党の枝野幸男・代表（当時）は、1月31日の記者会見で「人命にかかわっている問題を憲法改正に悪用するのは許されない」と論及、公明党幹部からは「火事場泥棒的で、絶対ダメだ」との発言もありました。

しかし、人命にかかわる重大な事態だからこそ、また毒性の強い新型肺炎のまん延が多くの深刻な災厄を招いているからこそ、本質的に憲法レベルで真剣に議論されるべきではないでしょうか。先述の感染症に関する各国憲法の調査は、このような疑問を契機としています。

もう一つ、最近、国家緊急事態が発せられた場合、国会議員の任期を延長すべきだという議論がありますが、私の調査では、１８９か国の成典化憲法中、少なくとも98か国の憲法に国会議員の任期延長などの規定が導入されています。大きく四つのパターンがあります。

A　国会議員の任期延長＝アフガニスタン、ブルガリア、キプロス、コソボ、パキスタンなど
B　解散の禁止＝フランス、ハンガリー、カンボジア、エジプト、ベラルーシなど
C　解散中または会期外であっても、国会を召集＝イタリア、トルコ、コロンビア、バングラデシュ、ボツワナなど
D　国会に代替する機関の設置＝スウェーデン、ドイツ、カーボベルデ

国会の重要性に鑑み、緊急事態にあっても、国会を作動させるというシステムの存在意義が確認されます。

犯罪被害者の権利

図12にはありませんが、敷衍して犯罪被害者の権利について言及しておきたいと思います。日本国憲法は、31条から40条まで刑事手続きに関する詳細な規定を整備しています。第3章「国民の権利及び義務」は、全体が31か条で構成され、その約3分の1を占めています。日本国憲法が「刑事訴訟憲法」と揶揄《やゆ》される所以《ゆえん》です。特に37条は、刑事被告人の権利を手厚く保護しています。

日本国憲法37条

① すべて刑事事件においては、被告人は、公平な裁判所の迅速な公開裁判を受ける権利を有する。

② 刑事被告人は、すべての証人に対して審問する機会を充分に与へられ、又、公費で自己のために強制的手続により証人を求める権利を有する。

③ 刑事被告人は、いかなる場合にも、資格を有する弁護人を依頼することができる。被告人が自らこれを依頼することができないときは、国でこれを附する。

一方で、刑事事件における犯罪被害者の権利は、1か条も設定されていません。バランスを失していると言わなければなりません。刑事被告人は国民の特定多数ですが、犯罪被害者は国民の誰もがなり得る可能性があります。

「全国被害者支援ネットワーク」や警視庁のホームページに掲載されている犯罪被害者やその家族の声を読むと、自然に涙が出てきます。妹を性犯罪で殺害された兄の手記に「社会は加害者に甘く、被害者遺族に優しくありません。加害者は、法に守られますが、被害者遺族を守ってくれるものではありません」（国家公安委員会・警視庁編『犯罪被害者白書　令和2年版』）と語られています。犯罪に巻き込まれた被害者遺族の切なる実感でしょう。

2004（平成16）年に制定された犯罪被害者等基本法前文に、次の1節があります。

「近年、様々な犯罪等が跡を絶たず、それらに巻き込まれた犯罪被害者等の多くは、これまでその権利が尊重されてきたとは言い難いばかりか、十分な支援を受けられず、社会において孤立することを余儀なくされてきた」

このようなことを考えると、「犯罪被害者の権利」は、憲法事項にすべきではないでしょうか。

以下で、2か国の憲法を掲げます。

韓国憲法（1987年）30条　他人の犯罪行為により、生命または身体に対する被害を受けた国民は、法律の定めるところにより、国から援助を受けることができる。

ロシア憲法（1993年）52条　犯罪および公職による権力濫用に対する被害者の権利は、これを保護する。国は、被害者に対し、裁判の機会および損害賠償を受ける権利を保障する。

以上、日本国憲法に導入されていない環境の権利・保護・義務、プライバシーの権利、知る権利、家族の保護、政党、国民投票、憲法裁判所、国家緊急事態対処および犯罪被害者の権利について、世界の新しい憲法の動向を提示しました。

このような動向をみると、日本国憲法は典型的に20世紀型の憲法です。21世紀に入り、世界および日本の社会変動が顕著です。21世紀に適合する憲法体制を構築していく必要があるように思われてなりません。

（2）ＰＫＯ（国際連合平和維持活動）協力法

ＰＫＯとは

ＰＫＯ（United Nation Peacekeeping Operations＝国際連合平和維持活動）は国際連合の活動であるにもかかわらず、公的な定義がありません。

日本国政府は、以下のように定義付けています。

「国連の統括する枠組みのもと、紛争に対処して国際の平和及び安全を維持することを目的として行われる活動であって、国連事務総長の要請に基づき参加する２以上の国及び国連により、紛争当事者の同意などを確保した上で実施される活動などをいう」（防衛省『防衛白書』令和５〈２０２３〉年版）

要するにＰＫＯとは、国連の統括のもとで、平和維持、停戦監視、選挙監視などを通じ国際社会の平和と安全を目的として、中立的・非強制的に行われる活動です。

このようなＰＫＯは、世界の多くの場面で運用され、２０２３年7月31日現在、12のミッションが展開されており、ミッションへの派遣要員は、８万７５８９人におよびます（国連ホームページによる)。派遣国数のベスト・スリーは、バングラデシュ(7279人)、ネパール(6299人)およびインド(6097人)、先進国にあってはイタリア(22位、968人)、フランス(34位、597人)、ドイツ(35位、570人)といった具合です。日本国は現在、南スーダン派遣団司令部へ4人を派遣しています。

湾岸戦争の教訓

1990(平成2)年8月2日、サダム・フセイン大統領の率いるイラクが隣国のクウェートへ侵攻しました。これは国際法に明確に違反する行為だったため、国連で各種の制裁決議がなされました。特に安全保障理事会第678決議により、米国を中心とする多国籍軍が組織され、翌91年1月17日、クウェート解放のための「砂漠の嵐」作戦が実行されました。こうしていわゆる湾岸戦争が勃発。力の差は歴然としており、戦争開始から約1か月あまり後の2月28日、クウェートはイラクから解放されました。

日本国政府は、このとき多国籍軍に対する支援のため、135億ドル(当時の為替レートで約1兆7700億円)を拠出し、それ以外の行動をとりませんでした。しかも最初は10億ドル、次に10億ドル、3度目は20億ドル、4度目に90億ドル、さらに為替相場に変動があったとして5億ドルを追加するというように、国際社会の反応をみながら、五月雨《さみだれ》式に拠出するといういたって消極的なものでした。

クウェートが戦後の1991年3月11日、米紙ワシントン・ポストに30か国の名前を挙げて感謝広告を出しましたが、その中に日本国の名前は掲載されていませんでした。わが国は、資金の提供だけでは感謝の対象にならないという手痛い教訓を得ました。

波乱のPKO協力法の成立

このような状況のもとで、政府は1991年9月18日、「国際連合平和維持活動等に対する協力に関する法律案」（通称・PKO協力法案）を国会へ提出しました。

街頭では「軍国主義反対！」「自衛隊の海外派兵を許すな！」「戦地へ子どもを送るな！」「憲法9条を壊すな！」などのプラカードを持ったデモ行進が頻繁に見られました。

マスメディアにあっては、朝日新聞の反対キャンペーンが目立ちました。1992年5月30日から5回にわたり、論説副主幹をはじめ論説委員、編集委員が論陣を張りました。見出しにいわく「崩れる非軍事の原則」「憲法軽視の考え育つ」「隊員応募者を懸念」「冷戦後の自画像を欠く」「『筋通った政治』遠く」。論点は、自衛隊の組織的な海外派遣は解釈改憲であり、非軍事の9条の理念を崩すというものです。

憲法学者の中には「違憲の自衛隊が海外で活動するのは、二重の憲法違反だ」という見解がありました。

国会では、社会党、共産党、社民連が強く反対、特に衆議院において1992年6月15日、社会党と社民連は、所属議員全員（１４１人）が桜内義雄・衆議院議長に辞表を提出するというハプニングがありました。議長は、これを受理しませんでした。

結局、ＰＫＯ協力法は、１９９２年６月15日、自民党、公明党および民社党の賛成により、可決・成立しました（施行は１９９２年８月10日）。審議中、自衛隊がカンボジアへ持っていく機関銃を１挺《ちょう》にするか２挺にするかという低次元の論議がありました。朝日新聞などは１挺にすべきだと主張していましたが、１挺であれば１８０度しかカバーすることができず、２挺ならば３６０度をカバーすることができますし、また故障するかもしれないことを考えると１挺では持っていかないも同然です。ＰＫＯ部隊が２挺を持っていったのは当然です。

私が非常に驚いたのは、あれほど自衛隊の存在やＰＫＯへの自衛隊派遣に反対を唱えていた社会党が、村山富市（社会党党首）内閣時代（１９９４年６月30日〜９６年１月11日）、村山首相自らが「自衛隊は合憲である」と言い切り、また１９９４年９月21日〜同年12月28日、ルワンダ難民支援隊として隣国のザイール共和国（現コンゴ民主共和国）へ陸上自衛隊を派遣したことです。反対一辺倒では政府の長としての責任を負えないと目覚めたのだと思います。

自衛隊派遣の５原則

ＰＫＯ協力法の大きな特色は、自衛隊を派遣するには以下の５原則を満たすことが必要とされていることです。

1　紛争当事者の間で停戦の合意が成立していること。
2　国連平和維持隊が活動する地域に属する国および紛争当事者が当該国連平和維持隊の活動および当該国連平和維持隊へのわが国の参加に同意していること。
3　当該国連平和維持隊が特定の紛争当事者に偏《かたよ》ることなく、中立的な立場を厳守すること。
4　上記の原則のいずれかが満たされない状況が生じた場合には、わが国から参加した部隊は撤収することができること。
5　武器使用は要員の生命などの防護のための必要最小限のものを基本とすること。

同法の目的は「(前略) 国際平和協力業務の実施体制を整備するとともに、これらの活動に対する物資協力のための措置を講じ、もって我が国が国際連合を中心とした国際平和のための努力に積極的に寄与すること」(1条) にあります。

このような目的を実施するために、たとえば以下のような任務を負います (同法3条)。

イ　武力紛争の停止の遵守状況の監視。
ロ　緩衝地帯その他の武力紛争の発生の防止のために設けられた地域における駐留および巡回。

ハ　車両その他の運搬手段または通行人による武器の搬入または搬出の有無の検査または確認。
ニ　放棄された武器の収集、保管または処分。
ホ　紛争当事者間の捕虜の交換の援助。

こうして自衛隊が海外で活動することになりましたが、当然のことながら、同法の違憲性が問われました。政府は、自衛隊の海外派兵と海外派遣とは違うとして、海外派兵とは武力攻撃の目的を持って武装部隊を海外に派遣することであり、平和活動の目的を持って武装部隊を海外へ派遣することは憲法に違反しないとの判断を示しました（参議院平和協力特別委員会、1992〈平成4〉年4月28日）。

同法2条2項には、憲法9条1項に違反しないように「国際平和協力の実施等は、武力による威嚇又は武力の行使に当たるものであってはならない」との文言が入れられました。

他方で同法25条1項には以下の規定があります。

「（前略）派遣先国において国際平和協力業務に従事する隊員は、自己又は自己と共に現場に所在する他の隊員若しくはその職務を行うに伴い自己の管理の下に入った者の生命又は身体を防護するためやむを得ない必要があると認める相当の理由がある場合には、その事態に応じ合理的に必要とされる限度で、当該小型武器を使用することができる」

ここに武器の使用と武力の行使との違いが問題となりますが、政府は次のような統一見解を示しています（1991年9月27日）。

1　一般に、憲法第9条第1項の「武力の行使」とは、我が国の物的・人的組織体による国際的な武力紛争の一環としての戦闘行為をいい、法案第24条（現行の法律第25条）の「武器の使用」とは、火器、火薬類、刀剣類その他直接人を殺傷し、又は武力闘争の手段として物を破壊することを目的とする機械、器具、装置をその物の本来の用法に従って用いることをいうと解される。

2　憲法第9条第1項の「武力の行使」は、「武器の使用」を含む実力の行使に係る概念であるが、「武器の使用」が、すべて同項の禁止する「武力の行使」に当たるとは言えない。例えば、自己又は自己と共に現場に所在する我が国要員の生命又は身体を防衛することは、いわば自己保存のための自然的権利というべきものであるから、そのために必要な最小限の「武器の使用」は、憲法第9条第1項で禁止された「武力の行使」には当たらない。

ＰＫＯと憲法との関係

私は、1991（平成3）年11月22日に開かれた衆議院の「国際平和協力等に関する特別委員会公聴会」で公述人として、要旨、以下のように発言しました。

（1）憲法解釈の思考様式について　憲法解釈には英米法的解釈と大陸法的解釈があります。両者の違いを一言でいえば、前者は憲法で明示的に禁じられていること以外は基本的に容認されるというもの。これに対して、大陸法的解釈（ドイツ、明治憲法など）は憲法で明示的に認められていることしかできないというもの。日本国憲法は、その成立経緯からみて、英米法的に解釈するのが妥当と思われます。

（2）憲法で明示的に禁じられていることについて　日本国憲法で明示的に禁じられていることは「国際紛争を解決する手段としての戦争、武力による威嚇又は武力の行使」です。先述したPKO参加5原則に従うかぎり、PKOへの参加は、憲法が明示的に禁止している事項にあたりません。まして1988年にノーベル平和賞を受賞したPKOでの活動は、日本国憲法の平和理念と重なります。憲法前文が「われらは、平和を維持し、専制と隷従、圧迫と偏狭を地上から永遠に除去しようと努めてゐる国際社会において、名誉ある地位を占めたいと思ふ」と謳っていることに鑑み、積極的に参加することが求められます。

（3）国会の承認の是非について　提出されている政府案には、国会の承認が欠けています。私は次の理由から国会の承認が必要であると考えます。

①　シビリアン・コントロールの必要性。政府はPKO参加5原則に従って行動すること、国会への報告が定められていることから、国会の承認は不必要であると考えられている

ようですが、自衛隊を海外へ派遣するという重大事は、シビリアン・コントロールの貫徹という視点から、国会の承認は必須と考えます。

② 国民の代表者たる国会の承認は、国会の責任であり、義務であると思います。

③ 自衛隊の士気《モラール》が高まります。政府だけの判断では何かこそこそと外国へ派遣されるという感じを持ちますが、国会を通じて国民の意思が背後にあることにより、士気が高揚するでしょう。

私の見解がどれほど影響を与えたかはわかりませんが、最終的に「国会の承認」が法案のなかに入れられました。そして法案に「国会の承認」を求めていた民社党も賛成にまわりました。

朝日新聞と読売新聞の報道の違い

このPKOに関して朝日新聞と読売新聞の報道を比較したところ、非常に興味深い違いがみられます。

朝日新聞社は、論説委員会編『朝日新聞は提言する　国際協力と憲法』（朝日新聞社）を1995（平成7）年6月30日付で刊行。一方、読売新聞社は、同社の憲法問題研究会のメンバーにより同年12月12日付で『安全保障への提言　読売「政策大綱」と解説』（読売新聞社）を刊行しました。

朝日新聞論説委員会編の著書は、日本が「良心的兵役拒否」をめざすべきことを第一に挙げています。この「良心的兵役拒否」は、徴兵制を憲法で定めているドイツ憲法などにヒントを得ています。すなわちドイツ憲法12ａ条には、次の規定があります。

1　男子に対しては、18歳から軍隊、連邦国境警備隊または民間防衛団における役務に従事する義務を課することができる。

2　良心上の理由により、武器をもってする軍務を拒否する者に対しては、代替役務に従事する義務を課すことができる。（後略）

（注・ドイツは2011年7月4日に徴兵制が廃止されたが、同条項はそのまま残っている）

そして非軍事に徹するという原則にもとづき、①自衛隊以外の組織として、平和支援隊をつくる、②2010年を目標に年次計画を立て、自衛隊を国土防衛的な組織に縮小、改変し、陸上自衛隊を半分にし、イージス艦やＰ‐3Ｃ対潜哨戒機なども大幅削減をめざす、などを提言しています。

日本国憲法の理念を生かすためとのことですが、すこぶる非現実的と言わざるを得ません。

第一に「良心的兵役拒否」は、国内で施行されるものです。世界各国に向けて「良心的兵役拒否国家」であると呼びかけても、応じる国家はほとんどないでしょう。また各国が武器を持って国際平和のために活動しているのに、日本がそれを拒否するのは、国際社会から卑怯者とみられるのではないでしょうか。

第二に、自衛隊以外の組織で十分に平和維持活動を実践することができるでしょうか。各国では、同活動は完結型の軍隊の仕事であると考えられています。国連ＰＫＯの生みの親と言われている第２代国連事務総長のダグ・ハマーショルドは「ＰＫＯは軍隊の仕事ではない。しかし軍隊でしかできない仕事である」と語っています。

第三に、陸上自衛隊の組織を半分に縮小し、装備を大幅に削減していたら、沖縄県尖閣諸島は確実に中国の施政下に置かれていたでしょう。日本国民は、周辺諸国からの恫喝に脅かされ続けてきたでしょう。米国は、日本防衛の負担が増え、日米安保条約の解消を申し入れてくるかもしれません。

朝日新聞の見方は国際社会の厳酷な現実を直視していません。あまりにも楽観的です。また無責任でもあります。朝日新聞の示す方向に沿っていたら、日本国と日本国民に多大の被害を与えることになるでしょう。その責任を朝日新聞はどのようにして負うつもりなのでしょうか。

一方の読売新聞社憲法問題研究会メンバーによる著書は、国連ＰＫＯを「国際社会の平和維持、回復のための制度的に確立されたシステム」であり、「国際間の相互依存が高まる中で各国からの信頼が安全保障に欠かせないわが国は、国連の機能深化の観点からも、積極的に対応する」という「基本認識」のもとで、以下を提言しました。

①　通信、輸送、建設など後方支援のほか、紛争停止の遵守、武装解除の履行監視、緩衝地帯での駐留・巡回、武器の搬入・搬出の検査、確認を実施する（注・これらの業務の実施は、2001年の同法改正により可能になった）。
②　他国の部隊などを守る（注・後述の平和安全法制により可能になった）。
③　自衛隊の緊急時における武器使用にあたっては、隊員の安全確保のため、現地の部隊指揮官の命令による使用を認める（注・1998年の同法改正により可能になった）。
④　任務の遂行が著しく妨げられている場合も、同様の措置を認める（注・平和安全法制により可能になった）。

両社の提言を比較すると、理念のみに拘泥するか、理念を大切にしつつ、現実的に適合させるようとするかの違いと言えるでしょう。読売の提言の多くが法律として実現していることが、そのことを物語っています。どちらの提言が有益か、おのずと明らかです。

ＰＫＯに対する国民の判断

カンボジアＰＫＯへの派遣から30周年を迎え、国連事務次長でＰＫＯ担当のアトゥール・カレが来日しました。そして、東ティモールＰＫＯ（2002～04年）で陸上自衛隊施設部隊が建設した橋や道路が非常に良好な状態で市民に利用されていること、世界のＰＫＯ派遣部隊の中で自衛隊が唯一、規律違反がないこと、自衛隊ＯＢが退官後に地雷除去活動に従事していること、などを高く評価しました（朝雲新聞２０２２年5月26日付）。

このようなＰＫＯについて、国民はどのように考えているでしょうか。内閣府が２０２３年9月27日から10月15日にかけて実施したＰＫＯへの参加に関する世論調査の結果は、以下のとおりです。

・これまで以上に積極的に参加すべき　23・3％
・これまで程度の参加を続けるべき　64・4％
・参加すべきだができるだけ少なくすべき　9・5％
・参加すべきではない　1・2％
・その他・分からない　1・5％

以上の結果によると、積極的または現状維持の参加が87・7％であるのに対して、参加すべきでないがわずかの1・2％でしかありません。国民の圧倒的多数が自衛隊のＰＫＯへの派遣を支持しています。ただし、近年の国連ＰＫＯは危険度が増しており、わが国はその実情を検証し、注視していく必要があります。

（3）限定的な集団的自衛権の行使

集団的自衛権とは

集団的自衛権に対比される言葉として、個別的自衛権という言葉があります。個別的自衛権とは、自国が外国から武力攻撃を受けたとき、自国を防衛するために武力をもって反撃する権利をいいます。

これに対して集団的自衛権とは、自国が攻撃されていないにもかかわらず、自国と密接な関係にある他国に対する武力攻撃があった場合、自国に対する武力攻撃とみなして、武力反撃を受けた国を支援し、ともに防衛する権利をいいます。

なにか難しいように感じられますが、身近な例を引き合いに出してみましょう。

いじめっ子の暴力に対して、自分の力だけで対抗するのが個別的自衛権です。

いじめっ子が親友のA君に暴力をふるうときに、A君を助けていっしょにいじめっ子の暴力に対抗するのが集団的自衛権です。

親友のA君との関係で、自分がいじめられたら助けてほしいと言うけれども、A君がいじめられ助けを求めているにもかかわらず、「家の決まりで君を助けることができない」と言って何もしなかったら、A君との関係はおしまいになるでしょう。また他からは、なんて自己中心的な人間なのだろうとみられるでしょう。

一方、ふだんからいじめっ子に「A君をいじめれば、僕はA君といっしょに闘う」ことを告げ、またA君も「彼をいじめれば、自分も闘う」と言っておけば、いじめっ子に対して「容易に手出しができない」という抑止力になるでしょう。この場合、A君だけでなく、B君、C君など仲間を増やし、同じような約束を交わしておけば、さらに強い抑止効果を発揮するでしょう。

わが国の場合、政府は長年にわたり、憲法上、個別的自衛権を行使できるけれども、集団的自衛権を行使することができないという立場をとってきました。

その結果、どんな問題があったか。日本国を守るために日本海で自衛隊の艦艇と米軍の艦艇が共同訓練を実施している場合、自衛隊の艦艇が他国から攻撃を受けたときには、米軍の艦艇は日米安保条約にもとづき、自衛隊の艦艇を防衛する義務があります。ところが、米軍の艦艇が他国から攻撃を受けたとき、自衛隊の艦艇は米軍の艦艇を守ることができませんでした。政府は「自衛のための必要最小限度を超える」と解釈していたからです。いかにも利己的です。

はたして、自衛隊がわが国を防衛するために共同行動をとっている米軍の艦艇を防衛することは、憲法に違反するのでしょうか。

安保法制懇の「報告書」

安倍晋三首相（当時）は、このような政府の解釈を再検討すべく、２００７（平成19）年５月に諮問会議として、安保法制懇（正式には「安全保障の法的基盤の再構築に関する懇談会」）を設置しました。同懇談会は翌年６月、集団的自衛権に関する政府解釈の見直しを含む「報告書」を作成し、安倍内閣を引き継いだ福田康夫首相に提出しましたが、同首相は安全保障法制の見直しに消極的で、棚に上げられたままでした。

２０１２年12月、政権に返り咲いた安倍首相は翌13年２月、第一次とメンバーをほとんど同じくする第二次安保法制懇を再設置し、改めてわが国の安全保障法制のありようについて諮問しました。

第二次安保法制懇のメンバー（肩書は２０１４年5月15日現在）

岩間陽子（政策研究大学院大学教授）、岡崎久彦（特定非営利活動法人岡崎研究所理事長・所長）、葛西敬之（東海旅客鉄道株式会社代表取締役名誉会長）、北岡伸一（国際大学学長・元東京大学教授、元国連大使）、坂元一哉（大阪大学大学院教授）、佐瀬昌盛（防衛大学校名誉教授）、佐藤謙（公益財団法人世界平和研究所理事長、元防衛事務次官）、田中明彦（独立行政法人国際協力機構理事長、元東京大学教授）、中西寛（京都大学大学院教授）、西修（駒澤大学名誉教授）、西元徹也（公益社団法人隊友会会長、元統合幕僚会議議長）、細谷雄一（慶應義塾大学教授）、村瀬信也（上智大

学名誉教授）、柳井俊二（座長、国際海洋法裁判所所長、元外務事務次官）

2014年5月15日、同懇談会は安倍首相に「報告書」を提出。私は第一次、第二次いずれもの懇談会のメンバーでしたが、会合を通じて多くのことを得ることができました。

メンバーは、国際政治、日本政治外交史、国際法などの学者をはじめ、外務省、防衛庁（現防衛省）の元事務次官、元外交官、元統合幕僚会議議長など、多彩な顔ぶれがそろっています。当然、それぞれの立場から、含蓄のある意見が述べられました。憲法研究者は私だけということもあって、私自身の憲法解釈論を展開する機会に恵まれました。

私が驚いたのは、安倍首相がほぼ毎回、懇談会に出席し、耳を傾け、時折発言されたことです。諮問会議というのは、関係大臣などが冒頭で挨拶をし「あとはよろしく頼む」という形式なのだろうという私の認識が一変しました。

安倍晋三氏が1993（平成5）年6月に初当選してすぐのこと、私は議員会館の事務所に呼ばれ、集団的自衛権についてさまざまの視点から質問を受けました。そのときすでに集団的自衛権の行使を禁止している政府解釈を変更しようという思いがあり、満を持して諮問会議の設置を決意したのだろうと思います。

第二次安保法制懇の「報告書」について、憲法との関連で要点を簡略に述べると、次のようなものでした。

ア　憲法は自衛のための武力行使を禁じておらず、「必要最小限度」の集団的自衛権の行使は認められていると解すべきである。
イ　PKO（国連平和維持活動）や在外自国民の保護・救出の国際治安協力についても、憲法9条が禁じる武力の行使にあたらないと解釈すべきである。
ウ　武力攻撃に至らない侵害（いわゆるグレーゾーン事態）の場合にあって、そのような侵害を排除する自衛隊の必要最小限度の行動は、国際法上、合法とされるかぎり、憲法上、容認されるべきである。

もっとも、だからといってどんなときでも集団的自衛権を行使できるわけではなく、①わが国と密接な関係にある外国に対して武力攻撃が行われ、②その事態がわが国の安全に重大な影響をおよぼす可能性があるとき、③その国の明示の要請または同意を得て、必要最小限度の実力を行使する、という要件が付されています。この3要件が、後述の閣議決定による「武力行使のための新3要件」に結びつきました。

武力行使のための新3要件

安倍首相は「報告書」を受け取ったその日の夕方、記者会見を開き「国民の命と暮らしを守るために、切れ目のない対応を可能とする国内法制を整備する」ことを宣明しました。

その後、同年7月1日、「国の安全を全うし、国民を守るための切れ目のない安全保障法制の整備について」と題する閣議決定がなされました。この閣議決定の最大のポイントは、集団的自衛権の行使を全面的に否定していた政府の憲法解釈を変更したことにあります。

政府が新たに設定した自衛権として発動される「武力行使のための3要件（新3要件）」は、以下のとおり。

① わが国に対する武力攻撃が発生した場合のみならず、わが国と密接な関係にある他国に対する武力攻撃が発生し、これによりわが国の存立が脅かされ、国民の生命、自由および幸福追求の権利が根底からくつがえされる明白な危険のある場合において、

② これを排除し、わが国の存立を全うし、国民を守るために他に適当な手段がないときに、

③ 必要最小限度の実力を行使すること。

参考までに、それまで政府が憲法9条のもとで自衛権の発動として認めていた「武力行使のための3要件（旧3要件）」は、次のようなものでした。

① わが国に対する急迫不正の侵害があること。

②　これを排除するために他に適当な手段がないこと。
③　必要最小限度の実力行使にとどまること。

一読してわかるように、新3要件中、第1要件が、わが国に対する武力攻撃だけでなく、わが国と密接な関係にある他国に対する武力攻撃に対しても、必要最小限度の実力を行使することができるようになりました。旧3要件が個別的自衛権の行使であり、新3要件が集団的自衛権の行使にあたります。

ただし、集団的自衛権の行使といっても、「わが国の存立が脅かされ、国民の生命、自由および幸福追求の権利が根底からくつがえされる明白な危険のある場合」において、「必要最小限度の実力を行使する」にとどまります。そのようなことから、完全な集団的自衛権の行使と区別して、限定的な集団的自衛権と言われます。

集団的自衛権の行使は憲法違反なのか

集団的自衛権を行使することは、憲法に違反するでしょうか。日本国憲法が自衛権の存在を容認していることは、何度か述べてきました。

国連憲章51条は、集団的自衛権を個別的自衛権とともに、加盟各国の「固有の権利」と定めています。この「固有の権利」は、英語で inherent right と表現され、国連で英語とともに公用語とされているフランス語では droit naturel（自然権）、同じく中国語では「自然権利」とされています。人が生まれながらに持っている権利が自然権であり、それと同様に国家が存立のために当然に保有している権利が個別的自衛権であり、また集団的自衛権なのです。国連憲章では、個別的自衛権と集団的自衛権とをまったく区別していません。

国連憲章51条　この憲章のいかなる規定も、国際連合加盟国に対して武力攻撃が発生した場合には、安全保障理事会が国際の平和および安全の維持に必要な措置をとるまでの間、個別的または集団的自衛の固有の権利を害するものではない。この自衛権の行使にあたって加盟国がとった措置は、ただちに安全保障理事会に報告しなければならない。またこの措置は、安全保障理事会が国際の平和および安全の維持または回復のために必要と認める行動をいつでもとるこの憲章にもとづく権能および責任に対しては、いかなる影響も及ぼすものではない。

このような自衛権の行使を、日本国憲法は禁じているでしょうか。どの条文のどの文言で禁止が明文化されているのでしょうか。政府は、自衛権そのものをきわめて狭く解釈し「わが国に対する武力を排除すること」のみを自衛権発動の要件としてきました。

一方で政府は「国際法上、わが国が集団的自衛権を有していることは、主権国家として当然である」とも答弁しています（1972〈昭和47〉年10月14日）。そうであれば、集団的自衛権を行使できないという解釈は、わが国が国際法上、主権国家ではないということになるのではないか。こんな疑問に対して、政府は説得的な答えを示してきませんでした。

日本国は主権国家であり、日本国憲法が自衛権を認めているのであれば、その自衛権の中に、国家の自然権というべき個別的自衛権も、集団的自衛権もともに当然に認められるというのが、行きつく解釈ではないでしょうか。

以下は、私が「第189回衆議院　我が国及び国際社会の平和安全法制に関する特別委員会」（2015〈平成27〉年6月22日）で参考人として発言した要旨です。

1　私は本法案を戦争法ではなく、戦争抑止法であると考えます。
2　比較憲法の視点から調査分析すると、9条の平和条項と集団的自衛権の行使を含む安全保障体制とは矛盾するどころか、両輪の関係にあります。
3　文理解釈上、集団的自衛権はまったく否定されていません。
4　集団的自衛権は、個別的自衛権とともに国家が持つ固有の権利、すなわち自然権であり、両者は不可分の関係にあります。
5　集団的自衛権の目的は抑止効果であって、その本質は抑止効果にもとづく自国防衛であります。

6　わが国は国連に加盟するにあたり、なんらの保留も付しませんでした。国連憲章51条を受け入れたと考えるのが妥当と考えます。

7　個別的自衛権にしろ、集団的自衛権にしろ、自衛権の枠内にあり、国際社会の平和と秩序を実現するという憲法の要請にもとづき、さまざまの状況に照らし、慎重な判断にもとづく政策上の問題であります。

3人の憲法学者の違憲解釈を検証する

限定的な集団的自衛権を内包する平和安全法制が国会で審議されていた2015年6月4日、衆議院憲法審査会で長谷部恭男《やすお》・早稲田大学教授、小林節《せつ》・慶應大学教授、笹田栄司・早稲田大学教授の3人の憲法学者がこぞって同法制を憲法違反であると発言しました。

平和安全法制　限定的な集団的自衛権の行使が可能になったことを受けて成立した国際平和支援法（国際平和共同対処事態に際して我が国が実施する諸外国の軍隊等に対する協力支援活動等に関する法律）と平和安全法制整備法（我が国及び国際社会の平和及び安全の確保に資するための自衛隊法等の一部を改正する法律）から構成されている。

けれども、これらの憲法学者の発言を検証すると、とうてい的を射ているとは思われません。

まず長谷部教授は、集団的自衛権の行使が、①従来の政府解釈の枠内では説明がつかず、法的な安定を揺るがす、②他国への攻撃に対して武力を行使するのは自衛というより他衛であって、憲法で認めていると考えるのは難しい、③「他国との武力行使との一体化」のおそれがきわめて強い、の3点を挙げて憲法違反であると断じました。

この見解の基本的問題点は、憲法違反の根拠を従来の政府解釈に求めていることです。憲法違反かどうかは、政府解釈に依拠するのではなく、9条そのものを対象にしなければなりません。また他衛論については、新3要件が全面的な集団的自衛権ではなく、「わが国の存立を全うし、国民を守るため」のものであることを見落としています。「他国との武力行使の一体化」については、わが国が武力を行使するのは、あくまで「わが国に対する武力攻撃または密接な関係にある他国に武力攻撃が発生した」場合であって、遠く他国にまで行って、他国のために他国の武力行使と一体化するわけではありません。

小林教授は、①仲間を助けに行くのが集団的自衛権であって、そのような行為はとりわけ憲法9条2項に違反する、②ホルムズ海峡における機雷撤去や、日本人の母子を乗せた米艦にどこかの国が攻撃をしかけてきた場合は、いずれもわが国の個別的自衛権の行使であって、わが国が個別的自衛権であると説明すればすむ、と主張しました。

このうち、①については、長谷部教授と同じく、政府の限定的な集団的自衛権の行使がまったく念頭に置かれていません。②のホルムズ海峡にどこかの国が武力行使の一環として敷設《ふせつ》した機雷を除去することは、わが国のみを目標にして意図的に敷設されたものでないかぎり、その除去は国際的には集団的自衛権と解されています。同様に日本人の母子を乗せた米艦に対する武力攻撃は、同艦には多くの国籍の人たちが乗艦しているでしょうし、船籍が米国のものですから、米艦への攻撃に対処するわが国の武力行使は通常、集団的自衛権とみなされます。このような国際的には集団的自衛権と解されているものをわが国独自の判断で個別的自衛権だと言い張るのは、あまりにも乱暴です。

もう一人の笹田教授は、従来の内閣法制局と自民党政権がつくってきた解釈が限界であって、今回の解釈変更でその枠を超えてしまったがゆえに、憲法違反であると論じています。内閣法制局の解釈の無謬《むびゅう》性を前提とし、憲法の条文を点検していないという点で、長谷部教授と同じく基本的な問題点があります。

こうして、これら3人の見解には基本的な問題点があるにもかかわらず、結論だけがメディアに大きく取り上げられ、反対勢力が活気づくことになりました。

朝日新聞の一大反対キャンペーン

反対勢力の筆頭が、PKO協力法のときと同じく朝日新聞でした。同紙は連日、反対のための一大キャンペーンというべき記事を掲載しました。同紙がすえた論点は「わが国が他国を守るための戦争に参加することは許されるのか」というものです。論点がずれています。

閣議決定された翌日の2014（平成26）年7月2日付同紙各面の見出しのみを掲げます。
「9条壊す解釈改憲　海外で武力行使容認」「『強兵』への道　許されない（編集委員三浦俊章）」（1面）
「ねじ曲げられた憲法解釈　専守防衛から大きく転換『自衛措置』強引に拡大」（2面）
「危険はらむ軍事優先　周辺国刺激、緊張招く懸念」（3面）
「国会、歯止め役担えるか　賛成大多数　民意とずれ」（4面）
「自衛隊の活動　増す危険」（5面）
「米『役割高め同盟強化』韓『平和憲法の堅持中止』中『主権損なうな』」（10面）
「集団的自衛権の容認　この暴挙を超えて」（社説、14面）
「安全保障を考える　日本のこれから　中国との対話　扉のその先へ（慶應大学准教授・神保謙さん）　9条空洞化『敵』抱える国に（静岡大学名誉教授・山本義彦さん）」（15面）
「9条守れ、声あげる時　ノーベル賞へ署名続々　街頭抗議、官邸届け」（29面、神奈川版）
「不戦叫び続ける　列島抗議のうねり」（39面）
また社説の隣面の「声」欄には5人中4人が反対で、その下面の朝日川柳「かたえくぼ」も閣議決定を批判する句や言葉が並べたてられています。しばらくの間、ほぼ同じような紙面づくりが続きました。
限定的な集団的自衛権の行使にともなう平和安全法制のメリットには言及せず、デメリット、しかも日本のためではなく他国のために行う戦争をするようになったと拡大解釈をして煽情的に報じ、「徴兵制の採用にまでいたる」など、かなり飛躍した内容で埋め尽くされていました。

支離滅裂な多くの憲法学者たち

朝日新聞の２０１５年７月11日付に、憲法学者を対象にしたアンケート調査が発表されました。回答を得た１２２人中、自衛隊の合憲性について、以下の結果が示されています（朝日新聞デジタル）。

①憲法違反にあたる　50人
②憲法違反の可能性がある　27人
③憲法違反にはあたらない可能性がある　13人
④憲法違反にはあたらない　28人
⑤無回答　4人

一方で、憲法改正に関しては次のようです。

①必要がある　６人

②必要はない　99人
③無回答など　17人

「自衛隊は憲法違反またはその可能性がある」が77人（63％）に対して、「憲法改正の必要はない」が99人（81％）となっています。この数値をみて思いました。自衛隊を憲法違反であると考えながら、その改正の必要がないということは、憲法違反の自衛隊の存在を認めることになり、はなはだ矛盾しているのではないか。立憲主義にも反するのではないか。私は、憲法学者の支離滅裂さがここに極まれりと強く感じ、憲法学者が世の中から信頼されていない一端がここにあるのではないかと思いました。

篠田英朗《ひであき》・東京外国語大学教授が批判する「憲法学のガラパゴス化」と通底しているのではないかと改めて感じた次第です（篠田英朗『ほんとうの憲法――戦後日本憲法学批判』ちくま新書、2017年、同『憲法学の病』新潮新書、2019年）。

世論調査にみる国民の現実的な思考

平和安全法制（安全保障関連法）が施行されたのは、2016年3月29日です。その前後に行われた世論調査を見てみましょう。

◎日本世論調査会（2016年2月27〜28日）

安倍政権は集団的自衛権を行使できないとしてきた従来の憲法解釈を変更し、集団的自衛権の行使を可能とする安全保障関連法を成立させました。あなたは集団的自衛権と憲法の関係について、今後どうすべきだと思いますか。次の中から一つだけ選んで答えてください。

①集団的自衛権の行使容認を憲法解釈で対応する現状でよい　30・1％
②集団的自衛権を行使できないとする以前の解釈に戻す　32・3％
③憲法を改正し、集団的自衛権の行使を容認する　27・8％

三分しているようですが、集団的自衛権の行使容認は57・9％におよび、否定の32・3％を大きく上回っています。ただ、この設問について、政府は「集団的自衛権」そのものを行使容認しているのではなく、「限定的な集団的自衛権の行使」を容認したのであって、正当な政府解釈を把握していません。設問自体が正しくありません。

◎産経新聞とFNNの合同世論調査（同年3月19〜20日）

集団的自衛権を限定的に容認し、自衛隊の役割を拡大する安全保障関連法は、日本の安全保障にとって、必要だと思いますか、思いませんか。

①思う　57・4％

②思わない　　　35・1%

◎**読売新聞**（同年4月22〜24日）

あなたは、安全保障関連法が施行され、集団的自衛権を限定的に行使できるようになったことを、評価しますか。

①評価する　　50%

②評価しない　39%

こうしてみると、国民の方が朝日新聞や憲法学者たちよりも、はるかに現実的な思考をしていることがわかります。朝日新聞の方がよほど「民意とずれ」ていることが証明されます。

平和安全法制にともなう訓練の実施

2016年3月に平和安全法制が施行されてから、①米国海軍と共同し、米国艦艇の防護に関する訓練（2017年7月）、②多国間共同訓練に参加し、国際平和協力法にもとづく国外での初の宿営地の共同訓練（同年7〜8月）、③ジブチにおける在外邦人などの保護措置に関する訓練（2018年9月）、④多国間共同訓練に参加し、国際支援法にもとづく協力支援活動に関する訓練（2019年1〜2月）、⑤統合運営能力の向上および自衛隊との連携をはかる目的での在外邦人など保護措置訓練（2020年11～12月）、⑥米海軍主催の環太平洋合同訓練（リムパック）への参加（2021年7～8月）、⑦リムパックにおけるわが国の「存立危機事態」を想定したはじめての訓練（2022年6～8月）などを実施してきました。

存立危機事態　わが国と密接な関係にある他国に対する武力攻撃が発生し、これによりわが国の存立が脅かされる明白な危険がある事態。この事態にあっては、内閣総理大臣が自衛隊に「防衛出動」を命じ、自衛隊は新3要件にもとづき「武力の行使」をすることができます。

こうして平和安全法制によって、わが国の安全確保がより強固になりました。他国からの信頼度も高まっています。政府高官からは「平和安全法制がなかったら、ぞっとする」との発言がなされています。同法制の意義を深めるために、多国間との訓練などを通じていっそう努力することが求められています。

朝日新聞の見識を糺す

憲法9条との関連で朝日新聞が政府の解釈を正しく理解していないことと、対応の不備を指摘しておきたいと思います。

第一に、朝日新聞は2017年5月9日付の「社説」で以下のように論述しています。

自衛隊は歴代内閣のなかで一貫して合憲とされてきた。
9条1項で戦争放棄をうたい、2項で戦力不保持を定めている。あらゆる武力行使を禁じる文言に見えるが，外部の武力攻撃から国民の生命や自由を守ることは政府の最優先の責務である。そのための必要最小限の武力と実力組織の保有は、9条の例外として許容される――。そう解されてきた

「必要最小限の武力と実力組織の保有は、9条の例外として許容される――。そう解されてきた」？　政府はこれまで「必要最小限の武力と実力組織の保有」を、一度たりとも「9条の例外として許容されてきた」と解釈していません。

政府は、自衛隊を必要最小限度の実力組織とみなし「我が国を防衛するための必要最小限度の実力組織としての自衛隊は、憲法に違反するものではない」と解釈してきているのです。政府は、自衛隊の存在を「9条の枠内」として位置付けたうえで、合憲であると説明してきているのです。

9条に関する政府解釈を理解することが、メディアの基本中の基本というべきです。「社説」は、その新聞社を代表する責任のある言説です。個人の記事と違います。まして朝日新聞は、政府の安全保障政策を批判していることで知られています。

私は、この社説を読んで愕然としました。いったい政府の9条解釈を正しく理解できないで、政府を批判できるのか。朝日新聞がこの社説を正しく直したということを知りません、まさに朝日新聞の資質が問われます。

もう一つは、2022（令和4）年11月1日付の「あすへの報道審議会」で、論説主幹がこう述べています。「（朝日新聞社は）自衛隊を違憲だと述べたことは一度もない」。

私は、この発言の裏付けをほしいと思い、また9条に関する朝日新聞の日ごろの解釈に関する若干の疑問点につき、手続きを踏んで論説主幹に宛てて質問状を送付したところ、広報部より12月19日付で以下の「回答」が寄せられました。

「弊社の考え方は、これまで朝日新聞紙面で報じてきた通りです。従前より、個別の記事や社説の内容についてのお問合せにはお答えしておりません。どうぞご了解いただけますようお願い申し上げます。今回お尋ねいただきましたテーマにつきましては、これからも紙面で報じて参ります」

私の質問にまったく答えていません。「弊社の考え方は、これまで朝日新聞紙面で報じてきた通りです」とありますが、「これまで朝日新聞紙面で報じて」きていなかったからこそ、その根拠を尋ねたのです。「今回お尋ねいただきましたテーマにつきましては、これからも紙面で報じて参ります」とありますが、1年以上経っても、私の疑問に対して「紙面で報じ」られていません。実に空疎です。人間の「心」が感じられません。

朝日新聞は、２０２４年1月19日の「天声人語」で政治家の使う「総合的判断」という語について、「正直に理由は説明したくない。だけど、何かを言わなくてはならない。つまりは、そんな立場の人にとって、極めて便利なごまかしの言葉なのだろう」と述べています。この批判を自社に対して向けてほしいと思います。

（4）諸団体の憲法改正草案作成への助力

読売新聞社の改正試案（1994年・2004年）

読売新聞社は、各界識者・専門家12人による「読売憲法問題調査会」を設置し、１９９２（平成4）年1月30日に第1回総会を開き、以後月2回のペースで審議を進め、同年12月9日に第一次提言が渡邉恒雄社長（当時）に手交されました。

読売新聞社憲法問題調査会メンバー（肩書は当時）猪木正道（会長、平和・安全保障研究所長）、宮田義二（会長代理、松下政経塾長）、北岡伸一（立教大学教授）、齋藤鎮男（元国連大使）、佐藤欣子（弁護士）、島脩（読売新聞論説委員長）、田久保忠衛（杏林大学教授）、田中明彦（東京大学助教授）、西修（駒澤大学教授）、西広整輝（防衛庁顧問）、三浦朱門（作家）、諸井虔《けん》（秩

父セメント会長）

この提言を受けて、社内で「憲法問題研究会」を立ち上げ、2年間にわたる研究の結果、1994年11月3日に「読売新聞改正試案」を作成しました。特色として、以下を挙げることができます。

①　前文に「日本国民は、国際社会の平和と実現に向け、全力を尽くすことを誓う」、「日本国民は、民族の長い歴史と伝統を受け継ぎ、美しい国土や文化的遺産を守り、文化及び学術の向上を図る」の文言を導入。国際社会の平和とともに、日本国のアイデンティティにも目を向けている。

②　第1章に「国民主権」を置き、「天皇」を第2章にくり下げた。また天皇の国事行為の一つに「国を代表して」の語を加え、天皇が「国家元首」であることを示している。

③　第3章を「安全保障」とし、現行憲法の9条1項に加えて、非人道的な無差別大量破壊兵器の廃絶を希求し、日本国がこのような兵器を製造・保有・使用しない、内閣総理大臣を最高の指揮監督権者とする自衛のための組織を有し、その組織への参加は強制されないことを明記。

④　第4章に「国際協力」を新設し、「確立された国際法機構の活動に、積極的に協力」し、

必要な場合には自衛のための組織の一部を提供することができるとの規定を導入。

⑤　国民の権利および義務として、「この憲法が保障する基本的人権は、侵すことのできない永久の権利である」と定める一方で、「この憲法が保障する自由及び権利は、国民の不断の努力によって、これを保持しなければならない。また、国民は、常に公共の福祉との調和を図り、これを濫用してはならない」との国民の保持責任を規定している。新しく人格権（名誉、信用その他人格を不当に侵害されない権利）、プライバシーの権利、国籍を離脱する権利、環境の権利と保全の義務などが設定されている。

⑥　法律案の再議決に関する衆議院の議決の見直し（現行憲法の出席議員の3分の2以上の議決から出席議員の5分の3以上の議決へ緩和）、条約および人事案件に関する参議院の優越、内閣総理大臣のリーダーシップの確立、憲法裁判所の設置、健全な財政運営の努力義務、地域住民と地方公共団体の自治権の尊重、憲法改正に関して各議院で在籍議員の3分の2以上の出席により出席議員の3分の2以上の賛成があった場合は国民投票に付さないで成立するなど。前文と11章108条で構成。

この読売新聞社の「憲法改正試案」は、非常に大きな反響を呼びました。最大の購読者数を誇る新聞社が世論を誘導するのは問題であるという意見が寄せられましたが、当時政治部記者として参画していた特別編集委員の橋本五郎氏は、渡邉恒雄社長の英断だったと述べています。

橋本氏によると、圧倒的多数は9条の改正を含む憲法改正そのものに対する左側からの反対でしたが、右側からは「天皇」の章を第2章にくり下げたことに対する批判があったとのことです。一方で「勇気ある行動である」との激励もあり、担当者たちの作業の推進力になりました。もっとも懸念された部数の減少はなかったそうです。

この「改正試案」の作成に関して、私にも影響がおよび、管轄の警察署課長が自宅を訪問、「プライベート・パトロールをすることになりました」と告げられ、車で出かけるときは必ず車の下を点検すること（爆発物がしかけられているかもしれないから）などの注意を受け、また朝起きて新聞をとりに郵便受けをみると「午前5時（4時または3時になることも）にパトロールしました。異常はありませんでした」とのメモが入っていました。

1990年代に大新聞社が憲法改正を唱えることは、非常に勇気のいることだったのです。現在といかに違うか、隔世の感がします。

詳しくは、読売新聞社編、資料監修・西修『憲法 21世紀に向けて 読売改正試案・解説・資料』（1994年）および読売新聞社調査研究本部編『憲法を考える 国際協調時代と憲法第九条』（1993年）を参照していただきたい。

その後もメンバーは研鑽を重ね、『安全保障への提言』（読売新聞社、1995年）、『報道提言――読売新聞の挑戦』（中央公論新社、2002年）などを刊行、2002年夏から新しい憲法作成に向けた検討がなされ、2004年5月3日に『読売試案 2004年』を発表、同試案とその解説・資料は、同年8月に社内メンバー17人と社外の有識者2人（北岡伸一氏と西修）による書下ろしの著書が出版されました（読売新聞社編『憲法改正――読売試案　2004年』中央公論新社、2004年）。

1994年の憲法改正案と比較して、同試案の特色は以下に見出されます。

①　前文に「地球環境は、人類存続の基盤であり、日本国民は、国際社会と協力しながら、その保全に努め、人間と自然との共生を図る」との文言が追加。

②　第1章「国民主権」に国民主権の発現の場としての政党条項が導入。

③　第3章「安全保障」で1994年試案より一歩踏み込んで「自衛のための軍隊を持つことができる」と明記。

④　1994年試案の人格権、プライバシーの権利、環境の権利と保全の義務に加えて、家族の保護、人為による人の生命の操作および生成の禁止、犯罪被害者の権利、国の行政情報の開示請求権が付加。

⑤　法律案の再議決に関する衆議院の議決方式の再点検（現行憲法の出席議員の3分の2以上の議決から出席議員の過半数へ緩和）、国家緊急事態対処条項の新設、地方自治体とその住民の自立と自己責任の原則の明確化、地方自治体の行政情報の開示請求権など。前文と11章116か条で構成。

全体的に時代に即しつつ、未来の憲法構造が示されています。

創憲会議「新憲法草案」(2005年)

創憲会議は、旧民社党の国会議員からなります。衆議院議員の米澤隆・民社党委員長を代表幹事とし、玉置一弥《たまきかずや》・衆議院議員が事務局長を務めました。実際には中野寛成・衆議院議員が中心となって2年におよぶ討議がなされた結果、2005(平成17)年10月28日に「新憲法草案」を作成しました。

討議は非常に熱のこもったものでした。東京都港区芝にある日本労働組合発祥の地とされている友愛会館の一室で侃々諤々《かんかんがくがく》の議論がなされました。先述の中野議員が議論を引っ張り、玉置議員のほかに田中慶秋・衆議院議員らが持説を述べるという形で進められました。研究者として、百地章(日本大学教授)、加藤秀治郎(東洋大学教授)、池田実(日本大学助教授)と私が参加。都内で1泊して討議したときは、大石尚子《ひさこ》・衆議院議員が熱弁をふるいました。著書にするための文章は、池田実助教授が担当。雰囲気は、真剣な中にも中野議員がダジャレ好きで(自己紹介するときは「私の名前は未完成の寛成です」など)、百地教授と私はジョーク好き人間なので、ダジャレやジョークも飛び交い打ち解けたものでした。

憲法草案の特色として、以下を指摘することができます。

①　前文に日本国民がめざすべき以下の国家像が記されている。自立と共生にもとづく友愛の気風に満ちた国づくりを進める、立憲主義の理念と伝統、基本的人権の尊重にもとづく自由で民主的な国家の礎《いしずえ》の上に、国民の福祉を増進し、活力ある公正な社会の建設に努める、地球規模で自然との共生の確保に努める、平和を愛する諸国民と手を携え、尊厳ある国づくりを進める、地域社会の自治と自立を尊重し、多様性と創造力に富む国づくりを進めるなど。

②　第1章「天皇」の前に「序章」を置き、象徴天皇制と国民主権、国民の基本的人権の擁護努力義務、国際平和主義・軍隊の設置・徴兵制の禁止、国旗・国歌・領土規定を設けている。

③　人権条項に、犯罪被害者およびその家族に対する国家からの救済を受ける権利、良好な環境を受ける権利と義務・国の保全義務、家族の保護、知的財産の保護、生命倫理の保護などが加えられている。

④　統治構造として、政党の明記、内閣総理大臣による衆議院解散の制限、両議院に憲法適合審査会・政令の法律適合性のための専門委員会の設置、参議院の緊急集会に代わる両院合同委員会の設置、国家緊急事態に対応する詳細な条項、国に対する財政健全化の訓示規定、憲法裁判所の設置、重要な案件に対する諮問的な国民投票、道州制の導入、憲法改正

条項の緩和（憲法改正の発議は、各議院で総議員の過半数による。各議院の総議員の３分の２以上の賛成があれば、国民の承認があったものとみなす）、国の専権事項を限定し（外交および国際関係、国防、海上保安、通貨制度など）、ほかは地方自治体の権限として地方自治体の権能の強化を図り、あわせて地方自治体の組織を変更する。

全体的に日本国のアイデンティティを守りつつ、21世紀型の憲法体制が構築されています。前文と10章１１６条で構成されています。詳しくは、創憲会議編『国を創る　憲法を創る――新憲法草案』（一藝社、２００６年）を参照されたい。

産経新聞社「『国民の憲法』要綱」（２０１３年）

産経新聞社は、２０１２（平成24）年３月に以下の「国民の憲法」起草委員会を設置し、27回におよぶ議論を経て、２０１３年４月26日に前文と12章１１７条にわたる憲法要綱を発表しました。私たちは１１７を「いいな」と呼び変え、「いいな憲法」と呼んでいました。

産経新聞社「国民の憲法」起草委員会メンバー（肩書は当時）委員長・田久保忠衛（杏林大学名誉教授）、委員・佐瀬昌盛（防衛大学校名誉教授）、西修（駒澤大学名誉教授）、大原康男（國學院大學名誉教授）、百地章（日本大学教授）

起草委員会のメンバーは上記の5人ですが、討議には産経新聞の各部の記者が参加し、有益な発言がなされ、条項として反映されているものもあります。

たとえば「前文」は、特別記者兼論説委員の湯浅博氏の案にもとづいています。前文は「日本国は先人から受け継いだ悠久の歴史をもち、天皇を国のもといとする立憲国家である」からはじまり、「よもの海をはらからと願い、和をもって貴しとする精神と、国難に赴く雄々しさをはぐくんできた」というような美文調になっています。現在、論説委員長の榊原智氏や政治部記者の内藤慎二氏らも盛んに発言していたのを覚えています。

特色は、以下のようなものです。

① 前文に「国家の目標として独立自存の道義国家を目指す」と明記されている。

② 第1章に「国柄」として「日本国は、天皇を国の永続性および国民統合の象徴とする立憲君主国である」と明示し、天皇が国家元首であること、また天皇の国事行為に「元号を制定する」ことを加え、公的行為として「伝統に基づく皇室祭祀を行う」ことなどの規定が配されている。

③ 第2章を「国の構成」とし、国民主権、領土・国旗（日章旗であること）・国歌（君が代であること）を定めている。また「国は、その主権と独立を守り、公の秩序を維持し、

かつ国民の生命、自由および財産を保護しなければならない」と定めると同時に「国民は、みずから国家の一員であることを自覚し、その発展に寄与するよう努めなければならない」との規定を設けている。

④　第3章「国防」では、「国際平和の誠実な希求」を掲げるとともに政治の優位を確保したうえで、軍の保持を定めている。

⑤　第4章「国民の権利および義務」において、「この憲法が保障する自由および権利は、国の緊急事態の場合を除き、国政上、最大限尊重されなければならない」と定める一方で「権利は義務を伴う。国民は互いに自由および権利を尊重し、これを濫用してはならない」と規定し、国民に対して、国を守り、社会公共に奉仕する義務、法令を遵守する義務、納税の義務を求めている。

⑥　新たに外国人の権利の保障、家族の尊重および保護、名誉および肖像にかかわる人格権、私生活および個人情報の保護、国民による情報公開請求権、環境の権利および義務、国および地方自治体の情報公開の義務、知的財産権の保護、犯罪被害者の権利などが設けられている。家族の尊重および保護について「家族は、互いに扶助し、健全な家庭を築くよう努めなければならない」との努力義務規定がおかれている。

⑦　統治構造として、政党条項の設置、法律案の再議決に関する衆議院の議決方式の見直し（現行憲法の出席議員の3分の2以上の議決から出席議員の過半数へ緩和）、衆議院議員の任期

をもって1立法期とする、参議院に行政監視院を設置する、軍事裁判所を設置する、国および地方自治体の財政健全化への努力義務、公金の濫用禁止、地方自治体の再編など。

⑧　第10章を「憲法秩序の保障」とし、最高裁判所の中に憲法判断を専門に行う憲法裁判部を設置している。第11章を「緊急事態」に割り当て3か条にわたり詳述されている。憲法改正に関しては各議院の総議員の過半数の議決により、国会が国民に提案できるとしている。

この憲法要綱は、国家対国民という関係ではなく、国家と国民の一体性という視点から作成されていると言えます。

以上の各憲法改正草案において、現行憲法の解釈上、疑義のある点や問題点を条文で補い、各国憲法の動向にも注意を払い、より斬新な規定を導入している点に全体的な特色があると総括できると考えます。

（5）国会における憲法審議

生みの親・中山太郎議員

中山太郎・衆議院議員は、先述した湾岸戦争が勃発したとき、外相の地位にありました。金だけ出して人的貢献をしなかったことに対する諸外国の冷たい視線を体感しました。中山氏は、その根因が憲法にあると考え、1997（平成9）年5月1日、共産党議員を含む全国会議員に対して「『憲法調査委員会設置推進議員連盟』設立主意書」を配布しました。文面には、次の一節があります。

「ときあたかも憲法施行五十周年を迎えたいま、二十一世紀に向けたわが国のあり方を考え、新時代の憲法について議論を行う絶好の機会であります。憲法は国の基本法であります。よって憲法論議は、国権の最高機関たる国会において、党派を超えた全国民的立場でなされるべきであり、国家の基本問題について真摯に議論することこそが、われわれ政治家に課せられた最大の使命だと考えます」

上記設立主意書には、衆議院議員270人、参議院議員105人の合計375人の同意が得られ、憲法調査委員会議員連盟が発足しました。議員連盟が行った第一は、当時、存命していたGHQの関係者らを招き、話を聞くことでした。

1997年11月17日、憲政記念館において「憲法50周年記念フォーラム　21世紀の日本のために」と題するシンポジウムが午前10時半から午後5時まで1日がかりで実施されました（**図15**）。

私は、前記外国人すべてと顔見知りだったので、午前、午後ともにコーディネーターを務めました。会場の憲政記念会館は、満員の盛況でした。一方で会場の外では「憲法改正反対」の声が、マイクを通して大きく叫ばれていました。

1999（平成11）年3月1日、社民党と共産党を除く自民党、民主党、公明党、自由党、改革クラブの5党幹事長の間で、議案提出権のない「憲法調査会」の設置が合意されました。

こうして、同年7月21日、「日本国憲法について広範かつ総合的に調査を行う」ための国会法改正（102条の6）が成立し、翌2000年1月20日、各議院に憲法調査会が設置されました。

先述の内閣憲法調査会との違いは、憲法改正の発議権を有する国会に設置されたことと、国会内の全会派が参加し、超党派的な議論がなされたことにあります。内閣の憲法調査会の設置に反対した社会民主党（注・社会党の後身）や共産党も、国会の憲法調査会の設置に関する国会法改正自体には反対したものの、同調査会には設置当初から参加しました。

発足にあたり、①憲法調査会は、議案提出権がないことを確認する、②調査期間は、おおむね5年程度を目途とする、③会長が会長代理を指名し、野党第一党の中から選定する旨の申し

図 15 「憲法 50 周年記念フォーラム　21 世紀の日本のために」式次第（1997 年 11 月 17 日、於・憲政記念館）

•開会式

司会　畑恵（参議院議員）
開会の辞　中山太郎（憲法調査委員会設置推進議員連盟会長）
海外講師紹介　野田聖子（衆議院議員）

•基調講演

Ⅰ　セオドア・H．マクネリー（メリーランド大学名誉教授）
Ⅱ　リチャード・B．フィン（アメリカン大学名誉教授）

•プレゼンテーション & パネル・ディスカッションⅠ

司会　高市早苗（衆議院議員）
コーディネーター　西修（駒澤大学教授）
パネリスト　ミルトン・J．エスマン（コーネル大学名誉教授）
リチャード・A．プール
ベアテ・シロタ・ゴードン
越智通雄（衆議院議員）
安倍基雄（衆議院議員）
粟屋敏信（衆議院議員）

•パネル・ディスカッションⅡ

司会　松あきら（参議院議員）
コーディネーター　西修（駒澤大学教授）
パネリスト　セオドア・H．マクネリー（メリーランド大学名誉教授）
リチャード・B．フィン（アメリカン大学名誉教授）
ミルトン・J．エスマン（コーネル大学名誉教授）
リチャード・A．プール
ベアテ・シロタ・ゴードン

•閉会挨拶

司会　扇千景（参議院議員）

合わせがなされています（1999年7月23日）。

衆議院憲法調査会とその成果

衆議院憲法調査会は50人の委員で組織され、委員は、各会派の所属議員数の比率により割り当てられました。ちなみに、設置時の会派は以下のとおり。自民党27人、民主党9人、公明党・改革クラブ5人、自由党4人、共産党3人、社民党2人。会長は、中山太郎氏が最後まで務めました。

同調査会の特色として、各会派の議席を問わず、5分間という平等の発言時間を与えられた点にあります。その時間内でおさまらないときは、2回、3回と同時間内での発言が許されました。他の委員会では、議席を得ている数に応じて質疑時間が決まっているのと異にする運営方式がとられました。

5回にわたる中央公聴会のほかに、仙台、神戸、名古屋、沖縄、札幌、福岡、金沢、高松、広島で地方公聴会が開かれました。さらにドイツ、スイス、イタリア、ロシア、英国、米国、中国、韓国、タイなど28の国および国際機関を訪れ、それぞれの国の憲法調査を行いました。すべての開催時間は、451時間9分におよびます。

そして2005年4月15日、683頁にわたる報告書が提出されました。同報告書では、各条章に関する意見が集約されています。報告書を記述するにあたり、①委員の多様な意見を偏ることなく、公平に記載する、②意見を論点に類型化して摘示する、③多く述べられた意見については、その旨を記す、という方針が決定されました。この「多く述べられた」とは、中山氏によれば、少なくとも20人以上の委員が発言したテーマのうち、発言した委員の3分の2以上が賛成した場合にもちいたということです（中山太郎『実録　憲法改正国民投票への道』中央公論新社、2008年）。

「多く述べられた」とされた意見は以下のごとくです。

（1）日本国憲法の成立過程について、GHQ（連合国総司令部）の関与を「押しつけ」と捉えて問題視する意見もあるが、その点ばかりを強調すべきでない。

（2）国民主権、平和主義および基本的人権の尊重という日本国憲法の基本的原理を尊重すべきである。

（3）前文にわが国固有の歴史・伝統・文化などを明記すべきである。

（4）前文の文章・表現をわかりやすく、シンプルなものに改めるべきである。

（5）現行の象徴天皇制は、今後とも維持されるべきである。

（6）女性による皇位継承を認めるべきである。

（7）第9条がこれまで果たしてきた役割を評価すべきであり、少なくとも同条1項の戦争放棄の理念を堅持し、平和主義を今後とも維持すべきである。

（8）自衛権の行使として必要最小限度の武力の保持を認めるべきである。
（9）自衛権および自衛隊について何らかの憲法上の措置をとることを否定しない。
（10）「新しい人権」として環境権、知る権利・アクセス権、プライバシー権を憲法に明記すべきである。
（11）首相公選制は導入すべきでない。
（12）オンブズマン（行政監察官）制度を導入すべきである。
（13）憲法の解釈を事実上、内閣法制局にゆだねているのは不当である。
（14）憲法裁判所を設置すべきである。
（15）地方自治の章を充実させるべきである。
（16）道州制を導入すべきである。
（17）非常事態（平常時の憲法秩序の例外規定）について規定すべきである。
（18）憲法問題を取り扱う国会の常設機関を設置すべきである。
（19）憲法改正手続き法を早急に整備すべきである。

ほかに論じられたテーマとして、家族・家庭に関する事項、夫婦別姓、政党、一般の国民投票制度の導入の是非など新しい視点が示されています。

参議院憲法調査会とその成果

参議院憲法調査会は45人の委員で組織され、委員は衆議院と同じく各会派の所属議員数の比率により割り当てられました。ちなみに、2005年4月20日現在の会派は以下のとおり。自民党22人、民主党16人、公明党4人、共産党2人、社民党1人。

会長職には、村上正邦（2000年1月20日〜01年1月31日）、上杉光弘（2001年1月31日〜02年10月18日）、野沢太三（2002年10月18日〜03年9月26日）、上杉光弘（2003年9月26日〜04年7月25日）、関谷勝嗣（2004年7月30日〜）の各議員が就任しています。

中央公聴会として、大きく「国民主権と国の機構」、「基本的人権」、「平和主義」および「今後の日本と憲法について」がテーマに挙げられました。地方公聴会は開かれませんでしたが、広く全国から公募するという方式が一部で採択されました。2000年5月2日には、GHQで日本国憲法の原案作成にあたったベアテ・シロタ・ゴードン氏とリチャード・A・プール氏の意見を聴取しています。当日、ミルトン・J・エスマン氏も参加する予定でしたが、急病により欠席となったため、発言原稿が代読されました。

海外調査では、米国、ドイツ、スペイン、英国、イタリア、ベルギー、フランス、コスタリカ、カナダおよび国連を訪問し、実情調査を行っています。

「二院制と参議院の在り方に関する小委員会」が設けられ、7回にわたる審議の結果、2005年3月9日、同小委員会の調査報告書が提出されました。この報告書において「参議院の独自性を発揮すべき分野等」として、次のような意見が提示されています。

・長期的、基本的な政策課題を重点的に行うこと。
・チェックの院として、決算審査を重点的に行うこと。
・行政監視、すなわち国政調査や政策評価をさらに充実させ、チェックに重点を置く監視の院として権威を高めること。
・人事案件について、参議院の専権ないし優先事項とすべきこと。
・裁判官の訴追は衆議院に、弾劾は参議院の専権事項にすること。
・国と地方の権限関係・財政調整については、参議院がその仕組みを担うべきこと。
・憲法解釈機能、違憲審査的機能を参議院に持たせたらどうか。

参議院憲法調査会の「日本国憲法に関する調査報告書」は、2005年4月20日に提出されました。284頁におよびます。議論のまとめ方は、おもな論点のうち、5党（自民党、民主党、公明党、共産党、社民党）で意見が一致したものを「共通の認識が得られたもの」、一部に若干の異論がある認識を「おおむね共通の認識が得られたもの」、自民党、民主党および公明党の3党がおおむね一致した意見を「すう勢である意見」、そして上記3党間においても意見が一致しなかったもののうち、主要なものを「意見が分かれた主要なもの」に分類して記述されています。

ここに、主要な論点のうち「共通の認識」が得られたものとして、以下が摘記されています。
(1)三大基本原則(国民主権、基本的人権の尊重、平和主義)は今後も維持すべきである。
(2)現行憲法は基本的に優れた憲法であり、高く評価する。
(3)「国民主権」の原則を今後も堅持し、さらに発展させていくべきである。
(4)平和主義の意義・理念を堅持すべきである。
(5)わが国が独立国家として個別的自衛権を認める。
(6)日本が、国際社会の一員として、国際平和活動やODA(政府開発援助)を活用するなど国際協力に積極的に取り組むべきである。
(7)特に南北問題や貧困などの解決が不可欠である。
(8)基本的人権の重要性を評価し維持する。
(9)国際人権法を維持すべきである。
(10)女性や子ども、障がい者、マイノリティの人権を尊重すべきである。
(11)社会保障、教育、労働などの重要性につき、その保障に国は努力すべきである。
(12)新しい人権について、憲法の保障をおよぼすべきである。
(13)三権分立の原則の重要性・必要性はこれからも変わらない。

（14）①2院制の堅持、②参議院改革の必要性および選挙制度設計の重要性、③参議院の特性を生かして衆議院とは異なる役割を果たすべきこと、④両院不一致の場合の再議決要件の緩和には慎重であるべきである。
（15）司法の迅速化を進めるとともに、裁判の充実を図っていくことの必要性。
（16）私学助成の必要性。
（17）参議院の決算重視。
（18）国と地方の対等な関係を重視し、地方が真に自立するためには、健全な財政基盤が不可欠である。
（19）地方自治が住民の意思にもとづいて行われるべきである。
（20）地方分権の流れのなかで受け皿となる基礎的自治体を強化すべきである。
（21）地方分権を推進していくべきである。
（22）憲法改正手続きにおける国民投票は維持すべきである。

また、「おおむね共通の認識が得られたもの」として、たとえば女性天皇制の容認、自衛のための必要最小限の組織の必要性、外国人の人権の尊重などが挙げられています。

さらに、「すう勢である意見」として、予算の単年度主義を改めて複数年度主義にすることの評価、今後の憲法調査会において憲法改正手続きの議論を続けるべきことなどが掲示されています。

大きな特色は、2院制の堅持をうたい、参議院の独自性を発揮すべき分野を詳述している点にあります。2院制の不要論もある中で、参議院の有用性を強調する狙いがあったものと思われます。

衆議院と参議院の憲法調査会において、女性天皇制を容認する方向性が示されていることが注目されます。

衆議院および参議院憲法調査会の参考人として発言

私は2000(平成12)年2月24日、衆議院憲法調査会における参考人のトップ・バッターとして発言の機会を得ました。同調査会において、特に「日本国憲法の成立経緯」についての意見陳述が求められました。

私は先述した「総括」(**228頁**)を述べ、また宮澤教授の発言やクリスチャン・サイエンス・モニター紙などを引用し「押しつけ性」は否定できないこと、当時は共産党と社会党が現行憲法の草案に強く反対していたこと、GHQの厳しい検閲によってGHQ主導の成立経緯が公にできなかったこと、日本国憲法の原案を作成した人たちへのインタビューとその印象、芦田修正とそれに対する極東委員会の反応、9条の正しい解釈に際して文民条項導入の意味を考えることの不可欠性などの持論を展開しました。

質疑応答で記憶に残っているのは、民主党の枝野幸男議員が冒頭で「学者としての誇りをもっているのか」という質疑でした。いわく「先生は、自身の著書の中で私学助成が憲法89条に違反すると書かれています。憲法違反の私学に在籍され、学者としての誇りをおもちですか」。私が陳述した日本国憲法の成立経緯とは何の関係もない質疑です。全体的に挑発的で20分の質疑応答は、まったくかみ合わないままでした（第百四十七回国会衆議院憲法調査会議録第三号）。

また２００３年5月7日、参議院憲法調査会において、「平和主義と安全保障――憲法前文と第九条」というテーマにつき、参考人として発言しました。私は「平和主義と安全保障」の条項を設定するとすれば、①国際平和の希求、②国連憲章にもとづく国際社会における戦争の違法化の確認、③憲法の定める国際紛争を解決する手段としての武力による威嚇または武力行使の否認の確認、④自衛のための組織保持の明記、⑤自衛のための組織におけるシビリアン・コントロールの貫徹、⑥自衛のための組織の国連平和維持活動の参加とその際における国際法規の遵守の必要性を提唱しました。

このときに資料として参議院憲法調査会へ提示した憲法改正の是非などに関する世論調査の結果をお伝えしておきます（**図16**）。

これらの世論調査は一般国民を対象にしていますが、読売新聞は、２００2年3月22日付の紙面で全国会議員を対象にした調査結果を掲載しました（有効回答数４６９人）。憲法改正については賛成70・6％、反対24・1％、自衛隊明記または自衛隊の存在明文化に対しては賛成

図 16　憲法改正の是非などに関する世論調査の結果

報道機関	賛成（%）	反対（%）	その他（%）	備考
読売新聞（2003 年 4 月 2 日付）	54.3	29.9	15.8	改正賛成派は6年連続で過半数
NHK放送文化研究所（2000 年 3 月）	58.3	23.0	18.7	1992年時調査と比較＝賛成＋23%、反対－19%
毎日新聞（2002 年 9 月 29 日付）	47	14	37	2001年時と比較＝賛成＋4%、反対±0%
日本経済新聞（2001 年 5 月 3 日付）	58	33	9	
朝日新聞（2001 年 5 月 2 日付）	47	36	17	

90・0%、反対3・9%の数値が示されています。

　また経済同友会（２００２年３月、有効回答数４１９人）は、賛成91・４%、反対７・２%、日本青年会議所（２００３年４月18日、有効回答数４２２人）は、賛成88・83%、反対８・29%の調査データを発表しています。

　内閣府政府広報室が行った２００３年１月の調査によれば、「日本が戦争に巻き込まれる危険性」について、「ある」が80%（２０００年１月の調査時では64・５%）、「ない」が11・１%（２０００年１月の調査時では23・２%）の結果を示しています。

　外務省の調査（２００２年３月）では、「近い将来、テロ、サイバー攻撃、生物化学兵器による攻撃、外国の特殊部隊やゲリラの侵入、ミサイル攻撃、武力衝突、日本への侵略により、日本にとって脅威となると思うものがありますか」との設問に対して「脅威がある」86・５%、「脅威がない」

5・0％、また有事法制の必要性については「必要である」80・9％、「必要ではない」6・7％との回答が寄せられています。

以上を整理すると、2001年から2003年次にかけて実施された報道機関、国会議員および民間団体のいずれもが大きな差で憲法改正を支持し、国会議員の圧倒的多数が自衛隊の明記を望み、官庁の調査では「外部からの脅威」があり、「有事法制の必要性」を80％超が支持していることがわかります。

上記の日本経済新聞2000年5月3日付の社説には「かつての『護憲か改憲か』の論争から、改正するとすればどこをどのように変えるのかという具体論に焦点が移りつつあるといえよう」と記されています。それから24年を経て、いまだに「具体論に焦点」が当てられていません。「慨嘆《がいたん》に堪えない」を通り越して、「あきれて物が言えない」と思いますが、いかがでしょうか。

機能不全の憲法審査会

両院での憲法調査会終了後、両院に「日本国憲法に関する特別調査委員会」が設置され（衆議院、2005年9月22日、参議院、2007年1月25日）、憲法改正国民投票手続法についての審議が行われました。私は参議院の調査特別委員会で「国民投票運動の規制」について参考人として発言していますが、憲法改正論議そのものを対象にしていないので、省略します。

2007（平成19）年8月7日には、両院に憲法審査会が設置されました。憲法審査会は、「日本国憲法及び日本国憲法に密接に関連する基本法制について広範かつ総合的に調査を行い、憲法改正原案、日本国憲法に係る改正の発議又は国民投票に関する法律案等を審査するため、各議院に」（国会法102条の6）設けられる機関です。前身の憲法調査会と同じく、衆議院は50人、参議院は45人で組織されます。ここに、ようやく憲法改正原案を審査する機関が設置されたわけです。これで憲法改正原案の具体的検討が進むのかと思いましたが、さにあらず……。

両院の憲法審査会が活動を開始したのは、2011（平成23）年10月21日のことです。それから13年を迎えようとしていますが、どんな進展があったでしょうか。ほぼナッシング。ただ時間と経費を浪費してきたにすぎません。

私が憲法審査会の論議で驚いたのは、憲法調査会において整理された論点がまったく顧みられなかったことです。5年間をかけて審議した「多数意見」を土台にして発展させるのかと考えていたのですが、連続性はまったくありませんでした。

憲法審査会における最大のネックは、立憲民主党にあります。同党は、安倍晋三首相の時代には「安倍内閣のもとでは、改正論議に応じられない」と主張し、菅義偉《すがよしひで》首相のときには、コロナ禍にともなう国家緊急事態条項の導入が議論されると「コロナ対策が先決であって、憲法審査に応じられない」と唱え、そして岸田文雄首相になると「論憲」を旗印にして実質的審議を前進させようとしていません。

論憲とは文字どおり、憲法を議論することでしょう。憲法の議論は、1956（昭和31）年6月11日に内閣に設置された憲法調査会で何度も行われました。同調査会は、1957年8月の第1回総会から1964年7月の第131回総会に至るまで7年間にわたり、418人の学識経験者を招致し、56回の公聴会を開催、のべ487人の公述人から意見を聴取、委員会、部会などの会議が開かれた回数は319回におよびます。さらに先述の国会に設けられた憲法調査会や特別調査委員会でも、議論が重ねられました。いまさら何を「論憲」するのでしょうか。いまは論憲を収斂《しゅうれん》する時期です。

そもそも立憲民主党は、立憲主義と民主主義を合体させたもののはずです。立憲主義にしても、民主主義にしても、根底には国民主権主義があります。そして国民主権の具体的なあらわれとして、憲法改正の国民投票があります。この基本原理を推し進めようとしないのは、立憲民主の名にそぐわないのではないでしょうか。

「憲法審査会を動かすべきでない」ことを宣明している共産党の態度は、論外というべきです。

国費の壮大な無駄遣い

憲法審査会に要してきた経費を見てみましょう。**図17・18**に掲げた表は、衆議院と参議院の憲法審査会が、2011（平成23）年から2022（令和4年）までの12年間にわたって費消してきた経費一覧です（著者が入手したデータから各年度の経費および実質合計を割り出した）。

（単位：千円）

H28	H29	H30	R元	R2	R3	R4	合計
24,473	24,473	23,900	23,960	23,406	23,406	23,406	311,243
12,726	12,726	12,153	12,110	11,452	11,452	11,452	152,161
1,000	1,000	1,000	1,009	1,018	1,018	1,018	11,982
3,047	3,047	3,047	3,067	2,332	2,332	2,332	39,703
8,679	8,679	8,106	8,034	8,102	8,102	8,102	100,476
				670	670	670	2,010
11,373	11,373	11,373	11,473	11,574	11,574	11,574	154,600
374	374	374	377	380	380	380	4,482

（単位:千円、人、回）

1,314	1,128	1,344	1,386	1,176	1,080	1,296	15,036
173,611	170,634	167,517	168,122	167,897	167,565	159,543	1,524,175
19	19	19	19	19	19	20	225
0	15,038	0	12,999	0	0	0	58,407
0	1	0	1	0	0	0	4
199,398	211,273	192,761	206,467	192,479	192,051	184,245	1,908,861

図17　衆議院憲法審査会経費

区　分	H23	H24	H25	H26	H27
1. 憲法審査会関係予算額	30,798	29,305	29,125	30,347	24,644
委員会等国政調査経費	13,694	13,694	13,514	14,291	12,897
(目) 議員旅費 (内国旅費)	973	973	973	1,000	1,000
(目) 証人等旅費	4,283	4,283	4,103	4,612	3,218
(目) 国政調査活動費 ※憲法調査会運営活動費等	8,438	8,438	8,438	8,679	8,679
うち会議費					
調査機能拡充強化経費					
(目) 国政調査活動費 ※憲法調査会事務局経費	16,739	15,246	15,246	15,682	11,373
共通経費					
(目) 職員旅費 (内国旅費)	365	365	365	374	374

2. (目) 議会雑費 (会長手当) 実績額	708	1,476	1,290	1,230	1,608
3. 憲法審査会事務局人件費 (※) 実績額	0	0	0	175,730	173,556
職員数 (各年度4月1日現在、非常勤職員含む)	18	18	19	18	18
4. 海外派遣経費　実績額	0	0	16,366	14,004	0
派遣回数	0	0	1	1	0
実績合計	31,506	30,781	46,781	221,311	199,808

※給与関係は作成時点 (令和元年) で保存されている平成26年度以降について記載
2～4については予算を個別に計上していないため、実績額を記載

（単位：千円）

H28	H29	H30	R元	R2	R3	R4	合計
14,286	14,286	14,286	14,415	14,549	14,549	14,549	173,011
13,386	13,386	13,386	13,507	13,632	13,632	13,632	160,759
2,093	2,093	2,093	2,112	2,132	2,132	2,132	25,252
5,569	5,569	5,569	5,620	5,672	5,672	5,672	66,939
5,724	5,724	5,724	5,775	5,828	5,828	5,828	68,568
900	900	900	908	917	917	917	12,252

（単位：千円、人、回）

1,314	1,128	1,344	1,392	1,170	1,086	1,296	15,048
127,502	126,740	128,698	112,341	104,450	109,108	112,392	1,200,062
12	12	12	11	11	11	11	128
0	0	0	0	0	0	0	11,007
0	0	0	0	0	0	0	1
143,102	142,154	144,328	128,148	120,169	124,743	128,237	1,399,128

図 18　参議院憲法審査会経費

区　分	H23	H24	H25	H26	H27
1. 憲法審査会関係予算額	14,313	14,313	14,295	14,585	14,585
国会の権能行使に必要な経費	13,148	13,148	13,130	13,386	13,386
（目）議員旅費（内国旅費）	2,093	2,093	2,093	2,093	2,093
（目）証人等旅費	5,492	5,492	5,474	5,569	5,569
（目）国政調査活動費　等	5,563	5,563	5,563	5,724	5,724
参議院の運営に必要な経費					
（目）職員旅費（内国旅費）	1,165	1,165	1,165	1,199	1,199

2. （目）議会雑費（会長手当）実績額	708	1,476	1,290	1,236	1,608
3. 憲法審査会事務局人件費（※1）実績額	0	0	118,050	136,575	124,206
職員数（各年度1月1日現在）（※2）	0	12	12	12	12
4. 海外派遣経費 実績額	0	0	0	11,007	0
派遣回数	0	0	0	1	0
実績合計	15,021	15,789	133,635	163,403	140,399

（※1）集計可能な電子データが保存されている平成 25 年度以降について記載
（※2）記録が確認できる平成 24 年度以降について記載
2～4については予算を個別に計上していないため、実績額を記載
（令和3年度の2.（目）議会雑費（会長手当）及び3. 憲法審査会事務局人件費については、現時点で実績額が確定していないため実績見込額を記録）

これによると、衆議院憲法審査会の経費総額は19億８８６万１０００円、また参議院憲法審査会の経費総額は13億９９１２万８０００円、合計33億７９８万９０００円という巨額におよびます（これには衆議院憲法審査会２０１１〜１３年、また２０１１〜１２年の参議院憲法審査会事務局人件費が含まれていません）。

いったいこれだけの国税を使って、いまだに何の結果も出していないことをどう評価すればよいのでしょうか。私にはマイナス評価しかできません。多くの国民はこの事実を知っているのでしょうか。これだけの金額を支払ってきた是非につき世論調査を行ってほしいと思います。

衆議院憲法審査会は、２０２３年７月９日から同月19日まで、森英介会長、自民党・新藤義孝議員、立憲民主党・中川正春議員、公明党・濱地雅一議員、有志の会・北神圭朗議員の５人がフランス、アイルランドおよびフィンランドの３か国を訪問、「憲法改正の現状」「緊急事態条項」「国民投票のあり方」について調査をしてきました。それぞれ意味のある調査内容ではありますが、その結果を憲法審査会の審議にどう反映させようとしているのか。

同審査会は、２０１１年に発足以来、１３年、１４年、１７年、１９年および２３年の５度、海外調査を実施してきました。けれども、それらの調査結果を踏まえた審議がなされていません。前回の２０１９年の海外調査に関し、訪問団に加わらなかった日本維新の会の馬場伸幸幹事長（当時、２０２２年７月以降、代表）は「１人２００万円も使ってこれは海外視察ではなく、慰安旅行ですよ」（衆議院予算委員会２０２０年１月28日）と指摘しています。また訪問団からの報告を受けた同党の足立康史・衆議院議員は「これなら行く必要はなかった」と述べています。単なる「慰安旅行」から脱皮しなければならないことは、論じるまでもありません。

コラム❺ 米国憲法の朝令暮改

①禁酒法の制定と廃止

米国憲法は、1919年1月に改正18条を採択（施行は1920年1月）。飲用の目的をもって酒類の製造、販売、輸送、輸入、輸出を禁止することを規定しました。この憲法の規定にもとづき、1920年1月、禁酒法が制定されました。

ところが、この法律に違反して、アルコールの密造、密売が横行し、多数のギャング団を生み出すことになりました。最大のギャング団を率いたのがシカゴを拠点とするアル・カポネで、暗黒街のボスとして、巨額の富を得ました。とばく場や売春宿を経営するために政界や警察を買収し、相手ギャング団を殺害するなど、深刻な社会不安を招きました。

改正18条は、反作用をもたらしたのです。

そこで1933年12月、改正18条を廃止するという改正21条が採択されました。わずか14年で改正条項を廃止するという異例な状況が現出したのです。まさに朝令暮改と言えます。

この事態は、人間の嗜好品を最高法規たる憲法で禁止する弊害を示した点で、教訓を与えたと言えるように思われます。

②米国憲法は「改正」か「修正」か

米国憲法は、1788年6月に施行され、1992年5月までに27か条が追加されています。同国の憲法は、元の「原典」をそのままにして、“Amendment”を加えていくという形式をとっています。この“Amendment”の訳語として、ほとんどの憲法集には「修正」があてられています。私は「改正」の訳語が正しいと考えます。

「修正」とは、たとえば法律案や予算案が議会に提出され、野党との協議により、野党のアイデアも入れて、成案を得る前の段階で改められる場合をいいます（国会法57条、同法83条など）。これに対して「改正」は、すでに成立している法律などを改める場合にもちいられます。「○○法の一部を改正する法律」というような表現です。

米国憲法の場合、新たな条文をつけ加えるわけですから、「修正」よりも「改正」が適切と言えるでしょう。

なぜ「修正」が一般に使用されているのか。思うに、最初に誰か偉い人が“Amendment”を「修正」と訳し、それが踏襲されてきているのではないでしょうか。

コラム❻ 104か国の憲法を調査して

熱中症にかかる

私は2019年の夏に、1990年以降、その年の8月にスーダンで制定された暫定憲法まで104か国の憲法について、環境、プライバシー、知る権利、家族の保護、政党、国民投票、平和、憲法裁判所、国家緊急事態対処の九つの項目に分けて、すべての憲法の条文を調査しました。104か国×9＝936のコマを一つずつ条文で埋めていったので、非常に根気のいる作業でした。

夏の暑い日に朝から晩まで、ひたすら没頭し続けました。根をつめすぎて、終了間際、熱中症にかかりました。床の中に這いずるようにして入り、目を開けると天井や家具がコマのようにくるくる回って、目を開けていられません。そのとき、私は落語『親子酒』のオチの部分を思い浮かべていました。

大酒のみの父親と息子。ある日、禁酒を誓い合う。しかし、何日かすると父親が我慢できなくなり、妻に一杯だけと頼んで酒をのむが、結局ベロベロに。一方、息子はひいきの旦那と意気投合し、グデングデンになって帰宅。

父親「お前の顔が二つにも三つにも見える。化け物のようなお前にこの身代《しんだい》は譲れません」
息子「あたしもこんなにぐるぐる回る家なんか欲しくありません」

なんとかかかりつけ医師の薬でおさまりましたが、あとで考えました。これも人生の一コマである、と。

なおそのときの936コマの調査結果は、拙著『憲法の正論』（2019年、産経新聞出版）、『知って楽しい世界の憲法』（2021年、海竜社）に記載されています。

第7章　憲法改正へ向けて

自衛隊の明記

自衛隊は1954（昭和29）年7月に創設されてから、すでに70年になろうとしています。その間、自衛隊はわが国の安全のみならず、国際貢献などさまざまの活動をしてきました。多くの国民に認知され、信頼も得ています。

内閣府政府広報室が2022年11月17日から12月25日にかけて行った「自衛隊・防衛問題に関する世論調査」では、「自衛隊に良い印象を持っている」が90・8%で（良い印象32・3%、どちらかといえば良い印象58・5%）、「悪い印象を持っている」の5・0%（悪い印象0・6%、どちらかといえば悪い印象4・4%）をはるかに凌駕しています。

このような自衛隊を憲法外の存在としてきたのは、あまりにも異常です。具体的な条文作りに向けて最大限の努力をすべきは当然です。

自衛隊明記案は、自民党と日本維新の会に見られます。自民党は、２０１８（平成30）年３月26日に「条文イメージ（たたき台素案）」で、以下の案を提示しました。

第九条の二（自民党案）

①　前条の規定は、我が国の平和と独立を守り、国及び国民の安全を保つために必要な自衛のための措置をとることを妨げず、そのための実力組織として、法律の定めるところにより、内閣の首長たる内閣総理大臣を最高の指揮監督者とする自衛隊を保持する。

②　自衛隊の行動は、法律の定めるところにより、国会の承認その他の統制に服する。

この条項の基本的な問題点は「前条の規定は、……妨げず」としている点です。このような規定方式ですと、これまで政府は「自衛の措置をとることを妨げていた」ことになります。政府は、9条のもとで「自衛の措置」をとってきました。事実認識に誤りがあります。またやや細かいことになりますが、「内閣の首長」たる用語は、現行憲法66条1項に「首長たる内閣総理大臣」とあり、重畳《ちょうじょう》は避けた方がよいと考えます。

日本維新の会は２０２２（令和４）年5月18日、以下の案を発表しました。

第九条の二（日本維新の会案）
前条の範囲内で、法律の定めるところにより、行政各部の一として、自衛のための実力組織としての自衛隊を保持する。

ここにおいて、憲法9条の範囲をめぐって長年にわたって論争されてきており、「前条の範囲内」の具体的な意味付けがはっきりしません。また自衛隊を「行政各部の一」として位置付けています。「自衛のための実力組織としての自衛隊」は動的な存在であって、静的で横並び的な「行政各部」とは違うと考えます。

なお、共産党の志位和夫・前委員長は、2022年4月7日、党本部に党都道府県委員長を集めた会合を開き、「急迫不正の侵害が起こった場合には、自衛隊を含めてあらゆる手段を行使して、国民の命と日本の主権を守りぬくのが党の立場だ」と明言しました。この論理では、自衛隊明記に共産党は反対できないことになります。大いなる矛盾と言わなければなりません。

私は、次の案を提示しています。

第九条の二（西案）
① 日本国は、その平和と独立を守り、国および国民の安全を保つための実力組織として、法律の定めるところにより、内閣総理大臣を最高の指揮監督権者とする自衛隊を保持する。

②　自衛隊の行動は、法律の定めるところにより、国会の承認その他の統制に服する。

国家緊急事態対処条項の新設

国家緊急事態対処条項に関する私の定義と憲法に導入することの必要性について、3人の著名な学者の言説を紹介しました（**323頁**）。
自民党は前記の「条文イメージ（たたき台素案）」において、以下の案を作成しています。

第七十三条の二（**自民党案**）
①　大地震その他の異常かつ大規模な災害により、国会による法律の制定を待ついとまがないと認める特別の事情があるときは、内閣は、法律で定めるところにより、国民の生命、身体及び財産を保護するため、政令を制定することができる。
②　内閣は、前項の政令を制定したときは、法律で定めるところにより、速やかに国会の承認を求めなければならない。

第六十四条の二（**自民党案**）
大地震その他の異常かつ大規模な災害により、衆議院議員の総選挙又は参議院議員の通常選挙の適正な実施が困難であると認めるときは、国会は、法律で定めるところにより、各議院の出席議員の三分の二以上の多数で、その任期の特例を定めることができる。

これらの条項の最大の欠陥は、国家緊急事態を「大地震その他の異常かつ大規模な災害」に限定していることです。「外部からの武力攻撃」が抜け落ちています。諸外国の憲法は、国家緊急事態対処条項の要件の第一に「外部からの武力攻撃」を挙げています。この要件を欠いた自民党案は、本来の国家緊急事態対処条項とはとても言えません。

２０２３年６月19日に日本維新の会、国民民主党および有志の会が、国家緊急事態対処条項を取りまとめました。長文なので、概要を示します。

日本維新の会、国民民主党および有志の会案（概要）

我が国に対する外部からの武力攻撃、内乱等による社会秩序の混乱、地震等による大規模な自然災害、感染症の大規模なまん延その他これらに匹敵する緊急事態により、国民生活及び国民経済に重大な影響が生じている場合または生ずることが明らかな場合において、当該事態に対処するために国会の機能を維持する特別の必要があるときは、内閣は、国会の承認を得て、緊急事態の宣言を発する。この場合において、緊急事態の宣言の期間は、６か月を超えることができない。当該宣言を延長するときも、同様とする。

また緊急事態において、衆参両院の選挙の適正な実施が70日を超えて困難であることが明らかとなったときは、各議院の出席議員の3分の2以上の多数により、6か月を超えない範囲で国会議員の任期を延長することができる（再延長も可能）と定め、その一方で緊急事態が発せられている期間、国会は閉会とならない、衆議院は解散されない、憲法改正のための国民投票は行ってはならないことが明記されています。

私は、非常に優れた規定方式だと思います。この国家緊急事態対処条項を土台として、自民党と公明党が参画し、細部を詰めるのがもっとも妥当で最善の方策であると考えます。

私は、以下の国家緊急事態対処条項案を作成しています。

第A条　①　内閣総理大臣は、外部からの武力攻撃、組織的なテロ行為、大規模な自然災害、深刻な感染症、重大なサイバー攻撃その他の国家緊急事態が発生したと認めるときには、法律の定めるところにより、国家緊急事態を宣言することができる。

②　前項の国家緊急事態の宣言は、事前に、または特に緊急の必要があり、事前に国会の承認を得るいとまがないときには事後に、国会の承認を得なければならない。

第B条　①　内閣総理大臣は、国家緊急事態が宣言されたときには、事態の緊急性が真に必要とされる限度において、緊急かつ必要な措置を講ずることができる。

②　前項の措置を講ずるにあたっては、この憲法が保障している法の下の平等、思想および良心の自由、信教の自由、表現の自由、遡及《そきゅう》処罰の禁止その他、人としての尊厳を侵す制

約を課してはならない。

③　国民は、国家緊急事態が宣言され、事態の措置のための協力を要請されたときには、必要な協力をするように努めるものとする。

第C条　内閣総理大臣は、国会で国家緊急事態の宣言について承認を得られないとき、または宣言の必要がなくなったときには、すみやかに宣言を解除しなければならない。

第D条　内閣総理大臣は、国家緊急事態の宣言が発せられ、衆議院議員の総選挙または参議院議員の通常選挙の適正な実施が困難であると認めるときには、国会は、法律の定めるところにより、各議院の出席議員の三分の二以上の多数で、その任期の特例を定めることができる。

私は、国家緊急事態対処条項を早急に設定する必要があると考えます。なぜならば、

・わが国周辺のきな臭い情勢に、外部からの武力攻撃に直面しないとは断言できない。
・万が一、外部からの武力攻勢に直面した場合、国民の生命・身体・財産を守るための迅速かつ有効な措置を講じなければならない。
・2023年が関東大震災から100年を迎え、多くの教訓を学ぶことができた。
・今後30年以内に首都圏直下型地震や南海トラフ地震の発生率が70％超と予想されている。

などの理由により、国家緊急事態対処条項の新設は、待ったなしの状況だと思うからです。

新しい権利など

第6章「世界の憲法動向」の**図12**（**296頁**）との関連で、1990年以降に制定された世界の憲法のうち、⑦の平和条項と⑨の国家緊急事態対処条項についての私の試案は、既述しました。ここでは他の項目と犯罪被害者の権利に関する試案を提示します。なお、⑥憲法改正以外の事項を対象とする国民投票は、憲法改正の対象にする必要はないと考えます。

環境の権利・保護・義務

① 国は、自然環境および生態系の保護に努めなければならない。

② 何人も、良好な自然環境を享受する権利を有し、かつその保全に努めなければならない。

プライバシーの権利

① 何人も、自己の私事および情報について、公機関により、みだりに干渉されない権利を有する。

② 国および地方自治体は、個人に関する情報を適正に管理しなければならない。

知る権利

① 何人も、法律の定めるところにより、国および地方自治体に対して、その有する情報の開示を求める権利を有する。
② 国または地方自治体は、前項の情報の開示を求められたときには、国の安全または公共の利益に反しない限り、情報を開示しなければならない。

家族の保護

① 家族は、社会の自然的かつ基礎的単位であって、国および社会の保護を受ける。
② 婚姻は、両性の合意のみにもとづいて成立し、夫婦が同等の権利を有することを基本として、相互の信頼と協力により、維持されなければならない。
③ 配偶者の選択、財産権、相続、住居の選定、離婚ならびに婚姻および家族に関するその他の事項に関しては、法律は、人間の尊厳、夫婦の本質的平等および社会の基礎としての家族を尊重して、制定されなければならない。

政党

① 政党は、国民の政治的意思の形成を促し、政策を通じて国政に資する政治組織として、その設立および活動の自由は、これを保障する。
② 政党は、憲法および法令を遵守しなければならない。
③ 政党は、活動資金の収支および財産を公開しなければならない。

憲法裁判所

第A条　①　憲法裁判所は、長官および八人のその他の裁判官で組織する。
②　憲法裁判所の裁判官のうち、三人ずつを国会、内閣および最高裁判所が選任する。
③　憲法裁判所の組織および運用に関する事項は、法律でこれを定める。
第B条　①　憲法裁判所の裁判官の任期は、十年とし、再任されることができない。
②　憲法裁判所の裁判官は、法律の定める年齢に達したときに退職する。
第C条　憲法裁判所の裁判官は、その良心に従い、独立してその職務を行い、この憲法および法律のみに拘束される。
第D条　憲法裁判所の裁判官は、裁判により、心身の故障のために職務を行うことができないと決定された場合を除いては、公の弾劾によらなければ罷免されない。裁判官の懲戒処分は、行政機関がこれを行うことができない。
第E条　憲法裁判所は、左の場合に、法律の定めるところにより、憲法に適合するかしないかを決定する第一審にして終審裁判所である。
一　内閣総理大臣またはいずれかの議院の総議員の三分の一以上の議決により、条約、法律、命令、規則または条例について、憲法判断を求められたとき。
二　具体的訴訟事件において、係属中の最高裁判所または下級裁判所により、憲法判断を求められたとき。
三　国と地方自治体または地方自治体間の権限をめぐる争訟。

第F条　①　憲法裁判所の判決において、憲法に適合しないとされた条約、法律、命令、規則、処分または条例は、その判決により定められた日に、効力を失う。
②　憲法裁判所の判決は、すべての公権力を拘束する。

犯罪被害者の権利

①　刑事犯罪行為による被害者およびその遺族は、法律の定めるところにより、国の救済を受けることができる。
②　国は、前項の救済に関して、経済的および精神的施策を講ずるものとする。

二つの最高裁判所判決から考えたこと

２０２３年に下された二つの最高裁判所の判決から考えることがありました。一つは、立憲民主党の国会議員らが訴えた損害賠償請求を棄却した案件についてです。

憲法53条後段には「いずれかの議院の総議員の四分の一以上の要求があれば、内閣は、その召集を決定しなければならない」と定められています。

ところが、何日までに召集されなければならないかの規定がありません。２０１７（平成29）年6月、立憲民主党の議員らが憲法の規定にもとづき、臨時会の召集を求めたにもかかわらず、当時の安倍内閣はこれに応じず、3か月後に臨時国会を召集、冒頭で衆議院を解散しました。そこで同党の議員らは、この行為は憲法違反であるとして、国に損害賠償訴訟を提起したのです。

２０２３年9月12日、最高裁判所第３小法廷は、憲法53条後段について、次のような解釈を示し、損害賠償請求をしりぞけました。

「臨時会召集要求がされた場合には、内閣が臨時会召集決定をする義務を負うこととしたものと解されるのであって、個々の国会議員の臨時会召集要求に係る権利又は利益を保障したものとは解されない。（中略）したがって、憲法53条後段の規定による臨時会召集要求をした国会議員は、内閣による臨時会召集決定の遅滞を理由として、国家賠償法の規定に基づく損害賠償請求をすることはできないと解するのが相当である」

この判決において、東京大学法学部で行政法担当教授たった宇賀克也裁判官は「臨時会の召集要求から召集まで20日間あれば十分で、損害賠償請求は容認されるべき」との個別意見を述べました。

私は、この件については、個々の議員に対する損害賠償が成り立つかどうかは別として、憲法に欠陥があると考えます。所定の手続きにより臨時会の召集要求があれば、内閣は、何日か以内に臨時会を召集することを明記すべきだと思います。最高裁判所で原告側の請求が棄却されたわけですから、残された道は憲法改正です。

立憲民主党が以下の憲法改正案を提起すれば、国民に支持されるのではないでしょうか。

憲法53条後段を以下のごとく改正する。「いずれかの議院の総議員の四分の一以上の要求があれば、内閣は、二十日以内に国会の召集を決定しなければならない」。そしてそれは憲法改正の第一歩を踏み出すことになり、立憲民主党の名が歴史上、刻まれることになると思うのですが……。

もう一つは、10月18日に下された最高裁判所大法廷の判決です。2022年7月10日に施行された参議院選挙において、最大3・06倍の「一票の格差」があったことにつき、最高裁判所は「本件選挙当時、選挙区間における投票価値の不均衡は、違憲の問題が生ずる程度の著しい不平等状態にあったものとはいえない」として、合憲としました。

その一方で、次のように述べ、国会に宿題を課しています。

「なお、これまで人口の都市部への集中が生じており、今後も不断に人口変動が生ずることが見込まれるところ、国民の利害や公正かつ効果的に国政に反映させる選挙制度が民主政治の基礎であり、投票価値の平等が憲法上の要請であること等を考慮すると、較差の更なる是正を図ること等は喫緊の課題というべきである。立法府において議論がされてきた種々の方策に課題や制約があり、事柄の性質上慎重な考慮を要するにせよ、立法府においては、より適切な民意の反映が可能となるよう、社会の情勢の変化や上記課題等をも踏まえながら、現行の選挙制度の仕組みの抜本的な見直しも含め、較差の更なる是正等の方策について具体的に検討した上で、広く国民の理解も得られるような立法的措置を講じていくことが求められる」

また現在、鳥取県と島根県、徳島県と高知県の合区がなされていることについて、以下の認識を示しました。

「合区の導入後に、その対象となった4県において、投票率の低下や無効投票率の上昇が続けられていること等を勘案すると、有権者において、都道府県ごとに地域の実情に通じた国会議員を選出するとの考え方がなお強く、これが選挙に対する関心や投票行動に影響を与えていることがうかがわれる」

上記の多数意見に対して、草野耕一裁判官（弁護士出身）は「投票価値の平等は、選挙制度の仕組みを決定する上で絶対の目標とすべきではなく、（中略）不利益概念の根拠となる事実の立証は一切なされていない」と述べ、多数意見とは違う理由により合憲と判断しています。

また三浦守裁判官（検察官出身）と尾島明裁判官（裁判官出身）は「本件選挙時における投票の価値の不均衡は、違憲の問題が生ずる程度の著しい不平等であった」と述べ、「違憲状態」にあったとの立場をとっています。

先述の宇賀克也裁判官は、次のような判断を示しました。

「本選挙当時の不均衡は、明らかに憲法上許容される範囲を超えており、違憲であるといわざるを得ない。（中略）本件選挙は無効であるとせざるを得ないと考える。ただし、直ちに無効とするのではなく、選挙状態を是正するための合理的期間を認めるべきであるから、無効の効果が発生するのは、本件判決から2年後とし、本選挙で当選してきた国会議員には及ばない」

思うに、1票の格差は複雑な問題を投げかけています。一般に1票の格差は、おおむね衆議院議員選挙の場合は最大2倍を超えるときに、また参議院議員選挙の場合は最大3倍を超えるときに、違憲の問題が取り上げられますが、特に参議院議員選挙の場合、なぜこの数値を基準にするのか、十分に突き詰めた議論がなされていません。

参議院議員選挙の場合、その格差が拡大したため、2016（平成28）年7月10日から鳥取県と島根県、徳島県と高知県を合区とする選挙が実施されてきています。2023年10月22日に行われた参議院議員の補欠選挙では、高知県から自民党公認候補と野党系無所属候補の2人が立候補、候補者を持たなかった徳島県と投票率に格段の差がありました。すなわち高知県の投票率は40・75％だったのに対して、徳島県は23・92％で倍近い差がありました。徳島県民にとって、身近さが感じられなかった結果と言われています。

このような状況を想定して、自民党は参議院議員の地域代表性を維持するために「合区解消」を憲法改正の一項目に掲げています。しかし、それは「両議院は、全国民を代表する選挙された議員でこれを組織する」と定めている憲法43条1項の考え方との整合性が問題になります。自民党は、この43条1項をも改正するつもりがあるのか、明確にする必要があります。公明党、日本維新の会および共産党は、全国を10または11のブロック制に変更する案を主張しています。はたして長期間にわたり醸成されてきた「おらが県民意識」を払拭することができるでしょうか。立憲民主党は具体策を示していません。

私は、参議院議員の選挙を1票の格差という数値のみで考えることに疑問を覚えます。一時的にはしのげても、地方の人口減少、都会への人口移動の増加などによって、1票の格差はますます拡大し、たえず選挙区の見直しがなされ、イタチごっこのごとく、ケリのつかない状態が続くだけになると思います。

そもそも参議院とは何か。数値にとらわれず、参議院のあり方を根本的に見直す必要があるのではないか。遠大かつ総合的な企画のもとで考えるべき重大な課題が我々に突きつけられているのではないか。そんな問題意識を持つ必要があるのではないでしょうか。

憲法改正に関する世論調査

図19は、2023年5月3日の憲法記念日に向けてなされた「憲法改正の必要性」についての各種世論調査の結果です。

この結果を見ると、共同通信の調査では、「改正必要」が「改正不要」をはるかに上回っています。「憲法改正反対」の紙面を展開している朝日新聞でさえ、「改正必要」が「改正不要」を15%も引き離しています。いまや憲法改正はタブー視から解放されているどころか、後押しされているのです。

私は、憲法改正について、優先順位をつけるとすれば、わが国の安全保障にかかわる自衛隊の明記と国家緊急事態対処条項を第一順位にすべきだと考えます。

北朝鮮は、2023年9月26日から27日にかけて行われた最高人民会議で憲法を改正し、「責

図 19 「憲法改正の必要性」についての各種世論調査（2023 年）

（小数点は四捨五入）

報道機関（発表日）	必要	不要	その他（「どちらでもない」「無回答」を含む）
NHK（5月3日）	35%	19%	46%
共同通信（5月2日）＊	72%	27%	1%
読売新聞（5月3日）	61%	33%	5%
朝日新聞（5月2日）	52%	37%	11%
産経新聞（4月24日）	53%	36%	11%

＊共同通信の項目中、「必要」と「どちらかといえば必要」を「必要」に、「不要」と「どちらかといえば不要」を「不要」に入れた。

※毎日新聞の調査は「岸田政権下での憲法改正の賛否」を調査項目としているが、設問そのものに疑問を感じる。現在の憲法改正は、両院に設けられた憲法審査会が原案を作成し、国民投票への提出に至るまで、全過程を通じて首相はタッチしない。内閣提出の法律案とは違う。それゆえ、ここでは取り上げない。

任ある核保有国として、戦争を抑止し、地域と世界を守るため、核兵器の発展を高度化」するとの文言を入れました。北朝鮮にあっては、２００６年10月に核実験を発表、２０１２年４月の憲法改正により「核保有国」であることを明記、２０２２年９月には「核兵器政策」に関する法令を採択し、「相手からの攻撃や攻撃が差し迫ったと判断される場合」にも核兵器を使用できると定め、核の先制攻撃を可能としていました。そして２０２３年９月の改正により、核兵器の高度な推進を恒久化したのです。２０２２年までに６回の核実験を行い、核兵器計画は相当に進んでいると考えられています（防衛省『防衛白書』令和５〈２０２３〉年版）。

近年、かなりの頻度で弾道ミサイルを打ち上げ、変則的な軌道で飛翔する弾道ミサイル、極超音速ミサイル、米国本土を射程とするＩＣＢＭ（大陸間弾道ミサイル）、戦術核兵器の搭載を可能にする長距離巡航ミサイルの実用化などを進めています。２０２３年11月21日には、軍事偵察衛星を発射、ソウル南方にある在韓米軍基地や米領グアムの空軍基地、ハワイ上空から海軍基地や空軍基地、さらにホワイト・ハウスまで撮影したことを金正恩総書記が確認したと報じています（ただし写真は未公開）。今後、軍事偵察衛星の本格的な運用に乗り出す方針を示しています。

２０２３年12月27日、朝鮮労働党中央委員会で金総書記は、「戦争準備の完成にいっそう拍車をかける」と発言。また２０２４年１月15日の最高人民会議（国会に相当）において、金総書記は、「韓国は第一の敵対国とみなし、朝鮮半島で戦争が起きた場合、韓国を完全に占領し、自国に編入すること」などを内容とする憲法改正を提唱しました。

２０２３年９〜10月には、コンテナ１０００個分以上の弾薬がロシアへ運び込まれ、同年末から２０２４年初めにかけて弾道ミサイルをロシアに供与し、ロシアのウクライナ侵攻に加担しています。

このように北朝鮮は、地域の安定・平和にとって、かつてない重大な脅威となっています。

中国は、１９９３年から30年間に国防費を約37倍に増額し、２０２４年度の公表国防予算は１兆６６５５億元（約34兆８０００億円）であると発表しています。ちなみにわが国の防衛関係費は30年間で約１・４倍に増加し、２０２４年度の防衛関係費は７兆９４９６億円（米軍再編関係費などを含む）です。約4・4倍の差があります。中国は、その巨大な国防費をもとに核・ミサイル、サイバー、宇宙戦力の増強など軍事力を急速に拡大しています。２０３５年までには１５００発の核弾道を保有すると見込まれています。

また、中国は沖縄県の尖閣諸島を自国領土であると主張し、中国海警局に所属する船舶などが連日、尖閣列島沖に現れています。海上保安庁のデータによると、２０２３年９月から２４年２月末までの接続水域の入域と領海侵入は以下のようです。

	接続水域入域	領海侵入
9月	毎日・のべ１０４隻	3日・のべ8隻
10月	毎日・のべ１０８隻	3日・のべ8隻
11月	毎日・のべ１０５隻	7日・のべ20隻
12月	29日・のべ１０７隻	3日・のべ8隻
1月	毎日・のべ１１７隻	2日・のべ6隻
2月	毎日・のべ１１４隻	1日・のべ4隻

中国が尖閣諸島を自国領土と主張したのは、周辺に石油埋蔵の可能性が指摘された１９７０年代からです。きわめて利己的で、合理的な根拠はまったくありません。歴史的にも国際法上

も、日本の固有の領土であることは歴然としています。

中国は、米国のナンシー・ペロシ下院議長（当時）が2022年8月に台湾を訪問したとき、また2023年4月に蔡英文《さいえいぶん》総統が中南米訪問の経由地として米国へ立ち寄り、ケビン・マッカーシー下院議長（当時）と会談したときには、台湾周辺の海空域で大規模な実践的訓練を実施しました。2022年10月の党大会で習近平国家主席は、「武力行使の放棄を決して約束せず、あらゆる選択肢を留保する」と発言。台湾有事は、日本有事に直結しうることを念頭に置いておかなければなりません。

習主席は、2018年3月の憲法改正により、前文に従来のマルクス・レーニン主義、毛沢東思想、鄧小平《とうしょうへい》理論および〝三つの代表〟（江沢民《こうたくみん》総書記が発したスローガン）の重要思想に加えて、「習近平新時代の中国の特色ある社会主義思想に導かれる」と自らの名前を刻み込むと同時に、国家主席の任期を「連続して2期を超えて就任することができない」とあった条項を削除し、国家主席を終身制としました。制度上、習近平主席の独裁体制が構築されたわけです。

ロシアは、2022年2月24日午前5時、ウクライナに対して「特別軍事作戦」と称する軍事侵略を行いました。その当日に公開されたビデオにおいて、ウラジーミル・プーチン大統領は、侵略の理由として以下を挙げました。

・現在のウクライナはソ連時代に人工的に作られたものである。

・ロシアはソ連崩壊後にウクライナを独立国家として承認したが、現在のウクライナ政権は西側の手先に成り下がっている。
・彼らは非常に腐敗している上にネオナチ思想に毒されており、ロシア系住民のアイデンティティを否定して強制的にウクライナに同化しようとしている。
・ウクライナ政府にはミンスク合意を履行する意思はなく、砲撃やドローン攻撃でウクライナ東部の人々を虐殺している。ロシアには彼らを守る義務がある。
・ウクライナは核兵器を開発しようとしており、ロシアにとってだけでなく、国際社会にとっても脅威である。
・NATOは訓練基地の名目でウクライナに軍事プレゼンスを展開しようとしている。
・NATOはかつて東方拡大をしないと約束したがこれは結局嘘であり、ウクライナの加盟の可能性も依然として残っている。
・ウクライナには米国のミサイルが配備される可能性があり、巡航ミサイルなら35分、極超音速兵器なら4、5分でモスクワに到達してしまう。

（小泉悠『ウクライナ戦争』ちくま新書、2022年より抜粋）

このような理屈によって、ウクライナに侵略したわけですが、あまりにも独善的かつ誇大妄想的でとても受け入れることができません。

ウクライナへの侵略は、ウクライナの国家主権と領土の一体性を侵し、「すべての加盟国は、その国際紛争を平和的手段によって国際の平和および安全ならびに正義を危うくしないように解決しなければならない」（国連憲章2条3項）、「すべての加盟国は、その国際関係において、武力による威嚇または武力の行使を、いかなる国の領土保全または政治的独立に対するものも、また、国際連合の目的と両立しない他のいかなる方法によるものも、慎まなければならない」（同条4項）と明記されている国連憲章と国際法に明白に違反します。

本来、国連憲章を率先して守らなければならない安全保障理事会常任理事国が、国連憲章に相反する軍事侵略を公然と行い、核兵器による威嚇を続けているのです。民間人の犠牲者は増え続け、また建物の破壊は数えようもありません。

わが国の周辺での活動も活発で、２０２３年4月には、極東で2万５０００人以上の兵士や潜水艦を含む１６７隻の軍艦、核兵器を搭載可能とする戦略爆撃機が参加した大規模な軍事演習が行われました。北方領土には国後《くなしり》と択捉《えとろふ》に師団が配置されています。北方領土の日本への返還に応じる気配を示していません。

プーチン大統領は、２０２０年1月に大統領の任期などにかかわる憲法改正案を提出し、３月11日に公布されました。大統領の任期については、従来、6年を1期とし、連続2期までは可能とされていたのですが、通算2期までは可能とされ、さらにその任期は現職の大統領または大統領にあった者（現職のプーチン大統領と前大統領のドミトリー・メドベージェフが該当）には適用されないと改正されたのです。

　この改正にともない、プーチン大統領は、最長２０３６年（83歳）まで大統領職に在職することができるようになったのです。

　２０２４年３月14～17日に行われた大統領選挙について、中央選挙管理委員会が同月21日に発表した最終結果によれば、プーチン大統領が、87・28％の得票率（投票率77・49％）を得て「圧勝」しました。けれども、この結果に驚く者はいなかったし、信ずる者もいませんでした。政権批判候補者の排除、スマホなどを利用した投票の強制、透明な投票箱による「秘密投票のはく奪」、電子投票での投票結果の改ざん、プーチン氏が得た約７６２８万票のうち約２２００万票は他候補に投じられた票を上乗せしたとされる不正行為、国際法に違反して一方的に併合したウクライナ東・南部４州とクリミア住民に対する武装兵をともなった投票の強要、全欧安保協力機構（ＯＳＣＥ）の選挙監視団受け入れ拒否による選挙監視団の不在などにより、まったく正当性を欠くものでした。

　ウクライナ出身のソ連作家、ワシーリー・グロスマン（１９０５～１９６４年）は、「ロシアは、１０００年間、あらゆるものを見てきたが、自由のみを見たことがなかった」（ＮＨＫ「ロシア・暗殺と粛清」２０２４年３月19日放映）と述べましたが、同国が自由を見ることができるのは、いつになるのでしょうか。

コラム❼　憲法改正の論点

参議院議員も総選挙？

日本国憲法7条4号は、天皇の国事行為として、以下のように規定しています。

「国会議員の総選挙の施行を公示すること」

「総選挙」とは、文字どおり、一度にすべての議員を選挙することを意味します。「国会議員」は、衆議院議員と参議院議員からなります。衆議院の任期は4年で、任期満了時または解散時にすべての議員が選挙されます（45条）。

一方、参議院議員の任期は6年で、3年ごとに議員の半数が改選されます（46条）。参議院議員すべてが一度に選挙されることはあり得ません。ですから、参議院の「総選挙」はあり得ないのです。

憲法になぜありもしない「国会議員の総選挙」という規定が設けられたのでしょうか。実はGHQから1946年2月13日に日本側へ示されたマッカーサー草案は、1院制でした。

これに対し、日本側は2院制を強く要求し、GHQはこれを了承しました。それにともない、2院制にかかわる条項を整理したのですが、この7条4号の矛盾には、誰も気づかなかったのです。なんという軽率でしょう。

それゆえ、憲法の教科書・参考書では「国会議員の総選挙とあるが、この場合の国会議員には参議院議員も含まれる」と注記されています。

このような注記よりも、7条4号を端的に「衆議院議員の総選挙及び参議院議員の通常選挙の施行を公示する」と変えた方がはるかにすっきりします。

憲法改正論義において、まずは憲法7条4号の誤りを是正することが望まれます。

終　章　私の近況報告

しろうと落語家への復帰

落研を卒業後、研究に時間をとられ、趣味の落語を人前で演じる余裕がありませんでした。落語との距離が縮まったのは、50代後半のことです。十代目桂文治《かつらぶんじ》師匠の弟子で二つ目・桂小文《こふみ》さんの前座に出演してからのことです。

小文の会のメンバーだった大学院の後輩に声をかけられ応諾、一生懸命に稽古しました。小文さんは、早稲田大学法学部出身。学部時代は民法ゼミに所属し、司法試験をめざして一心不乱、勉学に励んでいました。そんなある日、落語と出会い、一生を託すべく文治師匠に入門。法学から落語へと転向、まさに方角転向をしたわけです。精進が実り、落語芸術協会初の女性真打《しんうち》になりました（桂右團治《うだんじ》と改名）。それとともに私自身の師匠となり、高座にかける噺を指

桂右團治師匠

導していただきました。

駒澤大学が購入した三越迎賓館には、和室の大広間があり、舞台まで備わっていました。ここで落語会を開くことができないかと右團治師匠に相談したら、やりましょうと応えていただき、とんとん拍子に話が進み、駒澤大学だけでなく、世田谷区、地域の商店会や町内会の支援を受け、２００１（平成13）年12月、第1回駒沢落語会が開催されました。

当時のネタ帳を見ると、出演者と演目は、次のとおり。笑福亭里光《りこう》『犬の目』、桂笑生《しょうしょう》（現在の桂文雀《ぶんじゃく》）『時そば』、またも家楽大『火焔憲法』、桂右團治『妾馬《めかうま》』、桧山《ひやま》うめ吉『俗曲』、桂竹丸《たけまる》『西郷伝説』。私以外はプロです。

さいわい、有料であったにもかかわらず、大入り満員で、客席確保のため、第2回目以降最終回の第10回までは本校の記念講堂で行われました。また駒澤大学同窓会や地域の商店会からの寄付により、無料となりました。10年間のネタ帳をめくると、桂文治（十代目）、桂春之輔（現在の四代目桂春團治）、笑福亭鶴光《つるこ》、三遊亭夢之助、柳家権太楼《ごんたろう》、桂竹丸、桂右團治、三遊亭遊馬、桂文雀、柳亭こみちなどの落語家のほかに、柳家小菊（俗曲）、神田紅《くれない》（講談）、三増紋之助（江戸曲独楽《きょくごま》）、江戸家まねき猫（動物ものまね）、林家二楽（紙切り）といった人たちの名前が見られます。

私自身は、8回出演しています。第2回以降に披露した演目は『動物園』、『親の顔』、『五度狐』、『源平盛衰記』、『天狗裁き』、『道灌』、『子はかすがい』。最終回の『子はかすがい』で名誉真打の称号を授与されました。

子はかすがい　「かすがい」とは、木材と木材をつなぎとめるコの字型の大きな釘の一種で、金づちで打ちつけ、木材が離れないようにする道具。

飲んだくれの熊五郎が吉原の女郎《じょろう》を連れて帰り、女房と子供を追い出した。ところが、この女郎は家事いっさいができず、家を出て行く。心をいれかえた熊五郎、その後、一生懸命に働く。

ある日、偶然に子供の亀坊と会い、母親が針仕事をして子供を学校へ通わせているのを知る。亀坊に小遣いを渡してその日は別れる。亀坊がお金を持っていることを知った母親は、お金を盗んできたと思い、問い詰める。

「白状しないとこの金づちでお前の頭をたたき割るよ！」

事情を知った母親が翌日、熊五郎と再会、復縁をはたす。

「子は夫婦のかすがいっていうけれど、本当ですね」

と母親が熊五郎に向かってしみじみ語ると亀坊、
「だからおっかさんが昨日、おいらの頭を金づちでぶつと言ったんだ」

駒沢落語会のテーマは「絆《きずな》」。親子の絆、家族の絆、地域の絆、なかんずく大学・行政（世田谷区）・町内会との絆が深まることを目標としました。評判はうなぎ昇りに高くなり、第7回と最終回には1200人収容の記念講堂に入りきらず、隣接するスクリーン教場を開放するという嬉しい悲鳴を上げたこともありました。

私がプロデュースしたとはいえ、多くの人たちに支えられて、成功裏に終了することができました。このことは、一生の宝物となりました。

駒澤大学が交流協定を結び、夏休みの期間に訪日したクイーンズランド大学生の時間表に英語落語が組み入れられました。担当者は私です。そこで上方落語界の爆笑王、桂枝雀《しじゃく》師匠の英語版『動物園』と『時うどん』を練習し、中身を私流に変えて口演しました（『時うどん』を『時そば』に改題）。身振り手振りをおおげさにして演じたこともあって、バカ受けでした。

私が落語を演じることは、世間の一定の範囲で知られるようになりました。櫻井よしこ氏が理事長を務める国家基本問題研究所役員会の忘年会で何度かうかがったことがあります。また日本アイ・ビー・エム社がスポンサーとなって、毎年開かれていた天城会《あまぎ》でも2度、演じました。この天城会は、日銀総裁、検事総長、元外務大臣、元文部大臣、内閣官房参与、東京三菱

産経志塾で落語を披露する筆者

銀行頭取、アサヒビール会長、野村證券会長、関西経済同友会代表幹事、津田塾大学学長、東京都立大学学長、元慶應義塾大学学長など、官界、産業界および学界を代表する人たちで組織され、毎年一つのテーマで議論します。

私は、憲法改正論議をテーマにした会議で東京大学教授の北岡伸一氏とともに招かれ、それを機縁にメンバーとなりました。その晩の懇親会の席上で古今亭志ん生師匠の得意ネタ『火焔太鼓』をアレンジした『火炎憲法』を披露。夕方まで行われていた憲法論議とマッチしたので、多くの笑いと拍手が起こりました。後日、『子はかすがい』を演じたところ、「胸がジーンとした」「涙が込み上げてきた」などの感想が寄せられました。

２０１１（平成23）年10月16日には、早稲田大学の学園祭・早稲田祭にも参加しました。大隈小講堂で行われ、講談の神田陽司先生（早稲田大学文学部卒業）、古今亭菊太楼師匠（同大学商学部中退）の前座として高座に上がりました。

もう一つ。大学の定年を待っていたように、地元の自治会から出演依頼がありました。日ごろお世話になっている地元に私の特技が役に立つのは本望、喜んで引き受けました。自治会館では２０１２年から１７年まで口演、みなさんに喜んでいただけました。少し考えて笑いを誘う「考えオチ」でも即座に反応し、知的レベルの高さに感心しました。

定年後の著述活動など

現役時代は、一般書も刊行しましたが、学術論文と学術書が中心でした。70歳の定年時に学術書『現代世界の憲法動向』（成文堂、２０１１年）を出版し、その後はそれまでの研究の成果をなるべくわかりやすい形で公刊することに努めました。２０２２年まで10冊におよびます。

（１）『図説　日本国憲法の誕生』（河出書房新社、２０１２年）　ほとんど全頁に貴重な写真と資料を掲載し、日本国憲法の成立過程全体を見ながら理解できるという視点に立って編纂しました。

（２）『憲法改正の論点』（文春新書、２０１３年）　日本国憲法にかかわる主要な論点を摘記し、「改正要綱」として91頁にわたり、私の改正試案を提起しています。

（３）『いちばんよくわかる！　憲法第９条』（海竜社、２０１５年）「第９条は、こう解釈すべきだ」（第１章）、「第９条はこうして生まれた」（第２章）、「比較のなかの第９条」（第３章）、「第９条をどう改めるべきか」（第４章）、「国家緊急事態条項を導入すべし」（第５章）、「集団的自衛権を考える」（第6章）、「安全保障法制の再構築に向けて」（第7章）からなります。
（4）『世界の憲法を知ろう』（海竜社、２０１６年）〝井の中の蛙〟的憲法観から脱し、世界の憲法を幅広く知ることの大切さを実証するために、「前文」「家族」「憲法改正」「世界の新しい憲法の動向」「国防条項」「国家緊急事態条項」について、概説しました。各頁の下段には補注やエピソードなどを加え、「憲法の豆知識」を記述しました。巻末に「世界の現行憲法一覧」（年代順）を掲載。
（5）『証言でつづる日本国憲法の成立経緯』（海竜社、２０１９年）本文で記載したように、ＧＨＱ（連合国総司令部）で日本国憲法の原案を作成した人たちを含む47人へのインタビュー記録です。歴史に残る著書であると自負しています。
（6）『憲法の正論』（産経新聞出版、２０１９年）２０１９（平成31）年2月5日の正論大賞受賞にちなみ、産経新聞「正論」欄や月刊『正論』に寄稿してきた主要な論稿を掲載したもの。巻末には「１９９０年以降に制定された各国憲法（１０４か国）の動向」に関して、環境の権利・保護、プライバシーの権利など9項目について依拠した条文を掲げました。１０４か国×９＝９３６のマスを埋めるのに苦労したことが思い出されます。出版社の編集部が作成したオビには「東大憲法学の欺瞞がよくわかる一冊」とあります。
（7）『憲法9条を正しく知ろう』（海竜社、２０２０年）前記（3）が品切れになったことにともない、新しいデータを補足し、また新型コロナウィルスに対する特別措置法を検討すべく「新型肺炎特措法を考える」を加えました。
（8）『知って楽しい世界の憲法』（海竜社、2021年）前記『世界の憲法を知ろう』が品切れになったことにともない、君主制国家の憲法比較などを加え、また全頁の下段に有益と思われる憲法条文やユーモアに富む変換ミスなどを記載しました。
（9）『〝ざんねんな〟日本国憲法』（ビジネス社、2022年）大きく第一部「日本国憲法の位置づけ」と第二部「問題点と処方――各章ごとに」からなります。第二部では、日本国憲法の前文、各章（第1章「天皇」から第10章「最高法規」まで）の問題点と、私なりの対処方法を提示しました。
（10）『吾輩は後期高齢者の日本国憲法である』（産経新聞出版、2022年）大きく第1編「吾輩はこうして生まれた」と第2編「紆余曲折の75年」からなります。特に第1編は月刊『正論』に2017（平成29）年5月号から同年9月号にかけて連載した「我輩は日本国憲法である」を再掲載したものです。読者からは「非常に面白かった」などの反響がありました。夏目漱石のいくつかの著書からの引用、私の落語の知識の援用などで第1編は、肩のこらない読み物になっています。

以上の10冊を通じて自省すべき点があります。重複する点が少なからず存在します。なにぶんにも学界主流派とは異なる立論であり、私が強調している憲法9条解釈としての文民条項導入過程の背景や世界の憲法動向との乖離現象などが広く浸透したという手ごたえを感じず、「これだけはわかってほしい」という意識が空回りした面があります。

２０１８年度の第34回正論大賞を百地章・国士舘大学特任教授とともに受賞しました。実は、２０１３（平成25）年度の正論大賞特別賞を田久保忠衛・杏林大学名誉教授、佐瀬昌盛・防衛大学校名誉教授、大原康男・國學院大學名誉教授、百地章・日本大学教授とともに受賞しており、望外の喜びでした。大賞の知らせを受けたとき、「フェイク・ニュースかな」と思ったほどでした。

大賞受賞発表時に、私は次のように述べています。

誠に光栄に存じます。これまで唱えてきた憲法論について評価いただいたと共に、激励を賜ったものと受けとめています。（中略）

憲法を一言で表現すれば「国のかたちの基本を形成する法体系」であると考えます。このような憲法をさまざまの視点から究明していくのが、憲法学であると理解しています。それゆえ本来、憲法学は、広く憲法解釈、憲法成立史、憲法哲学、比較憲法、憲法政策などを包含します。けれども、わが国の憲法学は、憲法解釈に偏重し、しかも憲法をもっぱら「国家権力を制約する法規範」ととらえているので、非常に視野狭窄的なものになっています。

私は、憲法解釈を大切にしつつ、日本国憲法の成立過程、比較憲法、憲法政策の研究にも

力を注いできました。（中略）

現代民主主義国家に共通する基準にのっとり、あるべき憲法を模索する憲法政策の探究において、憲法の歴史的研究や比較憲法研究は不可欠であると考えます。私なりにいくつかの改正案を提起してきました。国家と国民は完全な対立関係にあるのではなく、協同関係にあるという基本認識のもとに、日本国および日本国民にふさわしい憲法構造を考えてきたつもりです。

憲法改正論議が活発になっている今日にあって、幅広い視野からの研究をさらに深め、これからも発言していきたいと思っています。今後ともご指導を賜りますよう切にお願い申しあげます。

（産経新聞、2019年1月3日付）

第34回正論大賞授賞式で安倍晋三首相（当時）を囲んで妻と記念撮影

月刊『正論』2023年6月号に、政治学者・岩田温《あつし》氏の思わぬ一文がありました。

「戦後日本で最も優れた憲法学者が西修である」

「戦後日本」といえば、私が大学院時代から著書・論稿を通じて学んできた優れた憲法学者を超えることになります。それほどうぬぼれていませんが、まったく面識のない政治学者から高評価を得たことに自尊心がくすぐられました。このような評価を保つことができるように、さらに精進していかなければならないと決意を新たにした次第です。

あとがき

分厚い本書におつきあいいただき、まことにありがとうございました。いかがでしたか。おわかりいただけたでしょうか。なるべくわかりやすく書くように心がけたつもりですが、やや専門的な部分があったかもしれません。文献などをそのまま引用した方が正しく伝えることができるのではないかと思い、部分的に専門的な表現になったことをご理解ください。

本書は、私がこれまで執筆してきた著書・論稿のエッセンスを集約、拡大したものです。いわば、All about Nishi の凝縮版として位置付けられます。

もちろん、このほかにも日本国憲法の解釈を中心に記述した著書・論稿もあります。ですが、私の最大の特色は、実際に連合国総司令部（ＧＨＱ）で日本国憲法の原案を作成した8人を含む「歴史の証人たち」47人とインタビューしたこと、米国の国立公文書館をはじめあちらこちらの図書館や研究所、記念館のみならず、英国の国立図書館にまで足をのばして取得した一次資料を中心とする日本国憲法成立過程の研究と、世界のすべての国々を対象にした比較憲法の探究にあると思っています。

そして、しろうと落語家として私の高座を多くの人たちに楽しんでいただいた経験は、他の憲法学者にないだろうと思います。本書にいくつか挙げたユーモアを楽しんでいただけたら幸いです。

私自身、読み返してみて、結構がんばってきたなと思っています。それというのも、妻・故正子の献身的な支えがあったからこそ、成し遂げられたのです。

以下、妻・故正子への謝辞をお許しください。


正子の口癖は「おとうさんを支えること」でした。実際、1968（昭和43）年10月の結婚以来、2021（令和3）年6月に人生の最期を迎えるまで、この言葉に忠実でした。私は、どんなに助けられたことか。家事家計のみならず、私の身の回りのことなど、いっさいの面倒をみてくれました。私は、それに甘え、家の中のことには、ほとんどノータッチでした。

こんなことがありました。正子が7、8年前に入院したとき、貯金を引き出すためにうろ覚えの4ケタの暗証番号を押すと、3回目に画面が真っ赤になり、「これ以上、使用できません」との表示が出てきて途方にくれました。すべてを正子まかせにしていた自分の怠慢さを自覚し、深く反省しました。

私の一般読者向けの著書、論稿には必ず目を通し、適切なアドバイスをしてくれました。

〝門前の小僧〟ではありませんが、某新聞に寄稿し、編集者から質問があった折に「こんなことがわからないの」と言い、いっぱしのしろうと憲法研究者になっていました。

落語の最初の観客は、正子でした。観客の立場からいろいろな意見を寄せてくれました。おかげで本番では自信を持って演ずることができました。

正子とは多くの旅行をしました。アメリカでは、ニューヨーク市中心部、ボストン、ナイアガラの滝、フロリダのケネディ宇宙センターなどを、またエラスムス大学での在外研究期間を終えて、デンマーク、スウェーデン、フィンランドの北欧を巡りました。日本でも各地を訪れました。楽しい時間を過ごしたことが、走馬灯のように頭をよぎります。

気の張る講演会などへ行くときには、ワイシャツ、ネクタイおよびスーツ一式の見立ては、すべて正子が担当しました。重病でベッドに臥せていたとき、講演会にどれを着て行けばよいか迷っていたら、ベッドから起き上がってきて、てきぱきと一式を用意してくれました。

謝意を伝えると「これは私の仕事だから」と言って、おぼつかない足取りでベッドへ戻って行きました。私は、行きの電車の中で涙が止まりませんでした。

「おかあさん、ようやく念願の『憲法一代記』ができたよ。ほんとうにありがとう。これからも支えてね。おかあさんといっしょにがんばるからね」

実は本書の執筆とほぼ同じタイミングで、しろうと落語家としてまとめていた数多くのメモから、ギャグ、ジョークの類《たぐい》を整理してきました。難しい憲法を考えるのとバランスをとるために、脳を柔らかくするという目的もありました。

憲法とジョーク、どちらが右脳でどちらが左脳かわかりませんが、右脳左脳を右往左往させて進めてきました。ジョークとしての日本ドライブ旅行一周編、世界の旅編、干支《えと》プラス動物編、いろはかるたプラスことわざ編、私が体験した面白い変換ミス編、ギャグ50連発編などとともに、私のアレンジ落語（『冥途《めいど》体験』『かえる憲法』『とらのアレ』『源平盛衰記』『五度狐』）を所収しています。『ユーモアの玉手箱』と銘打ち、「近日完成」をめざしています（そういえば、落語に『近日息子』という演目があったっけ）。

本書の刊行に際して、育鵬社編集部の山下徹氏に大変お世話になりました。ここに記して謝意を申し上げます。

2024（令和6）年3月21日

西　修

6．国会での発言

1991 年 11 月 22 日	衆議院「国際平和協力等に関する特別委員会公聴会」公述人
1994 年 1 月 17 日	参議院特別委員会「政治改革に関する中央公聴会」公述人
1999 年 5 月 13 日	参議院「日米防衛協力のための指針に関する特別委員会」参考人
2000 年 2 月 24 日	衆議院憲法調査会「日本国憲法に関する件（日本国憲法の制定経緯)」参考人
2003 年 5 月 7 日	参議院憲法調査会「日本国憲法に関する調査（平和主義と安全保障について)」参考人
2007 年 5 月 8 日	日本国憲法に関する調査特別委員会「日本国憲法の改正手続きに関する法律案について」参考人
2012 年 5 月 16 日	参議院憲法審査会「東日本大震災と憲法」参考人
2014 年 3 月 13 日	参議院予算委員会公聴会公述人
2015 年 6 月 22 日	衆議院「我が国及び国際社会の平和安全法制に関する特別委員会」参考人

（3）編　著

浦野起央・西修編『資料体系アジア・アフリカ国際関係政治社会史　第7巻　憲法資料　中東』（パピルス出版、1979.8）上下2段組み614頁

浦野起央・西修編『資料体系アジア・アフリカ国際関係政治社会史　第6巻　憲法資料　アジアI』（パピルス出版、1980.10）上下2段組み609頁

浦野起央・西修編『資料体系アジア・アフリカ国際関係政治社会史　第8巻　憲法資料　アフリカI』（パピルス出版、1982.9）上下2段組み696頁

佐藤寛行・西修編『日本国憲法を考える』（学陽書房、1983.8）291頁

浦野起央・西修編『資料体系アジア・アフリカ国際関係政治社会史　第6巻　憲法資料　アジアII』（パピルス出版、1984.4）上下2段組み637頁

浦野起央・西修編『資料体系アジア・アフリカ国際関係政治社会史　第8巻　憲法資料　アフリカII』（パピルス出版、1984.8）上下2段組み504頁

浦野起央・西修編『資料体系アジア・アフリカ国際関係政治社会史　第6巻　憲法資料　アジアIII』（パピルス出版、1985.8）上下2段組み637頁

浦野起央・西修編『資料体系アジア・アフリカ国際関係政治社会史　第8巻　憲法資料　アフリカIII』（パピルス出版、2014.9）上下2段組み462頁

浦野起央・西修編『資料体系アジア・アフリカ国際関係政治社会史　第8巻　憲法資料　アフリカIV　憲法資料・補遺　アジア・アフリカ憲法資料一覧』（パピルス出版、2014.11）上下2段組み307頁

＊共著、論稿などは省略

『世界の憲法を知ろう』（海竜社、2016.6）258 頁
『証言でつづる日本国憲法の成立経緯』（海竜社、2019 年）514 頁
『憲法の正論』（産経新聞出版、2019.11）248 頁
『憲法9条を正しく知ろう』（海竜社、2020.6）294 頁
『知って楽しい世界の憲法』（海竜社、2021.5）248 頁
『“ ざんねんな ” 日本国憲法』（ビジネス社、2022.4）255 頁
『吾輩は後期高齢者の日本国憲法である』（産経新聞出版、2022.11）269 頁

（2）翻訳書

C. ハーマン・プリチェット著、村田光堂、西修、竹花光範共訳『アメリカ憲法入門』（成文堂、1972 年）216 頁

ウィリアム・エーベンシュタイン著、奥原唯弘監訳、西修、滝沢一郎共訳『現代の全体主義と民主主義』（成文堂、1974 年）370 頁

L. マクファーレーン著、斉藤寿、西修、岩下栄一共訳『政治的不服従論』（早稲田大学出版部、1977 年）148 頁

森清監訳、共訳・村川一郎、西修『憲法改正小委員会秘密議事録』（第一法規出版、1983 年）596 頁

犬丸秀雄監修、安田寛、村川一郎、西修、大越康夫共訳・解説『日本国憲法制定の経緯 ――連合国総司令部の憲法文書による』（第一法規出版、1989 年）524 頁

アルバート・P. ブラウスタイン著、単訳『世界の憲法――その生成と発展』（成文堂、1994 年）127 頁

5. おもな研究業績

(1) 単著

『憲法ノート』（プリント版、静進堂、1969.4）114 頁
『現代世界の憲法制度』（成文堂、1974.7）288 頁
『国の防衛と法』（学陽書房、1975.1）248 頁
『憲法講義　下巻』（プリント版、静進堂、1977.4）126 頁
『自衛権』（学陽書房、1978.1）205 頁
『自衛隊法と憲法9条』（教育社、1978.10）172 頁
『法律マスター講座　憲法コース』（実務教育出版、1981）
『憲法9条と自衛隊法』（教育社、1983.4）189 頁
『各国憲法制度の比較研究』（成文堂、1984.1）536 頁
『日本国憲法の40年』（教育社、1986.5）173 頁
『ドキュメント日本国憲法』（三修社、1986.7）379 頁
『日本国憲法の誕生を検証する』（学陽書房、1986.11）278 頁
The Constitution and the National Defense Law System in Japan, Seibundo, 1987.9　185 頁
『話題から学ぶ憲法』（自由国民社、1989.5）230 頁
Ten Days Inside General Headquarters(GHQ), Seibundo, 1989.12, 210 頁
Constitution of Japan(Chronology & Bibliography), Oceana Publications,Inc, 1990.4, 46 頁
『よくわかる平成憲法講座』（TBS ブリタニカ、1995.2）287 頁
『憲法体系の類型的研究』（成文堂、1997.1）536 頁
『日本国憲法を考える』（文春新書、1999.3）238 頁
『日本国憲法はこうして生まれた』（中央公論新社、2000.4）419 頁
『日本国憲法成立過程の研究』（成文堂、2004.3）405 頁
『現代世界の憲法動向』（成文堂、2011.2）382 頁
『図説　日本国憲法の誕生』（河出書房新社、2012.4）119 頁
『憲法改正の論点』（文春新書、2013.8）254 頁
『いちばんよくわかる！　憲法第9条』（海竜社、2015.4）254 頁

3．職歴

1970年4月　防衛大学校人文科学教室専任講師
1974年3月　防衛大学校人文科学教室助教授
1974年4月　駒澤大学法学部助教授
1980年4月　駒澤大学法学部教授
1990年4月　早稲田大学商学部非常勤講師（2005年3月まで）
1991年9月　早稲田大学政治経済学部非常勤講師（1994年3月まで）
1992年4月　慶應義塾大学法学部非常勤講師（1994年3月まで）
1995年4月　早稲田大学大学院政治学研究科非常勤講師（2004年3月まで）
1997年4月　防衛大学校総合安全保障研究科非常勤講師（2000年3月まで）
2011年6月　駒澤大学名誉教授

4．学会活動など

防衛法学会名誉理事長（元理事長）、比較憲法学会名誉理事（元理事長）、民間憲法臨調（代表・櫻井よしこ）副代表・運営委員長、国家基本問題研究所（理事長・櫻井よしこ）理事、日本戦略研究フォーラム（会長・屋山太郎）理事、千賀法曹育英会（理事長・千賀修一）理事、東京富山県人連合会（会長・桑山征洋）評議員、政策研究フォーラム（理事長・谷口洋志）顧問【以上現職】
日本国際救援行動委員会（理事長・佐々淳行）理事、第1次・第2次安倍内閣総理大臣諮問機関「安全保障の法的基盤の再構築に関する有識者懇談会」（座長・柳井俊二）委員、内閣府「情報保全の在り方に関する有識者会議」座長、読売新聞社憲法問題調査会委員、産経新聞社『国民の憲法』起草委員、国際交流を考える横浜市民の会会長、千代田区国際交流・平和推進懇談会座長など。

【プロフィール】

出生　1940 年6月　富山市に生まれる

1. 学歴

1947 年4月　国立富山大学教育学部附属小学校入学
1953 年3月　同小学校卒業
1953 年4月　国立富山大学教育学部附属中学校入学
1956 年3月　同中学校卒業
1956 年4月　富山県立富山中部高等学校入学
1959 年3月　同高等学校卒業
1960 年4月　早稲田大学第一政治経済学部政治学科入学
1964 年3月　同大学同学部同学科卒業
1964 年4月　早稲田大学大学院政治学研究科修士課程（憲法専修）入学
1966 年3月　同大学院同研究科同課程修了
1966 年4月　早稲田大学大学院政治学研究科博士課程（憲法専修）入学
1970 年3月　同大学院同研究科同課程単位取得満期退学
1984 年4月　メリーランド大学、プリンストン大学在外研究（1985 年3月まで）
1991 年4月　東南アジア研究所（シンガポール）、エラスムス大学（オランダ）在外研究（1991 年9月まで）

2. 学位

1998 年2月　学位請求論文『憲法体系の類型的研究』（成文堂）により「博士（政治学）早稲田大学」を授与される
2006 年6月　学位請求論文『日本国憲法成立過程の研究』（成文堂）により「博士（法学）日本大学」を授与される

【著者略歴】
西　修（にし・おさむ）

駒澤大学名誉教授
1940（昭和15）年富山市生まれ。早稲田大学政治経済学部政治学科卒業。同大学院修士課程修了、博士課程単位取得満期退学。駒澤大学法学部教授を経て、2011年より名誉教授。博士（政治学）、博士（法学）。専攻は憲法学、比較憲法学。メリーランド大学、プリンストン大学、エラスムス大学などで在外研究。第1次・第2次安倍晋三内閣「安保法制懇」メンバー。2019年、第34回正論大賞受賞。趣味は落語で、芸名は「またも家楽大（またもやらくだい）」。著書に『憲法体系の類型的研究』『日本国憲法成立過程の研究』（以上、成文堂）、『憲法改正の論点』（文春新書）、『証言でつづる日本国憲法の成立経緯』（海竜社）、『憲法の正論』（産経新聞出版）など多数。

憲法一代記　世界195か国の憲法を研究した私の履歴書

発行日　2024年4月30日　初版第1刷発行

著　　者　西 修
発 行 者　小池英彦
発 行 所　株式会社 育鵬社
〒105-0022 東京都港区海岸1-2-20 汐留ビルディング
電話03-5843-8395（編集） https://www.ikuhosha.co.jp/
株式会社 扶桑社
〒105-8070 東京都港区海岸1-2-20 汐留ビルディング
電話03-5843-8143（メールセンター）
発　　売　株式会社 扶桑社
〒105-8070 東京都港区海岸1-2-20 汐留ビルディング（電話番号は同上）
印刷・製本　サンケイ総合印刷株式会社

定価はカバーに表示してあります。
造本には十分注意しておりますが、落丁・乱丁（本のページの抜け落ちや順序の間違い）の場合は、小社メールセンター宛にお送りください。送料は小社負担でお取り替えいたします（古書店で購入したものについては、お取り替えできません）。なお、本書のコピー、スキャン、デジタル化等の無断複製は著作権法上の例外を除き禁じられています。本書を代行業者等の第三者に依頼してスキャンやデジタル化することは、たとえ個人や家庭内での利用でも著作権法違反です。

©Osamu Nishi 2024 Printed in Japan
ISBN978-4-594-09722-6

本書のご感想を育鵬社宛にお手紙、Eメールでお寄せください。
Eメールアドレス　info@ikuhosha.co.jp